ABITUR

Prüfungsaufgaben
mit Lösungen

2011

Englisch

Grund- und Leistungskurs
Gymnasium • Gesamtschule
Hessen
2007–2010

STARK

ISBN 978-3-89449-209-0

6. ergänzte Auflage
www.stark-verlag.de

Inhalt

Fortsetzung siehe nächste Seite

Übungsaufgaben Leistungskurs

Mit * versehene Aufgaben sind kombinierte Textaufgaben

Original-Abituraufgaben

Abituraufgaben 2007 Grundkurs

Abituraufgaben 2007 Leistungskurs

Abituraufgaben 2008 Grundkurs

Jeweils im Herbst erscheinen die neuen Ausgaben
der Abiturprüfungsaufgaben mit Lösungen.

Autoren

Hans Otto Moritz: Hinweise und Tipps zum Landesabitur
Liam Cleary: *Glossary of literary terms* sowie Lösungsvorschläge der Abituraufgaben ab 2007
Rainer Jacob: Hinweise zur Bearbeitung eines Diagramms
Sprachmittlungen zu den Übungsaufgaben: Roselie Balter-Vogt (Aufgaben 3, 5, 7) und Prof. Dr. Eva Burwitz-Melzer (Aufgaben 4, 8, 10, 12)

Vorwort

Liebe Schülerinnen und Schüler,

am selben Tag und zur selben Zeit schreiben Sie, gemeinsam mit allen anderen hessischen Abiturienten und Abiturientinnen, Ihre Abiturklausur im Fach Englisch. Die Themen werden dabei vom hessischen Kultusministerium vorgegeben, und Ihnen stehen in der Regel 45 Minuten zur Verfügung, um aus drei Vorschlägen einen verbindlich auszuwählen. Danach haben Sie vier Stunden (Leistungskurs) bzw. drei Stunden (Grundkurs) Zeit zu dessen Bearbeitung. Diese Zeit will gut eingeteilt sein, damit auch für die letzte Aufgabe und das Korrekturlesen genügend davon bleibt! Das Zählen der Wörter erfolgt erst nach Ablauf der 180 (Grundkurs) bzw. 240 Minuten (Leistungskurs).

Als Hilfsmittel stehen Ihnen ein einsprachiges bzw. bei der kombinierten Aufgabe (Textaufgabe und Sprachmittlung) ein zweisprachiges Wörterbuch und eine Liste der fachspezifischen Operatoren zur Verfügung.

Der vorliegende Band hat nun zum Ziel, Sie bei der **optimalen Vorbereitung auf die schriftliche Abiturprüfung** im Fach Englisch zu unterstützen, sowohl im Grund- wie im Leistungskurs. Als Grundlage für Ihre effektive Vorbereitung dienen **Übungsaufgaben im Stil des Hessischen Abiturs** sowie **die offiziellen, vom hessischen Kultusministerium gestellten Abitur-Prüfungsaufgaben der Jahre 2007 bis 2010**. Zu jeder Aufgabe sind von unseren Autoren vorgeschlagene und **vollständig auf Englisch ausformulierte Lösungen** hinzugefügt.

Damit Sie sich für die Abiturprüfung besser auf die verschiedenen Aufgabentypen einstellen können, wurden jedem Text **Bearbeitungshinweise** hinzugefügt. Dadurch wird der Lösungsweg für Sie nachvollziehbar und transparent – die methodischen Schritte können Sie natürlich auf die Bearbeitung anderer Texte und Aufgaben übertragen.

Die **ausführlichen Hinweise** am Anfang des Buches informieren **über die Anforderungen im Abitur** und geben Ihnen Hilfestellungen zur Lösung von Abiturprüfungsaufgaben. Sollten nach Erscheinen dieses Bandes noch **wichtige Änderungen** in der Abitur-Prüfung 2011 vom Kultusministerium bekannt gegeben werden, finden Sie aktuelle Informationen dazu im Internet unter:
www.stark-verlag.de/info.asp?zentrale-pruefung-aktuell

Wir wünschen Ihnen viel Erfolg bei der Abiturprüfung!

Stichwortverzeichnis

Points of Special Interest

Literature

Stylistic Devices and Composition

Hinweise und Tipps zum Landesabitur

Die Anforderungen im Abitur

1 Lehrplan, Einführungserlasse und Abiturverordnung

Für die Vorbereitung auf das hessische Landesabitur im Fach Englisch ist die Kenntnis der Grundlagen von Textauswahl und Aufgabenstellung erforderlich. Sie sind im Lehrplan für die Qualifikationsphase und in der „Verordnung über die Bildungsgänge und die Abiturprüfung in der gymnasialen Oberstufe" festgeschrieben. Die Vorgaben des Lehrplans werden durch die sogenannten Einführungserlasse („Hinweise zur Vorbereitung auf die schriftlichen Abiturprüfungen im Landesabitur") jedoch spezifiziert.[1] Diese geben eine verbindliche Auswahl an thematischen Schwerpunkten in Form von prüfungsrelevanten Stichwörtern vor. Einen festgelegten Lektürekanon – wie etwa im Fach Deutsch – gibt es derzeit nicht.
Der Überblick über diese spezifizierten Lehrplaninhalte ist für Sie wichtig, weil in der Abituraufgabenstellung immer die Inhaltselemente von zwei der drei prüfungsrelevanten Halbjahre miteinander verknüpft werden.

1.1 Lehrplaninhalte im Einführungserlass für 2011

Kurs-halbjahr	Verbindliche Unterrichtsinhalte	Stichworte
12/I	**The Challenge of Individualism**	
	GK + LK: USA	• the American Dream • living together (ethnic groups: *African Americans*)
	GK: Science and technology	• electronic media • ecology
	LK: Them and us	• the one-track mind (e. g. prejudice, intolerance, ideologies) • values (human and civil rights)
12/II	**Tradition and Change**	
	GK + LK: The United Kingdom	• social structures, social change

1 www.hessisches-kultusministerium.de

	GK: Work and industrialization	• business, industry and the environment
	LK: Extreme situations	• love and happiness • initiation • the troubled mind
13/I	**The Dynamics of Change**	
	GK + LK: Promised lands: dreams and realities	• ecology • political issues • social issues *(country of reference: Australia)*
	GK: Order, vision, change	• models of the future (utopias, dystopias, 'progress' in the natural sciences)
	LK: Ideals and reality	• structural problems (violence, (in-)equality)

Der Lehrplan setzt dabei die unterrichtliche Umsetzung dieser Inhalte anhand von Sach- und Fachtexten, eines Dramas (im Leistungskurs zwei Dramen, davon **eines von Shakespeare**), eines Romans als Ganzschrift (im Leistungskurs zweier Romane als Ganzschrift), mehrerer *short stories* sowie Hörtexten und Hör-Sehtexten (z.B. politische Reden, Fernsehdebatten, Talkshows, Filme) voraus. Im Leistungskurs kommen dazu noch ausgewählte Gedichte verschiedener Epochen.

1.2 Lehrplaninhalte nach 2011

In den Jahren nach 2011 sind veränderte Schwerpunktsetzungen möglich. Die relevanten Vorgaben werden vor Eintritt des jeweiligen Abiturjahrgangs in die Qualifikationsphase vom Kultusministerium veröffentlicht.

1.3 Aufgabenarten und Bewertung

Die Abituraufgabe muss zwei der drei prüfungsrelevanten Halbjahre inhaltlich miteinander verbinden. Es gibt zwei Aufgabenarten: die Textaufgabe und die kombinierte Aufgabe:

– Die **Textaufgabe** umfasst einen oder mehrere Texte mit drei bis vier Arbeitsanweisungen. Es kommen literarische Texte, Sachtexte und audio-visuelle Texte infrage sowie Bilder und Grafiken.
  Der im Leistungsfach vorgelegte Text umfasst zwischen 650 und 850 Wörter, der im Grundkursfach zwischen 500 und 650 Wörter. Werden mehrere Texte vorgelegt, gilt die Wortzahl für alle Texte zusammen.
– Die **kombinierte Aufgabe** besteht aus zwei Teilen: aus einer verkürzten Textaufgabe und aus einem sprachpraktischen Teil auf der Basis einer kurzen Film- oder Hörsequenz bzw. einer Sprachmittlungsaufgabe. 2011 müssen Sie wieder mit Sprachmittlungsaufgaben[2] rechnen, es werden aber keine sprachpraktischen Auf-

2 vgl. S. XI f. in diesem Heft

gaben (z.B. Hörverstehensaufgaben) gestellt. In der kombinierten Aufgabe wird die Textaufgabe im Verhältnis zur sprachpraktischen im Verhältnis 3:1 gewertet.

Bei allen Aufgabenarten wird zur Bewertung zwischen **inhaltlicher** und **sprachlicher Leistung** (Ausdrucksvermögen/Stil sowie Sprachrichtigkeit/Fehler) unterschieden. Bei der Festlegung der Gesamtnote kommt der sprachlichen Leistung im Vergleich zur inhaltlichen die größere Bedeutung zu. Sie wird im Verhältnis 2:1 gewertet. Eine mit 0 Punkten bewertete inhaltliche oder sprachliche Leistung schließt eine Gesamtnote von mehr als drei Punkten einfacher Wertung aus. In der Beurteilung der kombinierten Aufgabe wird diese Regelung für beide Teile getrennt angewendet.

Kriterien für die Bewertung der inhaltlichen Leistung sind:
- Textverständnis
- Entfaltung des Themas
- Folgerichtigkeit der Darstellung
- Anwendung fachspezifischer Kenntnisse und Methoden
- Fähigkeit zur Argumentation und Stellungnahme
- v. a. im Leistungskurs: Erkennen der Wirkung sprachlicher und formaler Textmerkmale

Bewertung der sprachlichen Leistung:
Die sprachliche Leistung umfasst die Bereiche Sprachrichtigkeit und Ausdrucksvermögen zu gleichen Teilen.

Sprachrichtigkeit
Der Ihre Arbeit beurteilende Lehrer ist bei der sprachlichen Korrektur Ihres Textes an Regeln hinsichtlich der Fehlergewichtung gebunden und muss sich in der Notengebung an den landesweit gültigen Fehlerindex halten.

Zur Fehlergewichtung:
- halber Fehler:
  - orthografische Fehler ohne Bedeutungsveränderung (auch Bindestrich-Fehler)
  - Präpositionsfehler, wenn kein konkreter Bedeutungswandel eintritt
  - Interpunktion in eindeutigen Fällen
  - Apostroph bei Genitiv
- ganzer Fehler: alle Wortfehler, Satzfehler und praktisch alle Grammatikfehler
- anderthalb Fehler: bei sinnentstellenden Verstößen gegen elementare Regeln
- Wiederholungsfehler bei demselben Wort bzw. in einem identischen Kontext werden nicht erneut gewertet
- Flüchtigkeitsfehler werden nicht gewertet

Der Fehlerindex errechnet sich nach der Formel: $\frac{\text{Fehlerzahl x 100}}{\text{Zahl der Wörter}}$

Tabelle für Fehlerindices im Fach Englisch:

Notenpunkte	15	14	13	12	11	10	9	8
Fehlerindex Grundkurs	bis 0,9	bis 1,3	bis 1,7	bis 2,1	bis 2,5	bis 2,9	bis 3,3	bis 3,7
Fehlerindex Leistungskurs	bis 0,7	bis 1,0	bis 1,3	bis 1,6	bis 1,9	bis 2,3	bis 2,6	bis 2,9
Notenpunkte	7	6	5	4	3	2	1	0
Fehlerindex Grundkurs	bis 4,1	bis 4,5	bis 4,9	bis 5,3	bis 5,7	bis 6,1	bis 6,5	> 6,5
Fehlerindex Leistungskurs	bis 3,2	bis 3,5	bis 3,8	bis 4,1	bis 4,4	bis 4,7	bis 5,0	> 5,0

Kriterien für die Bewertung des Ausdrucksvermögens sind:

- Reichhaltigkeit und Differenziertheit des Wortschatzes im thematischen und im aufgabenspezifischen Bereich,
- Angemessenheit des Registers, d.h. des Stilniveaus,
- Ökonomie und Treffsicherheit des Ausdrucks,
- Textkohärenz und Flüssigkeit der Darstellung,
- Variation des Satzbaus und
- sprachliche Prägnanz der Gesamtleistung.

Im Folgenden finden Sie die allgemeinen Kriterien für eine „ausreichende" bzw. „gute" Leistung:

Eine „ausreichende" Prüfungsleistung (5 Punkte) liegt vor, wenn

a) im sprachlichen Bereich
   - der Wortschatz ausreicht, um Sachverhalte und Meinungen im Rahmen der Aufgabenstellung weitgehend verständlich auszudrücken,
   - elementare Verknüpfungen zwischen Satzteilen, Sätzen und Satzgruppen in einer der Aufgabenstellung angemessenen Weise eingesetzt werden,
   - formal sprachliche Verstöße die Verständlichkeit nicht erheblich beeinträchtigen und
   - eine Vertrautheit mit elementaren sprachlichen Gesetzmäßigkeiten erkennbar ist.

b) im inhaltlichen Bereich
   - dem bereitgestellten Material die für die Ausführung der Arbeitsanweisungen notwendigen Informationen in Grundzügen entnommen werden,
   - alle gestellten Aufgaben im Ansatz gelöst werden bzw. auf den größeren Teil mehr als nur im Ansatz eingegangen wird und dabei Kenntnisse im Großen und Ganzen geordnet zueinander und zur Textvorlage in Beziehung gesetzt werden,
   - die für die Bearbeitung der Aufgaben erforderlichen Grundkenntnisse und Methoden nachgewiesen werden und
   - die Gedankenführung nachvollziehbar ist.

Eine „gute" Prüfungsleistung (11 Punkte) liegt vor, wenn

a) im sprachlichen Bereich
   - durch einen differenzierten und weitgehend idiomatisch geprägten Wortschatz auch komplexe Sachverhalte und Meinungen dargestellt werden,
   - Satzteile, Sätze und Satzgruppen differenziert und nuanciert verknüpft werden,

- formalsprachliche Verstöße die Verständlichkeit nicht beeinträchtigen,
- eine Vertrautheit mit relevanten sprachlichen Gesetzmäßigkeiten erkennbar ist.

b) im inhaltlichen Bereich
   - dem bereitgestellten Material die für die Ausführung der Arbeitsanweisungen notwendigen Informationen auch im Detail entnommen werden,
   - auf alle Teile der gestellten Aufgabe(n) eingegangen wird und diese analytisch-interpretierend bzw. handlungsorientiert selbstständig bearbeitet werden,
   - die für das Bearbeiten der Aufgaben erforderlichen Kenntnisse und Methodenkompetenzen nachgewiesen werden,
   - die Ausführungen aufgabenbezogen, schlüssig und in ihrer Wertungsgrundlage reflektiert sind.

2 Anforderungsbereiche und Aufgabenstellungen

In der Regel werden Ihnen zum Abiturtext wie bei Ihren bisherigen Klausuren drei bis vier Aufgaben gestellt, die sich im Grundsatz an der Abfolge Zusammenfassung, Analyse und Stellungnahme/Kommentar/kreatives Schreiben orientieren.
Diese Abfolge ergibt sich grob aus den drei Anforderungsbereichen, die vom Lehrplan und den Abiturrichtlinien als Leitgrößen vorgegeben sind:
- Anforderungsbereich I: Textverstehen
- Anforderungsbereich II: Textanalyse
- Anforderungsbereich III: Werten und Gestalten

Abituraufgaben werden so konzipiert, dass der Schwerpunkt der geforderten Leistungen auf dem Anforderungsbereich II liegt. Grund- und Leistungskurs unterscheiden sich prinzipiell darin, dass im Grundkurs die Anforderungen aus den Bereichen I und II stärker akzentuiert sind, im Leistungskurs die Anforderungen aus den Bereichen II und III.
Die **erste Frage** bezieht sich in der Regel weitgehend auf den **Anforderungsbereich I:** Textverstehen.
Sie sollen unter Beweis stellen, dass Sie die Textvorlage verstanden haben und in der Lage sind, den Text zusammenzufassen oder einen Teilaspekt darzustellen.
Die **zweite Frage** bezieht sich in der Regel schwerpunktmäßig auf den **Anforderungsbereich II:** Textanalyse.
Die Analyse kann sich sowohl auf die Untersuchung der Gestaltungsmerkmale des Textes beziehen, wie auch den Problemgehalt des angesprochenen Themas ausloten; unter anderem können Sie aufgefordert werden, den Bezug zu einem im Unterricht bearbeiteten thematischen Kernbereich herzustellen. Oft werden zu beiden Teilbereichen Fragen gestellt.
Gleichwertig als Leistungen im Bereich des **Anforderungsbereichs III** werden die Stellungnahme/der Kommentar und das kreative Schreiben (z. B. aus einer anderen Perspektive) in einer vorgegebenen Textsorte angesehen. In der Regel wird nur eine der beiden Aufgaben gestellt.

3 „Operatoren“

Um unmissverständliche Aufgabenstellungen zu ermöglichen, werden sogenannte Operatoren verwendet. Das sind als Schlüsselwörter fungierende Aufforderungsverben, die auf die erwartete Leistung (und bestimmte Anforderungsbereiche) abzielen. In der Regel werden nur die in der vom Hessischen Kultusministerium veröffentlichten Operatorenliste festgelegten, definierten und mit Beispielen versehenen Verben benutzt.[3] Sie sollten Ihnen aus dem Unterricht bereits hinlänglich vertraut sein.
Trotz der Zuordnung der Operatoren zu den jeweiligen Anforderungsebenen ist eine klare Trennung nicht immer möglich. Für den Bereich kreativer Schreibaufträge werden hier keine Operatoren aufgeführt.

Operator	Definition	Beispiel	AFB
Anforderungsbereich I			
describe	give a detailed account of sth.	Describe the living conditions of the family.	I–II
outline	give the main features, structure or general principles of a topic omitting minor details	Outline the author's views on love, marriage and divorce.	I–II
point out	identify and explain certain aspects	Point out the author's main ideas on …	I–II
summarize	give a concise account of the main points	Summarize the text (in your words).	I–II
Anforderungsbereich II			
analyse/ examine	systematically describe and explain in detail certain aspects and/or features of the text	Examine the author's use of language. Analyse the rhetorical means used. Analyse the relationship between X and Y.	II–III
characterize	describe and analyse the character(s)	Write a characterization of the heroine.	II
compare	point out and analyse similarities and differences	Compare X and Y's views on education. Compare the living conditions described in the text with the idea of the "melting pot".	II–III
contrast/ juxtapose	describe and analyse the differences between two or more things	Contrast the author's concept of multiculturalism with concepts you have encountered in class.	II–III

3 www.hessisches-kultusministerium.de

explain	describe and define in detail	Explain the protagonist's obsession with money.	II
illustrate/ show	use examples to explain or make clear	Illustrate the character's narrow-mindedness.	II–I
relate	take an aspect (aspects) of the text at hand and establish a meaningful connection to an aspect (aspects) of the text of reference	Relate the protagonist's principles to a text read in class.	II–III
Anforderungsbereich III			
comment	state clearly your opinions on the topic in question and support your views with evidence	Comment on the thesis … expressed in the text, line …	III
discuss	analyse, give reasons for and against and come to a justified conclusion	Discuss the influence of terrorism on civil liberties in the United States.	III
evaluate/ assess	form an opinion after carefully considering and presenting advantages and disadvantages	Evaluate the chances of the protagonist's plan to succeed in life. Assess the importance of ethics in scientific research.	III
interpret	analyse the text and establish its meaning in a wider context	Interpret the message the author wishes to convey.	III–II

Hinweise zur Lösung von Abituraufgabenstellungen

1 Textzusammenfassung/gelenkte Textzusammenfassung

Die erste Frage der Abituraufgabenstellung zielt in der Regel auf das Textverstehen, d. h. sie beinhaltet in gelenkter oder allgemeiner Form die Erstellung einer Zusammenfassung, deren Länge in aller Regel zwischen 25 und 30 % des Ausgangstextes beträgt.

Warum wird eine Zusammenfassung geschrieben?
Die Zusammenfassung hat eine Schlüsselfunktion in der Vorbereitung der Textanalyse und der Interpretation. Zunächst muss man sicher sein, dass auch wirklich erfasst worden ist, worum es in dem Text geht. Erst dann ist es möglich, den Text auf Aufbau, Argumentationsweise, Sprache und Stilmittel, d. h. in Bezug auf seine Gestaltungsmittel zu untersuchen. Erst wenn die Textaussage und die Textgestaltung klar erfasst sind, kann man sich der Textauslegung, der Interpretation und der Analyse der Bedeutung des Textes zuwenden, erst dann kann der Text auch in einem größeren inhaltlichen oder stilistischen Zusammenhang betrachtet werden.

Wie wird eine Zusammenfassung vorbereitet?
Jede inhaltliche Zusammenfassung beginnt mit einem *umbrella sentence*, der (soweit bekannt) Angaben zum Autor, zur Textsorte, zum Zeitpunkt des Entstehens und zum thematischen Schwerpunkt des Textes enthält.
Die Gliederung des Textes entwickelt sich bei Sachtexten aus folgenden Leitfragen:
- Um welches Thema/Problem geht es?
- Was will der Autor aussagen?
- Wie baut er seine Argumentation auf?
- Welche weitergehende Stellungnahme wird in den Folgeaufgaben verlangt?

Bei literarischen Texten als Klausurvorlage steht nicht der argumentative Charakter im Vordergrund. Es handelt sich in aller Regel um Momentaufnahmen aus einem größeren Zusammenhang, welcher in dieser Situation unbekannt bleibt. Die Gliederung des Textes ergibt sich aus Leitfragen wie z. B.:
- Welche Situation treffen wir an?
- Wer sind die Protagonisten und wie verhalten sie sich?
- Welche Grundstimmung finden wir vor?
- Um welches Thema/Problem geht es?
- Wie ist der Text strukturiert?
- Für welche weitergehende Fragestellung wird Information benötigt?

In jedem Falle ist bei diesen Leitfragen immer wieder zu entscheiden:
- Was ist zentral wichtig?
- Was ist rein ornamental, also ausschmückendes Beiwerk?
- Was könnte man erwähnen, muss es aber nicht?

Bei der Entscheidung, was man weglassen kann, helfen Überlegungen wie „Könnte ich den Text verstehen, wenn mir diese Information nicht zur Verfügung gestellt würde?" D. h. es gilt z. B. zu fragen:
- Was ist ein ausschmückender oder illustrierender oder konkretisierender Zusatz?
- Was wird wiederholt bzw. ist redundant?

Was ist beim Schreiben zu beachten?
Aus der Beantwortung der Leitfragen ergeben sich Grundbausteine und eine Rohstruktur der Zusammenfassung. Im Einzelfall kann eine detailliertere Gliederung unerlässlich sein.
Grundsätzlich sind nur Äußerungen niederzuschreiben, die sich an der Textvorlage auch tatsächlich überprüfen lassen. Die Argumentationslogik sollte klar, unverschnörkelt und nachvollziehbar sein. Sie wird in den meisten Fällen nicht der Reihenfolge der Argumente im Text folgen. Im Gegenteil: Sehr oft wird eine am Schluss der Textvorlage zu findende These/Schlussfolgerung oder überraschende Handlungsvariante den Ausgangspunkt der Zusammenfassung bilden.

Wie wird die Zusammenfassung formal und sprachlich gestaltet?

- **Textlänge:** Der Umfang der Zusammenfassung liegt meist zwischen einem Viertel und einem Drittel der Länge der Textvorlage.
- **Tempus:** Eine Zusammenfassung wird im Präsens verfasst. Im Text vorkommende Vor- bzw. Nachzeitigkeit bleibt erhalten.
- **Bezüge:** Personen-, Zeit- und Ortsbezüge werden wie in der indirekten Rede umgeformt, d. h. z. B. *I* wird zu *he* oder *she*; *yesterday* zu *the day before*; *here* wird zu *there*.
- **Tabus:** Die Zusammenfassung enthält keine direkte Rede und keine Zitate. Die Zusammenfassung enthält keine wertende persönliche Stellungnahme.

Sprachlich tendiert die Zusammenfassung zu einem leicht gehobenen Niveau und Abstraktionsgrad. Sie ist eher konzeptuell als berichtend oder ausschmückend; dies und die Textlänge unterscheidet sie von der Nacherzählung. Ein höherer Abstraktionsgrad verlangt die Verwendung von Kürzungsmitteln:

- **Allgemeinbegriffe** (wie z. B. *fruit* an Stelle von *„strawberries, gooseberries and bananas"*),
- **übergreifend einschätzende Verben** *(to focus on, to claim, to maintain, to criticize, to report, to illustrate, …)*,
- **generalisierende Adjektive** (wie z. B. *to be worried about, to be reluctant, to be concerned with, …*) und
- **Konjunktionen:** temporale *(before, when)*, kausale *(because, as, so)*, konditionale *(if, unless)*, konzessive *(though, although)*, kontrastive *(but, instead of)* und konsekutive *(so that, thus)* Bindewörter.

2 Analyse

Prinzipiell können sich Aufgaben zur Analyse zum einen auf die Textanalyse im engeren Sinne beziehen, zum anderen auf im Unterricht Erarbeitetes.

- Bei der **Analyse im engeren Sinne** geht es um Facetten der Textstrukturierung/ Textgestaltung, die aufzuzeigen sind; es kann zusätzlich gefordert sein, das Verhältnis zwischen den Gestaltungsmitteln und dem Inhalt, der Atmosphäre oder der Textaussage auszuloten, d. h. die Funktion der Gestaltungsmittel zu bestimmen – als Teil der Interpretation (siehe a).
- Eine andere Variante der Textanalyse besteht in der **Verknüpfung des gegebenen Textes mit im Unterricht Gelesenem und Diskutiertem** – in der Regel mit Unterrichtsinhalten, die nicht in dem Halbjahr bearbeitet wurden, auf die sich der Text vornehmlich bezieht (siehe b).

a) Auf der Basis der Zusammenfassung und dem damit gewährleisteten Textüberblick wird das erworbene Wissen um die Textkonstitution systematisch auf den Text angewendet. Wenn in der Aufgabenstellung keine die Arbeit lenkenden Hinweise gegeben werden, so ist der Text daraufhin zu *scannen,* welche Gestaltungsmittel besonders in den Vordergrund treten. Das *Scannen* kann sich beziehen auf
   - die Wortwahl (Register; Häufigkeiten),
   - den Satzbau (komplex/einfach),

– Stilmittel (z. B. Kontrast, Parallelität, Repetitio) und
– Sprachfiguren (z. B. Vergleich, Metapher)[4].

Mit dem Aufzeigen von Textgestaltungsmerkmalen kann die Aufgabenstellung erfüllt sein, in vielen Fällen allerdings ist sie das Fundament für eine weiterführende Betrachtung, die über die formale Analyse hinausgeht. Hier stellt sich die Frage nach dem Zusammenwirken zwischen Form und Inhalt, d. h., die Gestaltungsmittel werden auf ihre Funktion oder Wirkung hin überprüft. Inwiefern unterstützen sie die Textaussage oder unterlaufen sie diese, z. B. in der Satire oder der Parodie?

b) Bei der Verknüpfung von bereits Gelerntem mit dem neuen Text wird in der Regel die Ausgangsfrage bereits einen Hinweis darauf enthalten, welche Anknüpfungspunkte die weitere Arbeit steuern. Sollte die Aufgabenstellung sehr allgemein gehalten sein, so müssen mögliche Anknüpfungspunkte betrachtet und kurz durchdacht werden.
Sind die Überlegungsaspekte einmal gewählt, so ist dieser Ansatz konsequent und möglichst differenziert weiterzuverfolgen und z. B. zu klären, inwiefern sich Gelerntes und Neues im Widerspruch zueinander oder in Übereinstimmung befinden, bzw. inwiefern die Informationen sich wechselseitig erhellen.

3 Persönliche Stellungnahme/Kommentar und kreatives Schreiben

Traditionellerweise erfordert die Lösung der letzten Aufgabe eine persönliche Stellungnahme, einen kritischen Kommentar oder eine analytisch orientierte Diskussion. Zuweilen tritt an die Stelle dieser Anforderung die sogenannte kreative, gestalterische Aufgabe, die im Rahmen einer Textsortenbindung bei der inhaltlichen Ausgestaltung einen größeren Spielraum für das Einbringen eigener Ideen bietet.

In einer **persönlichen Stellungnahme/einem Kommentar** wird von Ihnen erwartet, dass Sie Ihre eigene Meinung zu dem gegebenen Problem äußern. Damit steht es Ihnen frei, das Problem unter Umständen auch sehr emotional und unter Bezug auf Ihre eigenen Erfahrungen und Wertvorstellungen sowie auf Ihre ganz persönlichen Wertsetzungen zu beleuchten.
Es wird von Ihnen erwartet, dass Sie einen oder mehrere Hauptaspekte auswählen und diese Auswahl kurz reflektieren und begründen. Diese Aspekte werden systematisch bearbeitet und Thesen dazu aufgestellt. Über eine eng gefasste persönliche Stellungnahme hinaus sollte eine Einbettung der Problemstellung und der Hauptaspekte in einen größeren Kontext vorgenommen werden.

Im Rahmen einer **Diskussion** sollten Sie möglichst viele Facetten eines Problems entfalten, analytisch durchdringen und eine Bewertung vornehmen. Die Grundlagen dieser Bewertung müssen offengelegt und reflektiert werden.
Die Diskussion ist mehr der analytischen Schärfe verpflichtet und weniger den Bedürfnissen und Emotionen des Einzelnen. Sie können also bei der Diskussion eines Problems zu anderen Ergebnissen kommen als bei einer persönlichen Stellungnahme

---

4 vgl. *Glossary* S. XVII ff.

zu demselben Problem.
Methodisch empfiehlt es sich, vor dem Schreiben eine Stichwortsammlung zu erstellen, zusammengehörige Stichwörter zu bündeln und in eine sinnvolle und für den Leser nachvollziehbare Anordnung zu bringen. Immer mit Blick auf den Adressaten ist beim Schreiben zu entscheiden, an welchen Stellen Beispiele/illustrierende Passagen eingefügt werden.
Bei der Bearbeitung der ***creative writing*-Aufgabe** liegt die besondere Schwierigkeit darin, der geforderten Textsorte (z.B. Brief, Rede, Mail) gerecht zu werden. Fragen Sie sich: Welche Anforderungen stellt die Textsorte, welche Merkmale der spezifischen Textsorte sind zu beachten?
Nach dieser formalen Vorentscheidung über die Textsorte sollten Sie
- Aussage und Ziel Ihres Textes bestimmen,
- inhaltliche Elemente sammeln und gliedern,
- den Argumentationsgang skizzieren.

Für das Schreiben Ihres Textes ist es wichtig, dass Ihre Formulierungen der Textsorte, dem Adressaten und dem Verwendungszusammenhang angemessen sind.

4 Sprachmittlungsaufgabe[5]

Kombinierte Aufgaben mit einem Sprachmittlungsteil werden meist für anspruchsvoll gehalten, da sie neben einer verkürzten Textaufgabe, der ein Text von 500 bis 650 Wörtern im Leistungskurs, bzw. 400 bis 500 Wörtern im Grundkurs zugrunde liegt, auch noch die Bearbeitung des sprachpraktischen Teils erfordern, nämlich die sinngemäße, schriftliche Zusammenfassung des wesentlichen Gehaltes eines deutschen Ausgangstextes in der Fremdsprache. Die Textvorlage sollte dabei für einen Grundkurs mindestens 300 und für einen Leistungskurs mindestens 400 Wörter umfassen und sich auf einen aus dem Unterricht vertrauten Themenbereich beziehen, muss aber inhaltlich nicht mit der Textaufgabe verknüpft sein. In Frage kommen vor allem anwendungsbezogene Texte, die sich z. B. auf naturwissenschaftliche, technische oder wirtschaftliche Sachverhalte aktueller oder zeitloser Art (in Deutschland) beziehen. Stark verschlüsselte literarische Texte hingegen können nicht Gegenstand dieser Teilaufgabe sein.
Die der Mittlung vorangestellte Aufgabe versucht typischerweise einen praktischen Kontext herzustellen und z. B. einen Adressaten anzugeben, der beim Schreiben berücksichtigt werden muss. Das könnten die Webseite einer Schule im englischsprachigen Ausland oder ein englischsprachiges Projekt sein, an dem mehrere Schulen in der EU arbeiten.
Obwohl damit zu rechnen ist, dass ungewöhnliches Fachvokabular angegeben wird, eignen sich diese Aufgaben besonders, wenn Sie ohnehin über einen breiten Wortschatz verfügen, schnell und flüssig Englisch schreiben und Ihre Zeit gut einteilen, das heißt im GK circa 45 Minuten und im LK circa 60 Minuten für diesen Aufgabenteil einrechnen können.

5 vgl. Theis/Werkmann: Sprachmittlung. Stark Verlag (Best.-Nr. 94469)

Sprachmittlung bedeutet nicht, dass Sie in der Abiturprüfung eine Übersetzung vornehmen sollen, sondern die Kernaussagen des deutschen Ausgangstextes in der englischen Sprache wiedergeben. Somit lohnt es sich, zur Vorbereitung auf diese Aufgabe auch das Kapitel über die Textzusammenfassung (vgl. S. VII f.) noch einmal durcharbeiten. Wesentlich ist folgende Vorgehensweise:

Schritt 1
Suchen Sie nach der zentralen Aussage des Textes.

Schritt 2
Integrieren Sie diese zentrale Aussage in Ihren *umbrella sentence*. Der *umbrella sentence* steht am Anfang Ihres Textes und informiert den Leser nicht nur über den argumentativen Kern des Ausgangstextes, sondern auch über den situativen Rahmen – inklusive Quellenangabe.

Schritt 3
Arrangieren Sie die wichtigsten Argumente um die in Schritt 1 bestimmte Kernaussage herum.

Schritt 4
Lassen Sie Details und rein illustrative Passagen aus. Wichtig sind die Aussage des Textes und seine innere Logik. Denken Sie daran, dass logische und zeitliche Bezüge durch die geschickte Verwendung von Konjunktionen hergestellt werden.

Hinweis zur Textlänge: Je kürzer der Ausgangstext, desto wahrscheinlicher ist es, dass die Sprachmittlungsversion im Einzelfall mehr als ein Drittel der Länge des Ausgangstextes betragen kann.

5 Ausdrucksvermögen

Die Ausdrucksweise jedes Menschen ist sehr individuell, daher sind allgemeine Aussagen zur Stilverbesserung schwierig. Allerdings haben Sie bereits gelesen, welche Kriterien der Bewertung des Ausdrucksvermögens zugrunde liegen. Bei der Vorbereitung Ihrer Prüfung ist also die Aneignung bzw. Wiederholung des themen- und aufgabenspezifischen Fachvokabulars wichtig. Grundlage sollten Ihre im Unterricht erworbenen Kenntnisse sein. Es gibt auch zahlreiche Veröffentlichungen, in denen der Oberstufenwortschatz thematisch gegliedert dargeboten wird (z. B. Kompaktwissen Englisch Themenwortschatz Abitur, Best.-Nr. 90462 oder Abiturtraining Englisch Themenwortschatz, Best.-Nr. 82451).
Im Zusammenhang mit der geforderten Variation des Satzbaus und dem Einsatz von Verknüpfungen zwischen Satzteilen, Sätzen und Satzgruppen lohnt sich die bewusste, aber nicht übertriebene Verwendung sogenannter Konnektoren, die auch z. T. als *phrases* oder *links* bezeichnet werden. Sie sind besonders für die elegante Formulierung von Kommentaren notwendig. Die themen- und meinungsunabhängigen Konnektoren werden aber zum Teil auch bei Zusammenfassungen und Analyseaufgaben immer wieder gebraucht. In den neueren Ausgaben auch einsprachiger Wörterbücher findet man solche hilfreichen Ausdrücke im Anhang oder in der Mitte!

Hier eine kleine Auswahl zum Wiederholen und Üben:

1. Einleitung

- it is undeniably true that … (es *steht außer Zweifel, dass …)*
- for the great majority of people *(für die meisten Leute)*
- it is sometimes forgotten that … *(es gerät manchmal in Vergessenheit, dass)*
- a problem that is often debated nowadays is that of … *(heutzutage wird viel über … diskutiert)*

2. Fortführung

- a number of key issues arise from … *(aus … ergeben sich einige grundsätzliche Fragen)*
- what this question boils down to is: … *(letztendlich läuft es auf Folgendes hinaus: …)*

3. Bestätigung

- it should be stressed that … *(man sollte betonen, dass …)*
- it would be ridiculous to assert that … *(es wäre geradezu lächerlich zu behaupten, dass …)*
- it is undoubtedly true that … *(zweifellos)*

4. Zweifel

- it is questionable whether … *(es ist fraglich, ob …)*
- it remains to be seen (however) whether … *(es wird sich jedoch zeigen, ob …)*
- it may well be that … *(es kann sehr wohl sein, dass …)*
- it is certainly true that … but I wonder whether … *(es ist sicher richtig, dass … aber ich frage mich, ob …)*

5. Missbilligung

- it is hard to agree with *(es fällt schwer, mit … übereinzustimmen)*
- (This argument) offers no solution to … *(bietet keinerlei Lösungsansatz für …)*
- … should not go unchallenged *(… sollte nicht unwidersprochen hingenommen werden)*
- I find it impossible to accept … *(ich kann … einfach nicht akzeptieren)*

6. Betonung einzelner Gesichtspunkte

- it should never be forgotten that … *(man sollte nie vergessen, dass …)*
- especially in view of … *(besonders im Hinblick auf …)*
- next I wish to focus our attention on … *(als Nächstes möchte ich unser Augenmerk auf … lenken)*
- what is more, … *(hinzu kommt noch, dass …)*
- the chief feature of … *(das Hauptmerkmal)*

7. Vergleich, Hinzufügung, Verbindung

- as for … *(was … betrifft)*
- first of all …, next …, finally … *(zunächst …, dann …, schließlich …)*
- as far as … is concerned … *(was … betrifft)*
- there is a fundamental difference between … *(es besteht ein grundlegender Unterschied zwischen …)*
- as regards … *(was … angeht)*

8. Persönliche Sichtweise

- in my opinion …*(meiner Meinung nach …)*
- my own view of this is that … *(meiner Meinung nach …)*
- it seems to me that … *(mir scheint)*
- but I feel strongly that … *(ich bin der Überzeugung, dass …)*

9. Andere Sichtweise

- this line of thinking leads to … *(dieser Gedankengang führt zu …)*
- …, which brings us to another side of the question *(…, was eine andere Frage aufwirft)*
- … draws our attention to the fact that … *(… macht uns darauf aufmerksam, dass …)*

10. Zitate, Beispiele

- take the case of *(wenn man zum Beispiel … nimmt)*
- to illustrate the truth of this *(um das zu veranschaulichen)*
- a single, but striking example of … *(ein gutes Beispiel für …)*
- according to … *(laut …)*
- this passage serves to illustrate … *(dieser Absatz veranschaulicht …)*

11. These

- the first thing that needs to be said is … *(zunächst einmal sollte man darauf hinweisen, dass …)*
- we must distinguish carefully between … *(man muss sorgfältig zwischen … unterscheiden)*
- this brings us to the question of whether … *(daraus ergibt sich die Frage, ob …)*
- it is worth stating at this point that … *(an dieser Stelle sollte man darauf hinweisen, dass …)*

12. Antithese

- another way of looking at this question is to consider … *(man kann das Problem aber auch aus anderer Sicht betrachten)*
- … is, however, a totally unjustified assumption *(… ist jedoch eine völlig unberechtigte Annahme)*
- it would be more accurate to say that … *(es wäre richtiger zu sagen, dass …)*

13. Synthese

- how can we reconcile these contradictory viewpoints? *(wie lassen sich diese widersprüchlichen Standpunkte vereinbaren?)*
- it is easy to believe that … but the truth is that … *(man könnte annehmen, dass …, aber in Wahrheit …)*

14. Schluss

- what conclusion can be drawn from all this? *(welche Schlussfolgerungen lassen sich aus all dem ziehen?)*
- ultimately, then, … *(letzten Endes)*
- nevertheless, at the end of the day it is safe to assume that …*(dennoch kann man letzten Endes davon ausgehen, dass …)*
- all in all *(zusammenfassend)*
- I therefore reject/support … *(daher unterstütze ich …/lehne ich … ab)*

Will man sich den bewussten Gebrauch dieser Stilmittel angewöhnen, sollte man die Musterlösungen in diesem Bändchen nicht nur nach auf die Aufgabenstellung bezogenen inhaltlichen Kriterien, sondern auf jeden Fall auch mit Blick auf die Art der sprachlichen Gestaltung durcharbeiten.

6 Beschreibung eines Diagramms

Diagrammarten

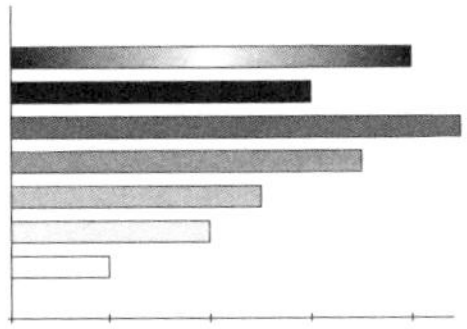

bar chart/graph
(Balken-, Säulendiagramm)

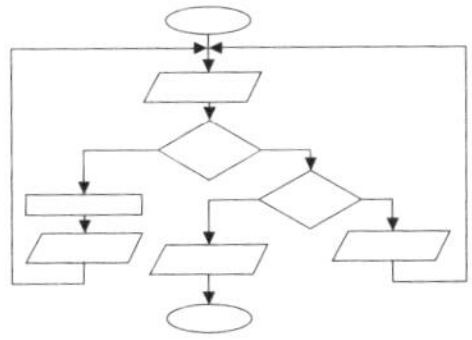

flow chart
(Flussdiagramm)

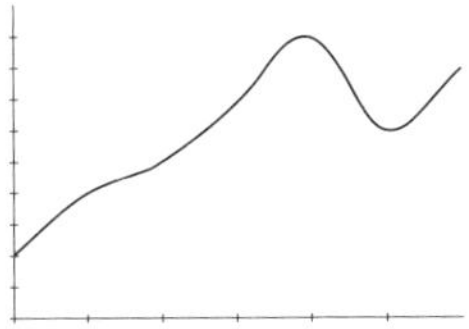

line graph
(Kurvendiagramm)

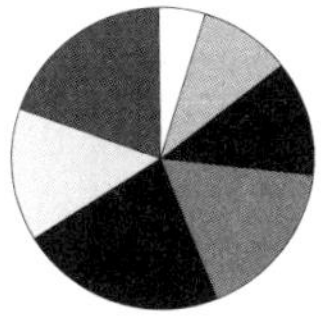

pie chart
(Kreisdiagramm, Kuchendiagramm)

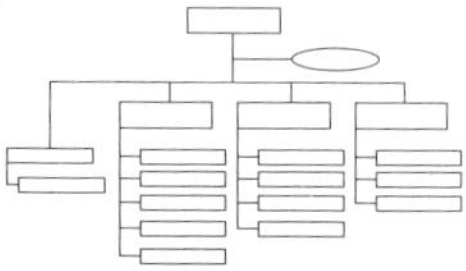

organization(al) chart
(Organigramm)

Thema / Modulreihe		12.1 The Challenge of Individualism	12.2 Tradution and Change
GK verb.		Presentations	Presentations
GK verb.	I	USA	Work and Industrialization
GK verb.	II	Sience and Technology	United Kingdom
GK fakultativ	III	Them and Us	Extreme Situations

table
(Tabelle)

Beschreibung des Diagramms

- **Zustand**

to stand at …	At the end of the quarter, sales stood at $ 22 million.
to remain/stay at …	Losses stayed at $ 2 million per month between January and March.
to amount to …	*sich belaufen auf, betragen*

- **Zunahme**

to rise/go up/increase by … to …	Costs rose by 5 % to 25 %.
to rise/go up/increase from … to …	Profits went up from 20 % to 25 %.
an increase/a rise of	There was an increase/a rise of 5 %.
an increase/a growth in	There was an increase in sales.
to rocket	*in die Höhe schießen*
to surge	*dramatisch zunehmen*
to double/treble/quadruple	*sich verdoppeln/verdreifachen/vervierfachen*
to increase five-fold, six-fold	*fünffach, sechsfach zunehmen*
to jump to	*in die Höhe schnellen*

- **Abnahme**

to drop/go down/decrease/fall … by … to …	Expenses dropped by $ 55,000 to $ 320,000.
to drop/go down/decrease/fall … from … to …	Interest rates decreased from 18 % to 16 %.
a drop/decrease/fall of	There was a drop/decrease/fall of 2 %.
a drop/decrease/fall in	The company experienced a drop/decrease/fall in sales.
to plummet	*stark zurückgehen*
to slump	*zurückgehen*
to fall to a trough	*auf einen Tiefstand fallen*

- **Höhepunkt**

to peak at …	*einen Höchststand erreichen* Sales peaked at 5,000 units in December.
to reach a peak of …	Sales reached a peak of 5,000 units in December.

- **Gleichstand**

to level off/out … at …	*sich einpendeln*	
	Sales levelled out at 4,000 units.	
figures do not change	The figures have not changed for years.	

- **Tiefpunkt**

to bottom out at …	*einen Tiefstand erreichen*
	Our market share bottomed out later that year at around 25 %.
to reach their/its lowest at …	Profits reached their lowest at 8 %.

- **Adjektive**

lightly/steadly/dramatically/ sharply	Sales figures have fallen slightly.
continually (stetig) / gradually (allmählich)	Profits have gone up continually.
significantly (deutlich) / insignificantly (unbedeutend)/ negligibly (geringfügig)	Growth is expected to rise insignificantly.

Formulierungen

The pie chart shows …
This is an organization chart of …
The bar graph demonstrates …
This table gives information about …
The pie chart compares …
As you can see from the pie chart …
Its most significant feature is …
The horizontal axis represents …
The dotted line on the graph represents …
The figures in the table show that …
The figures prove that …
The statistics suggest that …
The diagram makes it clear that …
This implies that …
There is evidence that …

7 Glossary of literary terms

1. **Allegory:** a poem, play or story in which the characters and events are used to symbolize a **deeper moral or spiritual meaning.**

   Example: Typical allegories would be Bunyan's *Pilgrim's Progress* or George Orwell's *Animal Farm.* In *Animal Farm* the pigs represent a totalitarian regime.

2. **Alliteration:** sometimes referred to as **head rhyme** or **initial rhyme**, alliteration is a term we use to describe the **repetition of the initial sounds**, usually

consonants, in a line of poetry or in closely adjacent lines. Alexander Pope said "The sound must be an echo to the sense", by which he meant that a good poet uses alliteration not just because it sounds nice but because it reinforces the meaning and purpose of the lines in question. Alliteration therefore is used **to create melody, establish mood, or call attention to important words.** It also highlights similarities or contrasts.

Example: "Scooping spilt, soft, broken oil with a silver spoon from a flagstone floor. …"
(M-M-Memory from The Other Country by Carol Ann Duffy)

3. **Allusion:** when a writer alludes to something in the course of writing a poem, he refers to **information assumed to be known** by the reader. This can be a reference to a person or a well-known occurrence such as a battle or war, a TV character or a well-known literary character.

   Example: "'An old woman who looked like one of the witches from Macbeth' he said. This allusion was lost on Sally. Seeing her puzzlement he went on, 'wrinkled, don't you know, and hideous and so forth' …"
   (The Ruby in the Smoke by Philip Pullman)

4. **Ambiguity:** the state of being **doubtful, unclear or indistinct**. It is a characteristic of writing which makes something capable of being understood in more than one way. A poet will often do this deliberately.

   Example: A simple example of ambiguity is to be found in the sentence "They found me a good worker." This is ambiguous in that it has two meanings, i.e. They found me to be a good worker or They found a good worker for me. The context is necessary for it to be properly understood. A writer making effective use of ambiguity will use language and context to leave something unclear or open to more than one interpretation.

5. **Analogy: agreement or similarity** in some things which are otherwise quite different from one another.

   Example: Sleep and death are not really similar but would be analogous in that both normally involve no movement and often happen when a person is lying down.

6. **Anaphora:** the **repetition** of a word or phrase at the start of a succession of phrases in order to achieve **rhetorical effect.** This is most commonly used in plays or famous speeches.

   Example: "*We shall fight* in France, *we shall fight* on the seas and oceans, *we shall fight* with growing confidence and growing strength in the air, *we shall* defend our island, whatever the cost may be, *we shall fight* on the beaches, *we shall fight* on the landing grounds, *we shall fight* in the fields and in the streets, *we shall fight* in the hills. *We shall* never surrender." *(Winston Churchill)*

7. **Antithesis:** this term refers to the exact **opposite** of something being **highlighted in parallel words or** in the **juxtaposition** of contrasting ideas or phrases.

   Example: BRUTUS "Not that I loved Caesar less, but that I loved Rome more."
   (Julius Caesar by William Shakespeare)

8. **Antonym:** a word which is the **opposite** of something else.

   Example: good – bad / easy – difficult.

9. **Aside: a statement uttered** in the course of a play which is intended for the ears of the audience only and is **not heard by the other characters** on stage at the time.

   Example: MACBETH "Thanks for that.
   (Aside) There the grown serpent lies, the worm that's fled. ..."
   (Macbeth by William Shakespeare)

10. **Assonance:** the use of the **same vowel sound with different consonants** in successive words or stressed syllables.

    Example: "time and light"

11. **Blank Verse:** verse which does not rhyme but which is written in a set metrical pattern, most often in **iambic pentameters** (i. e. an unstressed syllable followed by a stressed syllable in each poetic foot). Shakespeare used it frequently as did Milton in *Paradise Lost* and Wordsworth also used blank verse in his poetry. Blank verse is used extensively in **dramatic or narrative verse.**

    Example: "The qua / lity / of mer / cy is / not strain'd /
    It drop / peth as / the gen / tle rain / from heaven / "
    (The Merchant of Venice by William Shakespeare)

12. **Characterisation:** the method an author uses to present his characters to the reader. This may involve **physical description,** an account of **speech and behaviour,** a character's **opinions and reactions,** or finally, what a character **feels or thinks** about something.

    Example: "Frances Lennox was a minor, steady, reliable actress, and had never been asked for anything more. This part was in a brilliant new play, a two-hander, and the male part would be taken by Tony Wilde who until now had seemed so far above her she would never have had the ambition to think of her name and his side by side on a poster ..."
    (The Sweetest Dream by Doris Lessing)

13. **Cliché:** words or phrases that have been used so often that they are more or less meaningless.

    Example: "As dead as a doornail." *or* "As cool as a cucumber."

14. Climax: a group of sentences or clauses which starts with the weakest and then **builds to a high point** in order to achieve effect. The term can also refer to the high point of a story or play.

Example: "It is an outrage to bind a Roman citizen; to scourge him is an atrocious crime; to put him to death is almost a parricide; but to crucify him, what shall I call it?" *(Cicero)*

15. The term **conflict** is used when talking about a **problem or struggle between two opposing forces** in a story. The main types of conflicts are: person against person, person against self, person against society and person against nature.

Example: One of the central themes of *How to be Good* by Nick Hornby is the struggle the main character experiences between the person she is and the person she wants to be. This conflict is the main driving force behind her story.

16. Consonance: repetition of specific consonant sounds after different vowel sounds.

Example: Consonance is the similarity between consonants, but not between vowels, as between the *s* and *t* sounds in "sweet silent thought."

17. Elements of fiction: certain aspects of a literary work. A criticism or analysis of a book or story might concentrate on any of the following elements: **the action, the antagonist** (i. e. the person or force that works against the **protagonist** or hero of the story), the **characters**, the **climax**, the **conflict**, the **dialogue**, the **exposition,** (i. e. the part of the story in which the characters first appear, the background is explained and the setting is described), the **falling action** (i. e. the action and dialogue following the climax that lead the reader into the story's end), the **mood**, the **moral**, the **narrator**, the **plot**, the **resolution**, (i. e. how everything turns out), the **rising action** (i. e. the central part of the story during which various problems arise after a conflict is introduced), the **setting**, the **style** and the **theme**.

Example: The theme of the short story collection *Dubliners* by James Joyce is essentially one of life and human nature in Dublin as seen through the eyes of the characters involved.

18. Ellipsis: a stylistic device used to achieve poetic effect by **omitting a word or phrase** which is easily known to the reader.

Example: In the following example the word "go" has been omitted between "shall" and "along" – "And he to England shall along with you."
(Hamlet by William Shakespeare 3.3.1)

19. Epigram: a witty paradoxical remark. Oscar Wilde was famous for his epigrams.

Example: "A poet can survive everything but a misprint." *or* "I can resist everything but temptation."
(Oscar Wilde)

20. Euphemism: a polite phrase or word which is used to say something that is considered unpleasant or hurtful in a nice and acceptable manner.

Example: "China is a country where you often get different accounts of the same thing" *(... where many lies are told) or* "He passed away" *(He died)*

21. Figurative language takes in such devices as **simile, hyperbole, personification** and **metaphor.**

Example: "He clasps the crag with crooked hands
Close to the sun in lonely lands
Ringed with the azure world, he stands."
(The Eagle by Lord Tennyson)

22. Foreshadowing happens when the author gives **hints** about things which will later come to pass in the course of a story.

Example: In *Julius Caesar* by William Shakespeare, Caesar's wife has nightmares in which she foresees his death.
Act II Scene II
Thunder and lightning. Enter CAESAR, in his night-gown
"Nor heaven nor earth have been at peace to-night:
Thrice hath Calphurnia in her sleep cried out,
'Help, ho! they murder Caesar!' Who's within?" ...

23. Flashback: the opposite of foreshadowing. An interruption in the action of a story or work of non-fiction to show an episode that happened at an earlier time. A flashback is usually used to provide background information.

Example: In *The Snows of Kilimanjaro*, Harry Street, who is dying, becomes preoccupied with incidents in his past. In a flashback Street remembers one of his wartime comrades dying painfully on barbed wire on a battlefield in Spain.

24. Hyperbole: exaggerated form of language used to increase effect.

Example: "I could eat a horse" *or* "All the perfume of Arabia could not sweeten this little hand"
(Macbeth by William Shakespeare)

25. Imagery: those elements in a poem which evoke **mental pictures**; not just visual ones but emotional ones also. Many images are conveyed by figurative language such as **similes, metaphors and personification.**

Example: "When the evening is spread out against the sky
Like a patient etherized upon a table."
(The Love Song of J. Alfred Prufrock – T. S. Eliot)

26. Irony involves the humorous use of words **to imply the opposite** of what they actually mean. Irony is a question of the contrast between what seems to be and what actually is. We speak of **verbal irony, dramatic irony, irony of situation** and **irony of tone.**

Example: "Moments after Eileen shot herself, having earlier been told that John, her husband, had been killed in the war, he came walking up the drive with his rucksack over his shoulder."

27. **Literary forms:** various **types of writing**. These include such well-known types as comedy, drama, essay, historical fiction, novel, poetry, science fiction and the short story. Other literary forms include myth, folktale, autobiography, biography, realistic fiction and prose.

    Example: The novel *The Time Machine* by H. G. Wells is a good example of early science fiction writing.

28. **Metaphor:** a figure of speech that **implies comparison** without using "like" or "as". A resemblance is indicated but not expressed directly.

    Example: "All the world's a stage" (Not: …is *like* a stage)
    (As You Like It by William Shakespeare)

29. **Mood:** the overall **emotional effect** created by a piece of literature.

    Example: The mood created in the poem *Originally* (Carol Ann Duffy) is a reflective one, one full of memories and uncertainty. The poet is considering a time when she lived in a different country and is wondering where she actually comes from. The conclusion of the poem reads "And I hesitate", a finish which contributes to, and is typical of, the overall mood of the poem.

30. **Paradox:** a seemingly **absurd or self-contradictory statement** that is or may be true.

    Example: "What a pity that youth must be wasted on the young."
    (George Bernard Shaw)

31. **Personification:** the **attribution of human qualities** to something which is not human.

    Example: "As the wind undressed the trees, fear grabbed at his throat …"
    or "The plane began to creak and protest as it fought its way through the storm."

32. **Plot: pattern of action** in a short story, novel or play. In a book with a good plot all the details are important and are arranged so that the outcome depends on each one and the interaction of all the details with one another. The plot may have **a protagonist** who is opposed by an **antagonist**, creating what is known as **conflict**. A plot may include flashback or it may include a subplot which is a mirror image of the main plot.

    Example: In Shakespeare's *King Lear,* the relationship between the Earl of Gloucester and his sons mirrors the relationship between Lear and his daughters.

33. **Point of view:** the writer's **choice of narrator** for his story. A writer has three basic choices when it comes to deciding on what point of view will be used in a novel.

Example: Personal or first-person: the narrator "I" is a character in the story who can reveal only his own thoughts and what he sees and is told. *Robinson Crusoe* is told from a first-person point of view. Third person objective is where the narrator is an outsider who can report only what he sees and hears. An example would be *Hard Times* by Charles Dickens.
An omniscient point of view is where the narrator knows everything and can enter the minds of his characters. He may enter the minds of all the characters or the mind of just one if he wishes to focus on one character. Joyce's *Ulysses* is told in this manner.

34. Pun: play on words in which words are used to exploit ambiguities in meaning, usually for humorous effect.

Example: Ben Battle was a soldier bold and used to war's alarms
But a cannonball took off his legs so he laid down his arms.

35. Repetition: one of the most frequently used stylistic devices. It simply involves the **frequent use of the same word or phrase** in a piece of writing.

Example: "You cannot sir, take from me anything that I would more willingly part withal, except my life, except my life, except my life."
(Hamlet by William Shakespeare)

36. Rhetoric: the effective use of language, particularly in a **speech**, when one is trying to persuade someone or convert them to one's opinion.

Example: "Friends, Romans, countrymen
Lend me your ears
I come ..."
(Julius Caesar by William Shakespeare)

37. A **rhetorical question** is one to which **no answer is required** because the answer is clear from the question which has been posed.

Example: "Who knows?" (The answer "nobody knows" is clear from the question itself.)

38. Rhyme: a term we use to describe the **repetition of syllable sounds**. We speak of **end rhyme** and **internal rhyme.** The pattern created by rhyme in a poem is referred to as the rhyming scheme.

Example: "I'm a lean dog, a keen dog, a wild dog and lone;
I'm a rough dog, a tough dog, hunting on my own"
(Irene Rutherford McLeod)

39. Sarcasm: particular type of irony. Sarcasm is usually intended to be aggressive and is often insulting and aimed at a person.

Example: "You are a wonderful goalkeeper." (To someone who has just conceded 9 goals in a match ...)

40. **Satire:** a literary work which exposes and ridicules human folly and uses **sarcasm, wit** and **irony** to do so. It is usually directed against the injustice of social wrongs e. g. poverty, corruption.

Example: Famous satirists would include Dryden, Swift, Pope and Orwell. *Animal Farm* (Orwell) and *Gulliver's Travels* (Swift) are among the most famous works of satire ever written.

41. **Setting: the time and place** in which the events of a story or novel take place.

Example: The book *Ulysses*, by Irish writer James Joyce, has perhaps the most well-known setting of any modern novel. It is set in Dublin on one particular day in 1904, a day that has since become known as Bloomsday in honour of a character, Leopold Bloom, who appears in the book.

42. **Simile: a comparison** of two completely different objects using "**like**" or "**as**". It is not generally considered as powerful as a metaphor since it does not defy logic.

Example: "Errors, like straws, upon the surface flow ..." *(Nesfield)*

43. **Soliloquy: a speech** which is spoken by a character in a play at a time when he or she is unaccompanied on the stage.

Example: The best-known soliloquy in the English language is Hamlet's speech in which he utters his famous "to be or not to be ..." statement.

44. **Sonnet: fixed poetic form of fourteen lines in iambic pentameter**. In the Elizabethan or Shakespearean sonnet the lines are divided into three quatrains and a couplet (abab, cdcd, efef, gg) The original Italian form is divided into an octave of two rhyme-sounds following an abba abba pattern and a sestet of two additional rhyme patterns cdc, dcd or cde,cde. Eventually, the ability to write a sonnet became part of a wealthy man's education.

Example: Shakespeare's *Shall I compare thee to a summer's day?* is one of the most famous sonnets.

45. **Stream of consciousness: narrative technique** developed towards the end of the 19th century used to portray and evoke the psychic life of a character and depict subjective as well as objective reality. Stream of consciousness refers to the **presentation of a character's thoughts, feelings, actions** and so on.

Example: In his work *The Butcher Boy* the Irish author Patrick McCabe uses the first person stream of consciousness to show his main character's descent into madness.

46. **Symbol:** a word which stands for or is somehow connected to an idea and is therefore a **sign** of something.

Example: The Union Jack stands for Britain. In Robert Frost's poem *Acquainted with the Night* both the night and darkness are symbols for death or depression.

47. Tautology: the repetition of an idea in different words, phrases or in a sentence.

Example: With malice toward none, with charity for all.
(Second Inaugural Address – A. Lincoln)

48. Theme: unifying motif in, or the **main meaning** of, a work; often a general truth about life. A theme can be stated directly or implied.

Example: One of the main themes of Edna O'Brien's collection of short stories *Lantern Slides* is the confinement provincial life in Ireland places upon those who live there.

49. Tone: when a reader refers to the tone of a poem, he or she is usually speaking about **the writer's attitude** to the subject he is writing about. More specifically it can refer to **the moral outlook** of a piece. Tone is sometimes used to describe the overall feeling of a poem and thus is quite related to the mood.

Example: The tone of the book *Cannery Row* by John Steinbeck is objective, neutral and non-judgemental. The writer does not express disapproval of the actions of Mack and his band.

50. The word **tragedy** is primarily used at a literary level to refer to **a medieval narrative poem** or **a Renaissance drama** in which the downfall of a great person – be it a king, an emperor or a good person – is the main theme of the work.

Example: *Julius Caesar* and *King Lear* by William Shakespeare both describe the downfall of great individuals and are among the greatest tragedies ever written.

51. Understatement: a comment made in a restrained and somehow less important way to achieve heightened effect and increase the actual importance of what is being said. This is often done in an ironic way.

Example: After Macbeth murders his friend Banquo, he goes on to play down the deed by referring to the number of people who have been murdered since the beginning of time, saying "Blood hath been shed ere now."

Abiturprüfung Hessen – Englisch Grundkurs: Aufgabe 1
Unterrichtsinhalte: *USA, Ideals and Reality*

James Truslow Adams: *The Epic of America*

If, as I have said, the things already listed were all we had had to contribute, America would have made no distinctive and unique gift to mankind. But there has been also the American dream, that dream of a land in which life should be better and richer and fuller for every man, with opportunity for each according to his ability or achievement. It is a difficult dream for the European upper classes to interpret adequately, and too many of us ourselves have grown weary and mistrustful of it. It is not a dream of motor cars and high wages merely, but a dream of a social order in which each man and each woman shall be able to attain to the fullest of stature of which they are innately capable, and be recognized by others for what they are, regardless of the fortuitous circumstances of birth and position. I once had an intelligent young Frenchman as guest in New York, and after a few days I asked him what struck him most among his new impressions. Without hesitation he replied, "The way that everyone of every sort looks you right in the eye, without a thought of inequality." Some time ago a foreigner who used to do some work for me, and who had picked up a very fair education, used occasionally to sit and chat with me in my study after he had finished his work. One day he said that such a relationship was the great difference between America and his homeland. There, he said, "I would do my work and might get a pleasant word, but I could never sit and talk like this. There is a difference there between social grades which cannot be got over. I would not talk to you there as man to man, but as my employer."

No, the American dream that has lured tens of millions of all nations to our shores in the past century has not been a dream of merely material plenty, though that has doubtlessly counted heavily. It has been much more than that. It has been a dream of being able to grow to the fullest development as man or woman, unhampered by the barriers which had slowly been erected in older civilizations, unrepressed by social orders which had developed for the benefit of classes rather than for the simple human being of any and every class. (...)

The point is that if we are to have a rich and full life in which all are to share and play their parts, if the American dream is to be a reality, our communal spiritual and intellectual life must be distinctly higher than elsewhere, where classes and groups have their separate interests, habits, markets, arts, and lives. If the dream is not to prove possible of fulfillment, we might as well become stark individualists, become once more class-conscious, and struggle as individuals or classes against one another. If it is to come true, those on top, financially, intellectually, or otherwise have got to devote themselves to the Great Society, and those who are below in the scale have got to strive to rise, not merely economically, but culturally. We cannot become a great democracy by giving ourselves up as individuals to selfishness, physical comfort, and cheap amusements. The very foundation of the Amercan dream of a better and richer life for all is that all, in varying degrees, shall be capable of wanting to share in it. It can never be wrought into a reality by 30 cheap people or by "keeping up with the Joneses". There is nothing whatever in a fortune merely in itself or in a man in himself. It all depends on what is made of each. *(624 words)*

l. 35 Great Society: *here*: ideal society
l. 40 wrought (archaic): worked
ll. 40/41 to keep up with the Joneses (idiomatic): to have all the material possessions and as high a standard of living as one's neighbors and friends

Assignments

1. Summarize the above text taking into account the following questions:
   How does Adams conceive of the American Dream?
   How should it be realized in actual life? 30 %
2. In how far does a society described (and idealized) by Adams differ from the society described in *Brave New World*? Take into account the different underlying notions of "happiness". 40 %
3. Comment: German society guarantees the individual that he/she can realize his/her potential to the full. 30 %

Teaching modules referred to:
The American Dream is often dealt with in 12.1.I *(USA)*. Typically one reads fictional (e. g. Fitzgerald: *The Great Gatsby*) and non-fictional texts on the promise of America. The text at hand also refers to a teaching module in 13.1.III: *Ideals and Reality*, for which Huxley's *Brave New World* might well have provided the textual basis.

Lösungsvorschläge

1. *How to approach the task:*
   Step 1: *You should start out by stating the structure of the text in your umbrella sentence. To help you along, there are two guiding questions which help you by providing a framework, i. e. there are two aspects structuring the text: a) the concept; b) the realization of this concept.*

   Step 2: *In regard to the concept you might start out by underlining the facets belonging to the concept of the American Dream in the text (see below: underlined phrases* *in the first two paragraphs). As a result, you will have to put into words the double nature of the concept: the material side and the social ideal element.*

- *"not a dream of motor cars and high wages" (l. 7)*
- *"a dream of a social order" (l. 7)*
- *"regardless of the fortuitous circumstances of "birth and position" (ll. 9/10)*
- *"without a thought of inequality" (ll. 13/14)*
- *"not ... a dream of merely material plenty" (l. 22)*

Step 3: *In the third paragraph the author tells us how Americans (should) live up to the ideals of the American Dream in real life. Underline the respective phrases in the third paragraph (see below). Then rephrase the gist of his line of argument, taking care to underline material and immaterial facets.*

- *"communal spirit" (l. 29)*
- *"stark individualists" (l. 32)*
- *"those on top ..." (ll. 34/35)*
- *"those ... below ..." (ll. 35ff)*
- *"selfishness, physical comfort ..." (ll. 37/38)*
- *"better and richer life" (ll. 38/39)*

In this passage from Adams' *The Epic of America* (1931) the author delineates his concept of the American Dream and suggests a way to make it reality. His American Dream is definitely not merely characterized by material well-being. There is, of course, a facet of the dream that promises material success and a life better than anywhere else, but there are a number of other facets which have to be seen at the same time. For the individual, the dream means equality of opportunity regardless of social background; it means the possibility of self-realization and a proper reward for effort and talent invested. But it is not the rugged individualist for whom the dream is fulfilled. It is rather the individual as part of a community, the individual who serves a greater purpose that makes up the true America. Only on this basis can American democracy be achieved: the individual has the responsibility to improve him/herself; individual success has to be translated into socially responsible contributions for the benefit of the public good. Divisive interest of the different groups in society and individual selfishness and the desire for fun and amusement must be checked and overcome. *(197 words)*

2. Adams' ideal society is made up of distinct individuals that make their own decisions and, of their own free will, become aware of their social responsibility. The world of *Brave New World* is characterized by there being no distinct individuals functioning of their own free will, with the exception of people like Bernhard Marx, who either have to be re-conditioned or got rid of, i.e. he is exiled to the Arctic.
   In search of stability, the World Controllers in *Brave New World* have decided on a static model of society where change is prevented by people being permanently conditioned (starting pre-natally) to fulfil well-defined functions in society and the economy. A perfect class system is created without any social friction because people like and love their place in society – wherever they may have been placed. They undergo

a permanent process of de-individualization which ensures that they do not even have the chance to think about alternative ways of living, or even about a different model of society: they do not even know about the notion of progress or change.
In contrast to the 'brave' new world, American reality as seen by James Truslow Adams is characterized by self-reliant individuals making use of their distinct God-given talents, following their own interests and pursuing their own aims – without losing sight of the interest of the community. His reality and vision is that of a society in permanent change where certain things are taken for granted: tomorrow will never be the same as today (it will be better than today); no two individuals are alike. Implied in Adams' notion of society is the burden of responsibility and of having to make decisions which have to be borne by the individual and the community. Decision-making and having to take risks may well be factors which contribute to the happiness of the individual. Free will is a central concept in this context, whereas it is virtually non-existent in *Brave New World*. Happiness here is definitely not derived from ideas and actions, from hopes fulfilled, ambitions realized, and efforts rewarded; happiness in this world is rather the effect of conditioning, of material plenty and of instinctual desires being fulfilled. Soma is the ultimate solution to everything, and at the same time it is the ultimate instrument of control which ideally stabilizes the static system.
(389 words)

3. I think that German society offers the individual all the opportunity, the freedom and all the support needed for self-realization. A state school system guarantees that natural talents can be developed to the full, regardless of social background and regardless of the neighbourhood you live in. If you are intelligent enough, you can take your *Abitur* and go to university – and take whatever subject you think you are cut out for. If your results are good enough you will be able to get an appropriate job and you will have the chance of rising up the career ladder.
This is all true, but there are a few other factors one might have to take into account in order to get the full picture. It is also true that not everybody gets the job they want, not everybody even takes the degree their talents might qualify them for, and not everybody rises to the position that they might deserve. Think, for example, of the girl whose parents are convinced that girls do not need further education as they will become mothers and housewives anyway. One might also think of the women who generally earn less money than men even if they do the same job. There are also children from immigrant backgrounds who, statistically speaking, are at a disadvantage as far as career and education are concerned because of language and/or culture problems.
Probably, in contrast to the US, someone who has special skills in their field is not allowed to set up a business until they have acquired the proper piece of paper, stamped by the proper authorities, that would officially certify that the person has the required skills. In Germany more than in the US, the state seems to take on the responsibility for regulating vast areas of life: but there seems to be a tendency for these restrictions on the freedom of the individual to become less and less. *(322 words)*

Abiturprüfung Hessen – Englisch Grundkurs: Aufgabe 2
Unterrichtsinhalte: *Science and Technology; Order, Vision, Change*

Bush a boon to smokestacks

This is not an April Fool's Day joke. It is about US President George W. Bush writing a letter to four Republican Senators. A short letter that threatens the world and makes a mockery of a nation that prides itself in its democracy.
The battle is over global warming.
Scientists warned last November that the earth is heating up faster than they thought. In January a 1,000-page report was released after five years of work by hundreds of experts from more than 100 countries. The facts were alarming.
Global temperatures are projected to shoot up between 1.4 and 5.8 degrees centigrade in the period 1990 to 2100, far more than expected five years ago. Compare that to an increase of only 3.5 degrees since the last ice age.
Most of this warming over the last 50 years is caused by human activities which release gases that trap heat in the earth's atmosphere creating a greenhouse effect. The last 20 years have been undisputedly the warmest in the last thousand years. The main source of these polluting gases is carbon dioxide from fossil fuel combustion. And the US is the single biggest polluter in the world, responsible for 25 % of greenhouse gas emissions.
Developing countries with almost 80 % of the planet's population account for only 40 %. But the worst impacts – floods, drought, rising sea levels, crop failure, disease – will hit developing countries. Neither will the US itself escape the devastation of global warming.
That was why, like any politician out to grab votes, Bush made promises last year in the face of an electorate that is becoming more worried about global warming. In this case, his target – the environmental community, concerned scientists, health groups and many ordinary Americans – believed him. Bush had promised that he would act to check global warming by cutting back the vast amounts of carbon dioxide spewed up by power plants. Half of their electricity comes from burning coal.
But on March 15, in a letter to senators well-known to oppose reductions in carbon dioxide emissions, Bush assured them of his support. The gas, said Bush, is not a pollutant under US law.
Big industry especially those in the business of coal and petroleum, and power generation, cheered. For years they had kept carbon dioxide out of the Clean Air Act, which requires mandatory reductions for gases that are included as "pollutants". The fossil fuel industry is dead against any move to curb emissions, and was highly unhappy with the Bush campaign pledge.
Betrayal was how one major environmental group described it. (…)
Bush is honest. He is dirty industry's president. (…) The truth is that the "hated Kyoto Protocol", as a former Senator calls it, is precisely based on fairness. The average per capita greenhouse gas emission in the developing world is about two tons,

and 12 tons in the industrialised countries. However, in the US it is more than 20 tons per head. The global warming crisis today is largely the result of the massive use of energy by developed countries. Every ton of carbon dioxide is the flip side of fossil fuel energy use. The more energy that is used, and much is used wastefully or unnecessarily, the more we tear at the fragile fabric of climate stability. (...) As the biggest economy and by far the largest source of greenhouse gas emissions, the US bears the greatest responsibility, as agreed in the Protocol. (...)
Talks to work out the implementation of the Kyoto Protocol last November in the Hague collapsed. The reason: US demands were so unreasonable that the European Union said no. Developing countries, especially those that are already suffering from floods, drought, loss of lives and economic devastation because of global warming, were furious. (...) The rest of the world cannot be held ransom by one recalcitrant government. *(635 words)*

"Bush a boon to smokestacks" by Yoke Ling Chee, The Sun on Sunday (Malaysia), April 1st, 2001

Cartoon

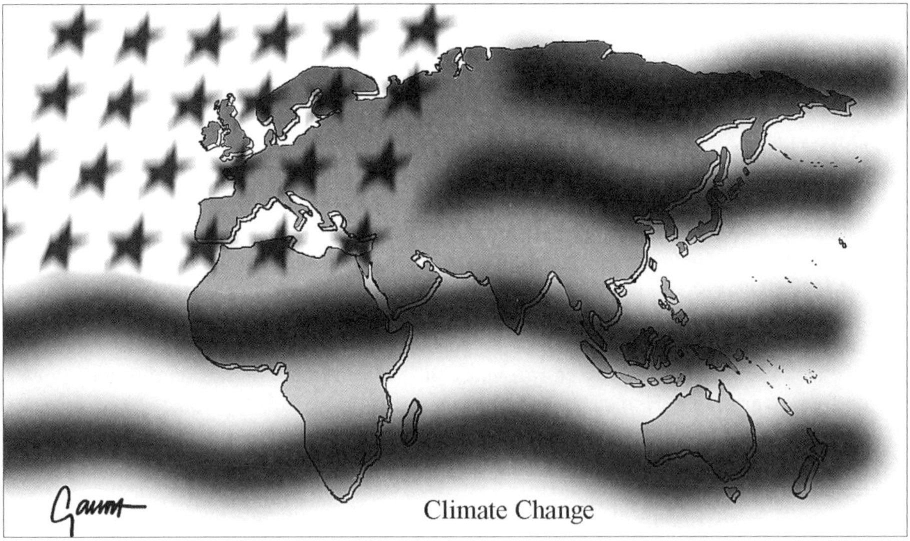

© *Lawrence Moore*

Assignments

1. Summarize the text. Do not forget to mention the problem, the context, and the explicit message of the author. 35 %
2. The US and the world. 35 %
   a) Analyse the author's view of America's role in the world. Do not forget to consider her background.
   b) What story does the cartoon tell us?
3. What is your view of the role of the United States and of the Bush administration? In how far do you share the views presented in the text and the cartoon? 30 %

Teaching modules referred to:

As part of the mandatory programme in grade 12.1 all students deal with issues concerning *Science and Technology* (12.1.II) on the basis of literary and non-literary texts. The text chosen on the basis of this teaching module gives the possibility of also referring to a teaching module dealt with in 13.1.II *(Order, Vision, Change).*

Lösungsvorschläge

1. In her Malaysian *Sun on Sunday* article of April 1st, 2001 the author accuses the Bush administration of mishandling the problem of global warming. The administration has announced its decision not to sign the Kyoto Protocol although the US is the biggest and most wasteful polluter in the world – releasing 25 % of all greenhouse gas emissions. In his election campaign, President Bush made promises to curb carbon dioxide emissions, and now, in a letter to four Senators, he even denies that carbon dioxide is a pollutant. The author argues that the US should accept their responsibility for rising sea levels, floods and droughts, and that the rest of the world should not accept one country preventing others from taking the necessary measures. The author accuses President Bush of serving industry's needs and characterizes the US position as unreasonable and hardly understandable, especially in view of the fact that they will not be able to escape the consequences of global warming either. *(162 words)*

2. a) Being from Malaysia, the author is not entangled in US politics and is able to look at the issue from a more detached point of view. From her point of view it is all too obvious that US industry is mainly responsible for the greenhouse effect and that the high standard of living of each individual American is based on an incredible waste of energy at the expense of the rest of the world, especially of the developing countries – among them the Islamic Republic of Malaysia. What is more, the US seems to be using her influence to block concerted worldwide efforts to tackle the problem.

The author claims that the political (and, implicitly, the diplomatic and military) power of the US is instrumentalized in the service of economic interests and that President Bush obediently serves those interests as "dirty industry's president".
Yoke Ling Chee goes so far as to doubt the democratic nature of US international politics when, with a malicious smile, she says that the threat coming from the US against the rest of the world can only be explained by the assumption that this is either an April Fool's Day joke or a sign of democracy gone wrong. *(201 words)*

b) *How to approach the task:*
Step 1: *Take a close look and describe what you see. Be careful to pay attention to details. It is not enough to mention that there is an American flag:*
1. it is to be seen as a symbol of the USA;
2. the special, smudged, wave-like form it takes is the key to its meaning; the wave-like depiction alludes to wafting clouds of dirty emissions;
3. the non-American world is 'covered' by this 'flag'.

Step 2: *After the detailed description follows the interpretation. In the context (see Question 2 a), the 'flag-like clouds' are to be seen as potentially dangerous and aggressive. For the rest of the world there is no defence. Ask yourself what the clouds stand for – they stand for pollution and global warming and all their potential implications.*

Step 3: *In a last step you should concentrate on the (possible) intention of the cartoonist, on the message he wants to convey. Had he merely put in clouds, he would have implied that mankind is in danger of destroying itself or that the impending destruction is even an act of God – unavoidable (perhaps even deserved). But the cartoonist does not stop at that point! He identifies the source of the danger (the culprit).*
You might go deeper into the meaning of the cartoon, taking into account the text at hand. Then the issue of pollution and global warming turns out to be only one of a number of facets that define the role of the USA in the world. The cartoonist probably does not want us to stick to the single issue (of global warming) but to see the whole picture.

The cartoon shows the world covered by dark layers of emissions that obviously originate from the United States: this can be deduced from the shape the gas masses take, i. e. they are organized in the form of the Stars and Stripes, the American flag. The cartoon seems to be telling us that there is no means of defence against US (industry's) aggression against the rest of the world in the form of emissions. As the main culprit does not accept any responsibility, the other nations have to accept pollution and global warming as something close to an act of God.
One might interpret the intention of the cartoonist as an attempt to show us that the emissions and the rising sea level are definitely not the result of an act of God, but that the pattern of the gas masses betrays an all-too secular cause of this global menace: read the signs in the heavens!
The message concerning the US role in the world seems to be: the role of the US is not only positive. *(177 words)*

3. During the Cold War the US were considered to be the backbone of the Western world and a beacon of hope to the rest of the world. They were relied on to save the world from the Communist threat and to guarantee freedom and democracy as well as prosperity. With the decline of the Communist world, the fall of the Soviet Union and the end of the big power confrontation, the basis of American foreign politics and their role in the world changed completely. The United States were the only superpower left. This means that they had to redefine their mission and their role in the world. Especially after September 11, the Bush administration set itself the goal of fighting against international terrorism and of taking a firm position against 'rogue states'. The US took it upon herself to go it alone – almost – against world opinion, and against the advice of many old allies. In the eyes of many observers, this going-it-alone attitude causes anxiety and the suspicion of a certain hubris behind America's foreign policy is ever-present. However, it has to be acknowledged that the European powers seem to be incapable of decisive action against terrorism, whereas the US at least tries to safeguard not only her own way of life but in this process also defend other nations.
   The aggression which can be seen behind both the text and the cartoon is very much understandable but also rather one-sided, perhaps even short-sighted. What would the world be like if there were no such active 'lonely superpower' as the United States?

   (262 words)

Abiturprüfung Hessen – Englisch Grundkurs: Aufgabe 3*
Unterrichtsinhalte: *Promised Lands: Dreams and Realities; United Kingdom*

Teil A: Aufgabe zur Sprachmittlung

Aborigines feiern das „Sorry" ihres Premiers

Eine politische Rede, ein Volksfest: Die australischen Ureinwohner bejubelten die offizielle Entschuldigung des Premierministers Kevin Rudd für das Unrecht, das die Weißen in der Vergangenheit begangen haben. Nur der Oppositionschef sorgte für Misstöne.

Der Menschenauflauf erinnerte an das Tennisturnier der Australian Open oder die nationalen Finalspiele im Rugby oder Australian Football: Denn wenn sich Tausende Australier vor Großleinwänden versammeln, um Zeugen eines historischen Moments zu werden, tun sie das normalerweise nicht, um einer Rede ihres Premierministers zu folgen.

Um Punkt 9 Uhr morgens Ortszeit verlas Kevin Rudd, der seit November 2007 im Amt ist, im Parlamentsgebäude von Canberra eine Erklärung, in der er sich offiziell für die unwürdige und erniedrigende Behandlung von Aborigines in Australien entschuldigte. Es war eine simple Geste, die jedoch eine langjährige und erbitterte Diskussion abschließt: Sämtliche Amtsvorgänger von Rudd hatten sich geweigert, die düsteren Kapitel der australischen Geschichte öffentlich anzuerkennen. Rudds Vorgänger John Howard, der zwölf Jahre lang die Geschicke des Landes lenkte, nahm nicht an der heutigen Sitzung teil.

Dreimal sagte Rudd das Wort „Sorry", das für die australischen Ureinwohner eine besonders hohe spirituelle Bedeutung hat. Mit stehenden Ovationen feierten die Zuhörer im Parlament die Rede, einige der etwa 100 geladenen Vertreter der Ureinwohner umarmten sich mit Tränen in den Augen. „Für uns ist das wie der Fall der Berliner Mauer", sagte der Aborigine Darryl Towney. „Das ist der bedeutendste Moment für unser Volk, der in meinem Leben passiert ist."

„Schwarzer Fleck auf der australischen Seele"

Allein vor dem Parlamentsgebäude sahen rund 7000 Bürger die Rede auf Großbildleinwänden und jubelten und schwenkten ihre Schwarz-Rot-Gelben Fahnen. Viele waren extra aus entlegenen Gebieten Australiens hergekommen. Auch in Melbourne, Sydney und Brisbane verfolgten Tausende die Liveübertragung des Fernsehsenders ABC. In abgelegenen Outback-Gemeinden versammelten sich teils ganze Dorfbevölkerungen vor dem Fernseher.

Rudd richtete sich vor allem an die Opfer der „Stolen Generation", die bis zum Jahr 1970 als Kinder von ihren Familien getrennt wurden, um in weißen Haushalten aufzuwachsen. Diese Politik sei ein schwarzer Fleck auf der australischen Seele und werde sich niemals wiederholen, betonte Rudd. „Wir entschuldigen uns für die Gesetze und die Politik der vorangegangenen Parlamente und Regierungen, die unseren australischen Mitbürgern großen Schmerz, Leid und Schaden zugefügt haben."

Die emotionale Rede hat für Australien einen symbolischen Stellenwert, der mit Willy Brandts berühmten Kniefall in Warschau im Jahr 1970 vergleichbar ist. Kevin Rudd kündigte außerdem an, in Zusammenarbeit mit Oppositionsführer Brendan Nelson ein Komitee einzuführen, das die Wohnungssituation der Aborigines verbessern soll. Zudem wolle er mehr Mittel für Bildung und Gesundheit in den häufig sehr armen Gemeinden der Ureinwohner bereitstellen.
Nelson allerdings trübte die Freudenfeiern des heutigen „Sorry Day" direkt im Anschluss an Rudds Rede. Zwar bekräftigte er vor dem Parlament zunächst, dass eine staatliche Entschuldigung angemessen sei, doch bei der Behandlung der „Stolen Generations" schränkte er ein: „Unsere Generation ist nicht für diese Taten verantwortlich und sollte sich nicht schuldig fühlen für etwas, das in vielen, wenn auch sicherlich nicht in allen Fällen, mit den besten Absichten getan wurde." Im Parlament erntete er heftige Buhrufe, und draußen wandten Zuschauer den Großleinwänden aus Protest den Rücken zu. Unter Protestbekundungen aus dem Publikum sagte Nelson, einige Aborigines lebten in „existenzieller Ziellosigkeit" und genössen in „verantwortungsloser Weise" die Vorzüge des Wohlfahrtsstaates. *(526 words)*

sto/AP
http://www.spiegel.de/politik/ausland/0,1518,535100,00.html

Assignment

An Australian journalist is collecting articles worldwide on Kevin Rudd's "Sorry-speech" and you are asked to provide a German example. Summarize in English the excerpt of this *Spiegel* comment.

Teil B: Verkürzte Textaufgabe

Unfurl the Southern Cross

The Australian flag should be changed. The Union Jack, the flag of another nation, should be removed.
Australia and the United Kingdom are independent sovereign nations and in that status are both members of the United Nations and the Commonwealth of Nations. There should be no symbol that proclaims that Australia is still – as she was once – a dominion of Great Britain.
I am a second generation Australian of British descent. My parents were born in the UK and migrated to Australia with their respective families a century ago. I was born in North Queensland in 1904. My parents instilled in me a pride in being Australian, but also fostered in me an affectionate regard for the country of their birth and the "good old Union Jack". They referred to England as "the Old Country", and I was fortunate enough to visit it in adult life when I brought back, for each parent, village records of their respective births and other memorabilia of their childhood.
I mention these things because if one takes a stand in favour of the removal of the Union Jack from our flag, one is more often than not accused of having an anti British

bias. The contrary is true, subject to my Australianism: I have, and have always had, a strong pro British bias.

At my primary school in Cairns, North Queensland, it was the Union Jack we saluted each day as it was raised and lowered. If the school knew there was an Australian flag, it didn't have one, or at least didn't fly one.

When my parents sent me to boarding school in Sydney two years into World War I, we were confronted in the dining room with a poster of Lord Kitchener, the British War Minister, pointing to the Union Jack saying: "It's your flag. Fight for it. Work for it." This did not seem strange to us since in a funny sort of way we regarded Australia as a British possession.

In my view, the Union Jack was correctly incorporated in the first flag of the new Australian nation. (...) Great Britain was the head of the mighty British Empire and this new fledgling nation was very much dependent upon it.

In all the areas where we have become an independent nation, this has happened not only with the approval but with the painstaking assistance of the governments of the United Kingdom. This is in relation to the establishment of our navy, our defence forces, our declarations of war, appeals to the Privy Council (requiring numerous Acts within the respective Parliaments) governors-general and governors changing from British to Australian, the establishment of separate ambassadors, and the Australia Act. Under the Menzies government the Australian flag was given precedence over the Union Jack and under the Whitlam government Queen Elizabeth II became Queen of Australia.

There can be no argument advanced now, even by those who wish to retain the Union Jack in our flag – against the fact that Australia has ceased to be a colony, homeland, protectorate or dominion of Great Britain. Australia has become an independent, sovereign nation in her own right.

How can the current flag truthfully and accurately proclaim Australia's identity as a sovereign, mature, independent nation when it contains the flag of another nation in the position of dominance, both by the rules of heraldry and in appearance? The present flag has served its purpose but is now inadequate, divisive and demonstrably colonial. A new flag should be based on the Southern Cross which already forms the Australian half of the existing flag. The Southern Cross is an elegant, simple and unifying symbol which – as our own flag – would be an effective means of proclaiming Australia's identity as a nation. *(622 words)*

Sir Richard Kirby, originally published as a Letter to the Editor in The Australian 27 January 1992.

title to unfurl: *German:* entrollen
l. 28 fledgling nation: young nation
l. 35 precedence: *German:* Vorrang
l. 44 heraldry: *German:* Heraldik, Wappenkunde

Assignments

1. What is Sir Richard's demand and what is his line of argument? 20 %
2. Compare the processes of identity building we find in the United Kingdom (devolution) with the processes of identity building within the (former) Commonwealth (prime example: Australia). 50 %
3. You are a British visitor to Australia and you do not agree with Sir Richard's point of view. Write a letter to the editor. 30 %

Teaching modules referred to:

The test is based on the teaching modules *Promised Lands: Dreams and Realities* (13.1.I) and *United Kingdom* (12.2.I). The assignments presuppose a background concerning the history, and especially the more recent history, of Australia, including a number of steps in the development towards a more distanced view of Britain. In regard to Question 3 some knowledge about the process of devolution in GB is necessary.

Lösungsvorschläge

Teil A: Aufgabe zur Sprachmittlung

How to approach the task:
Create an umbrella sentence that includes information about the author as well as about place, time and type of publication. For your text only the facts concerning the Australian Nation and the consequences for the Aborigines are of importance.

Australia apologizes to Aborigines

The text, a commentary by Stephan Orth, taken from the Spiegel, is about the official apology made by Prime Minister Kevin Rudd on February 13, 2008, for the mistreatment done to the indigenous people.

Kevin Rudd, in office since November 2007, read a declaration apologizing for the indignity and degradation inflicted on the indigenous peoples. All of his predecessors had refused to publicly acknowledge these dark and dismal chapters in Australian history.

Rudd addressed the descendants of the Stolen Generation and apologised for the laws and policies of successive Parliaments and governments that have inflicted profound grief, suffering and loss on these Australians. Kevin Rudd also announced the establishment of a committee to improve the living conditions of the Aborigines including housing, health and education.

Opposition leader Brendan Nelson confirmed the official apology with regard to the Stolen Generation, but modified his opinion: his generation should not be held responsible for what happened, which in many cases was done with good intentions. In his speech he claimed that too many Aboriginals still lived lives of existential aimlessness and enjoyed the benefits of the welfare state in an irresponsible way. *(197 words)*

Teil B: Verkürzte Textaufgabe

1. *How to approach the task:*
   In the summary of this text you should include information about the author and you should take into account the message and the line of argument. This is so important because the author underlines his argument by referring to his biography.
   - *'umbrella sentence': include references to his personal background and the purpose of his letter*
   - *trace his line of argument and mention the turning point*
   - *do not forget to mention the symbolic value of the flag*

   Sir Richard Kirby, whose parents emigrated to Australia from Britain, would like Australia's identity as a sovereign nation to be symbolized in her flag. And so he wants the Southern Cross to be the sole element in the Australian flag and wants to see the Union Jack eliminated from it.
   He writes this in a letter to the editor of *The Australian* (27/1/1992). He insists that he is not anti-British: all through his younger years he accepted it as self-evident that Australia 'belonged' to Britain, and accepted the Union Jack as his flag. As a pupil he saluted the Union Jack each day at school; it was a normal part of his life. He acknowledges Britain's role in building Australia as a nation, but argues that now a stage has been reached where Australian independence has become an undeniable fact. This, he says, must be symbolically reflected in the Australian flag: having the Union Jack as part of the Australian flag expresses a colonial attitude. *(167 words)*

2. *How to approach the task:*
   - *Scotland: describe and characterize the historical integration of Scotland into the UK and the modern development towards devolution: reassertion of traditional national identity*
   - *Australia: identity not reasserted but newly formed: ever since World War II there has been a gradual shift of economic, political and cultural affiliations from the UK to the USA*

   In the course of history, England slowly established her authority over Wales, Scotland, and (Northern) Ireland. The 'integration' of these regions into the United Kingdom did not happen with the consent of the people but was the result of military superiority. For many years it was politically (and psychologically) necessary for the English to suppress any feelings of Scottish, Welsh, or Irish patriotism and to maintain the position of a British identity. All decisions were made in London. The United Kingdom was one of the countries with a centrally organized government. The English never quite succeeded in stifling the undercurrents of patriotism, however; this became particularly obvious in the case of Ireland, where the English were forced to realize early in the 20th century that they could not deny independence to the larger part of this island. In the case of Wales and Scotland, the patriotic undercurrents have traditionally been reflected in voting patterns which have always been different from those in England. Since the last decades of the 20th century, the Scots especially have

insisted on their culture and on their national identity. They demanded devolution, i. e. regional independence and self-government. In the meantime they have achieved a certain degree of regional independence, most obviously symbolized by the newly established Scottish Parliament.
So, within the UK the process of devolution allows for traditional regional (or national) identities to reassert themselves. This development acknowledges the cultural diversity in the UK and is one means of trying to prevent feelings of (suppressed) regional nationalism from erupting in terms of open violence.
In the case of the former dominions, especially that of Australia, it is not a question of reasserting their identity but rather a question of forming it, and setting themselves apart from the 'motherland'.
Over the past few decades, it has become obvious that the historical ties with the UK have been weakening, be it economically, politically, or culturally. Trade with the US and Asia has become more important than trade with the UK. The Australian dollar has replaced the Australian pound. Since the withdrawal of Britain from east of Eden, Australia has cooperated more closely with the US – in military and political matters. This, plus the changing immigration patterns and the changing ethnic composition of the Australian population have resulted in a new attitude: the myth of Australia being British can no longer be upheld. Growing sections of the population are insisting on a clear-cut separation. *(408 words)*

3. *How to approach the task:*
Before writing the letter to the editor, you must clearly define what kind of person (educational background, social status, ...) is supposed to write the letter and what kind of reader is envisaged (tabloid or quality paper). Only then are you in a position to determine what kind of vocabulary (register), what kind of stylistic means and what degree of intellectual precision you would like to apply.
The Kirby letter was written by a knighted Australian of British origin who seems to be capable of unfolding a rather differentiated line of argument. The Australian *seems to have the kind of readership that allows this newspaper to publish even long, and sophisticated letters to the editor. In view of the circumstances you might choose the person of a Briton who has a rather elevated position in the British court system. His language is characterized by an elevated vocabulary ("vibrant"; "I would like to assure you"; "I am confident") and by the conscious use of rhetorical devices (rhetorical questions).*

Dear Sir,
On the morning after my arrival in Australia, I read Sir Richard Kirby's letter to the Editor concerning the Australian flag. As a British citizen, I am rather astonished to learn that there are Australians who want to get rid of the Union Jack.
Sir Richard claims to have 'a strong pro British bias'. Can someone who, as a pupil, saluted the Union Jack each day now simply discard it? Can someone who has 'an affectionate regard for the country of his parents' birth' let it down? Can someone who says that he regarded Australia as a British possession now deny his heritage?

A man who was made a knight by order of the Queen should not argue lightheartedly that Australia should cut her ties to the mother country. If he is really serious about his suggestion, should he not at least start out on his way by giving back his knightship? Britain has always supported this young and promising continent and contributed to its prosperity. Britain has always been ready to defend her vibrant offspring. Never did I expect to see the day when the ungrateful child would disown her loving parent. I would like to assure your readers that after many visits to this great country I have grown very fond of Australia and the Australians. I feel very much at home here and am confident that most Australians do not share the divisive views put forward by Sir Richard.

Yours faithfully,
Richard Northope, QC *(249 words)*

Abiturprüfung Hessen – Englisch Grundkurs: Aufgabe 4*
Unterrichtsinhalte: *Ideals and Reality; Work and Industrialization*

Teil A: Aufgabe zur Sprachmittlung

Nicht kaputt zu kriegen.
Gelassen arbeitet sich die Kölner Kofferfabrik Rimowa durch die Krise

[...] Bei Rimowa in Köln-Ossendorf bastelt der Chef, Dieter Morszeck, noch selbst. [...] Ein neuartiges Rollensystem, noch ausgefeiltere Schlösser, ein raffiniertes Innenleben. Rimowa stellt Hartschalenkoffer her, genauer: nur solche mit den patentierten Rillen. Die Rimowa-Rillen sind Kult. [...]
Während draußen, in der deutschen Industrie, die Auftragsbücher leer laufen und ganze Belegschaften auf Kurzarbeit gesetzt werden, herrscht in der Kölner Kofferfabrik Gelassenheit. Die Bestellungen aus Japan seien zwar leicht zurückgegangen, aber die Umsätze in Deutschland sogar um zehn Prozent gestiegen. [...]
Die typischen Rillen, heute geschütztes Markenzeichen der Rimowa-Koffer, gibt es seit 1950. Der Vater des heutigen Unternehmenschefs wollte damit der Aluschale des Koffers mehr Stabilität verleihen. Es ist die Unverwüstlichkeit, die den Markenkern des Gepäcks aus dem Hause Rimowa bildet. [...]
Viele Koffer haben die Garantiezeit lange hinter sich. Manche dürften – an der Zahl der Reiseaufkleber gemessen – schon mehrere Erdumrundungen absolviert haben. Es sind die Koffer von Globetrottern, Profireisenden, Geschäftsleuten. Etwas sperrig die traditionellen Modelle aus Aluminium, schnittiger die Kunststoffmodelle. [...] Ihr Absatz hat sich in den vergangenen zehn Jahren vervierfacht. [...]
Über Jahrzehnte war Rimowa ein Nischenanbieter im Markt für Reisegepäck. Dann entdeckte Dieter Morszeck Mitte der neunziger Jahre das Polycarbonat. [...] „Die Erfindung des Polycarbonat-Koffers war für uns wie ein Royal Flush im Poker", sagt er. Dabei waren die Anfänge nicht ermutigend. Als Rimowa die Kunststoff-Koffer im Jahr 2000 auf Fachmessen vorstellte, winkten viele Einkäufer ab. Im Trend lag damals Weichgepäck. Trotzdem begann Morszeck in Tschechien zu produzieren. Der Anfang einer Erfolgsgeschichte.
Obwohl auch die großen Konkurrenten schnell mit Polycarbonat-Koffern auf den Markt kamen, stiegen bei Rimowa die Verkaufszahlen. Die Firma, die noch um die Jahrtausendwende Umsätze von umgerechnet knapp 20 Millionen Euro schrieb, berichtet 2007 einen Umsatz von rund 85 Millionen Euro, doppelt so viel wie im Vorjahr. 400 000 Koffer wurden verkauft. Besonders beliebt sind Rimowa-Koffer in Asien und den USA, in Italien und der Schweiz. Regelmäßig gingen nun Übernahme- und Beteiligungsangebote ein. Doch Morszeck will sich nicht den im Big Business üblichen Gesetzmäßigkeiten unterwerfen. „Mir sagt keiner, dass die Personalkosten zu hoch sind. Und wenn jemand sie für zu hoch hält, dann ist mir das auch egal." Mit schlecht bezahlten Leuten lässt sich nicht Spitzenqualität produzieren. [...]

In der aktuellen Krise scheint die Rimowa-Strategie resistenter als das Geschäft der großen Hersteller. Das hat Morszeck dieser Tage auf der Reisegepäckmesse in Las Vegas beobachtet. Während andere ihre auf Halde produzierten Koffer an Tankstellen verramschen, kam er mit vielen Aufträgen zurück. Im November hat Rimowa in Kanada eine weitere Fabrik eröffnet. Von dort aus soll der amerikanische Markt bedient werden. Auch in Köln hat das Unternehmen dieses Jahr noch neue Mitarbeiter eingestellt. Vielleicht, sinniert Morszeck, „ist die Krise für uns Mittelständler ja sogar eine Chance. Wenn die Massenhersteller jetzt Marktanteile verlieren, werden die Karten neu gemischt. Dann haben wir mit unseren Qualitätsprodukten neue Möglichkeiten". *(467 words)*

Thoms Eva-Maria für DIE ZEIT, Nr. 14, 26. März 2009, Wirtschaft, S. 29

Assignment

You work as an assistant to the management of a chain of shops that sell luggage on the international market. Your US partners inquire whether they should import RIMOWA suitcases, which they have recently discovered at a fair in Las Vegas. Is the producer of this type of baggage successful on the market, and how is he managing in the current economic crisis? You have read the article above in *DIE ZEIT*. Please summarise what you have learned about the firm.

Annotations

l. 3 Hartschalenkoffer = *hardtop case*
l. 4 Rille = *groove*
l. 16 Aluminium = *alumin(i)um*
l. 19 Polycarbonat = *polycarbonate*
l. 23 Weichgepäck = *soft luggage*

Teil B: Verkürzte Textaufgabe

Vance Packard: *The Waste Makers*

In Cornucopia City, as I understand it, all the buildings will be made of a special papier-maché. These houses can be torn down and rebuilt every spring and fall at house-cleaning time. The motorcars of Cornucopia will be made of a lightweight plastic that develops fatigue and begins to melt if driven more than four thousand miles. Owners who turn in their old motorcars at the regular turn-in dates – New Year's, Easter, Independence Day, and Labor Day – will be rewarded with a one-hundred-dollar United States Prosperity-Through-Growth Bond for each motorcar turned in. And a special additional bond will be awarded to those families able to turn in four or more motorcars at each disposal time.

One fourth of the factories of Cornucopia City will be located on the edge of a cliff, and the ends of their assembly lines can be swung to the front or rear doors depending upon the public demand for the product being produced. When demand is slack, the end of the assembly line will be swung to the rear door and the output of refrigerators or other products will drop out of sight and go directly to their graveyard without first overwhelming the consumer market.

Every Monday, the people of Cornucopia City will stage a gala launching of a rocket into outer space at the local Air Force base. This is another of their contributions to national prosperity. Components for the rocket will have been made by eighteen sub-contractors and prime contractors in the area. One officially stated objective of the space probing will be to report to the earth people what the back side of Neptune's moon looks like.

Wednesday will be Navy Day. The Navy will send a surplus warship to the city dock. It will be filled with surplus playsuits, cake mix, vacuum cleaners, and trampolines that have been stockpiled at the local united States Department of Commerce complex of warehouses for surplus products. The ship will go thirty miles out to sea, where the crew will sink it from a safe distance.

As we peek in on this Cornucopia City of the future, we learn that the big, heartening news of the week is that the Guild of Appliance Repair Artists has passed a resolution declaring it unpatriotic for any members even to look inside an ailing appliance that is more than two years old.

The heart of Cornucopia City will be occupied by a titanic push-button super mart built to simulate a fairyland. This is where all the people spend many happy hours a week strolling and buying to their heart's content. In this paradise of high-velocity selling, there are no jangling cash registers to disrupt the holiday mood. Instead, the shopping couples – with their five children trailing behind, each pushing his own shopping cart – gaily wave their lifetime electronic credit cards in front of a recording eye. Each child has his own card, which was issued to him at birth.

Conveniently located throughout the mart are receptacles where the people can dispose of the old-fashioned products they bought on a previous shopping trip. In the jewelry section, for example, a playfully designed sign by a receptacle reads: "Throw your old watches here!" Cornucopia City's marvelous mart is open around the clock, Sundays included. For the Sunday shoppers who had developed a churchgoing habit in earlier years, there is a little chapel available for meditation in one of the alcoves. *(570 words)*

Vance Packard, The Waste Makers, New York, 1975 (1960), pp. 3/4

title Cornucopia: horn of plenty (Füllhorn)
l. 7 prosperity: state of being successful and rich
l. 12 slack: *here:* weak
l. 20 probing: exploration by unmanned spacecraft
l. 27 peek in on: look quickly at
l. 28 appliance: device, gadget
l. 29 ailing: *here:* out of order
l. 34 jangle: make a harsh metallic noise
l. 38 receptacle: container
l. 43 alcove: small space in a room formed by part of the wall being set back

Assignments

1. Summarize the text. 30 %
2. Analyse the text. Point out the basic theses and the problems implied. 40 %
3. Relate the world of Cornucopia to our modern experience, taking into account environmental problems we face. 30 %

Teaching modules referred to:
The teaching module mainly referred to is *Ideals and Reality* (13.1.III). Typically, a book like Huxley's *Brave New World* is read and interpreted in such a class, with special emphasis on the stabilizing factors characterizing a given society. Another module referred to is *Work and Industrialization* (12.2.II); one of the teaching units might well have been concerned with environmental problems.

Lösungsvorschläge

Teil A: Aufgabe zur Sprachmittlung

How to approach the task:
Do not try to translate the text literally. You are expected to transfer the gist of this article into English.
Step 1: *Identify the main point in the article: „In der aktuellen Krise scheint die Rimowa-Strategie resistenter als das Geschäft der großen Hersteller."*
Step 2: *Make this main point part of your "umbrella sentence", which provides the reader with the argumentative key to the article, and with information concerning the general situational framework – plus the source of the information: "A report about the German suitcase producer RIMOWA in DIE ZEIT suggests that smaller firms seem to find it easier to face the present economic crisis than larger firms."*
Step 3: *Regroup the most important additional components of the argument around the core you identified in Step 1. Do not be afraid to leave out details and illustrations. It is the message of the article and its inner logic that are important.*
- *history of business & feature of product:*
  - *RIMOWA in business since 1950 with aluminium hardtop suitcases*
  - *1990s: invention of hardtop case with characteristic grooves made of polycarbonate (indestructible – high stability)*
  - *since 2000 a success story although soft cases were the fashion*
- *RIMOWA's business philosophy & position in the market:*
  - *M. wants to be independent of investors: the market confirms his policy – expansion abroad and hiring of new staff*
  - *in the present crisis, M. sees chances for smaller firms if larger competitors lose shares in the market*

Hint: *The text should be approximately 1/3 or 1/2 of the length of the original.*

Small firm RIMOWA well positioned to face current crisis

A report about the German suitcase producer RIMOWA in DIE ZEIT suggests that smaller firms seem to find it easier to face the present economic crisis than do larger ones.

RIMOWA, for example, has been in business with aluminium hardtop suitcases for more than 50 years. In the 1990s, the invention of a hardtop case with characteristic grooves made of polycarbonate proved to be a groundbreaking idea. The cases are almost indestructible and have become very fashionable among people who travel a lot. The owner's business philosophy is that he wants to remain independent of investors. The market confirms this policy; the firm is expanding abroad and can even hire new staff in Germany. In the present crisis, the owner of RIMOWA sees chances for smaller firms since larger competitors are losing shares of the market. *(144 words)*

Teil B: Verkürzte Textaufgabe

1. The 1960 text by Vance Packard is about a Utopian town called Cornucopia City and the social and economic principles on which life there is based.
   Life in this city is based on an appalling materialism. The inhabitants are continually seduced to consume products which they eventually do not need at all. The main objective of this society is to guarantee the undisturbed mass production and consumption of goods. This aim is achieved by limiting the durability of products, for instance cars are made of plastic that show fatigue after a certain time and houses are made of papier-maché so that they can easily be rebuilt, and by destroying surplus goods – factories are organized in such a way that ready products can be thrown away without being used, for example. Every Wednesday, a ship full of surplus goods is sunk, and consumption is pushed to the limit: used cars must be turned in and supermarkets are organized in such a way as to make customers buy as much as they can afford.
   All social groups, from the armed forces to the factory owners, contribute to achieving the ultimate aim, namely, to perpetuate the everlasting circuit of production and consumption and, thus, to ensure the stability of the social fabric. *(209 words)*

2. The society described in the text is an exaggerated version of the affluent society, based on an exaggerated version of a totally uninhibited free-market economy. There is no scarcity of any product, there is a sense of abundance, an economy characterized by mass production, and a surplus of everything. In order to keep the economy running at an obviously incredible rate of efficiency and productivity, it has to be guaranteed that any sense of permanence is destroyed: even the buildings are not supposed to last for more than one year – otherwise the economic machinery would run idle. The cycle of replacement and innovation has to spin at an ever-increasing speed. There is no hint at any of the problems that this kind of production- and consumption-oriented system might imply; neither do we read anything about the way the people feel, whether they are happy with this material oversaturation, or why they go on producing endlessly although they might enjoy life with less work and still more than sufficient material goods. There is no explanation as to why they keep on going or why they

agree to being kept busy although there are plenty of other priorities in life which they could aspire to and which could fulfil them. There is no mention of the fantastic implications of this exaggerated version, this satirical view of the 'capitalist system'. There is no mention of the environmental problems this waste-oriented system produces; the implication is that there is an unlimited supply of natural resources and unlimited possibilities of dumping waste. This is exactly what the author is driving at: the exaggerated version of the system he sees at work in his day is supposed to open up people's eyes to the long-range problems of western-type capitalist economics. His attention is didactic. At the surface level, the view of man implied in the text is rather negative: non-thinking individuals certainly on their way to an appalling spiritual dryness and historical amnesia "find many happy hours a week strolling and buying to their heart's content". Finally, human beings have been made to fit in perfectly with the economic machinery. The author criticizes this as a trend which he sees at work in the society of his day. *(372 words)*

3. *How to approach the task:*
   ***Step 1:** Make a list of the problems that we face and that are related to the world described in the text.*

   ***Step 2:** Put your items in a convenient logical order to structure your argument.*

   ***Step 3:** Write a coherent text using conjunctions and other connecting words or phrases (like sentence adverbs, participle constructions and gerunds).*

- *consumption in an affluent society*
  - *mass production*
  - *huge offer of necessary and unnecessary goods*
  - *advertising encroaching more and more upon our lives*
  - *malls and shopping centres: concentration of all kinds of goods in one place making supply and consumption easier*
  - *credit cards make shopping even more seductive*
  - *man reduced to his role of consumer*
  - *destruction of surplus agricultural products*
- *boundless consumption leads to throw-away mentality, endangering the environment especially in industrialized countries*
  - *recently growing environmental awareness because of drastic impending changes (e. g. global warming)*
  - *nevertheless developing countries jeopardize this tendency because they are encouraged to run the same risks as the industrialized countries in their attempt to catch up with them*

More than 40 years after the author expressed his anxieties, one cannot say that they have turned out to be true. However, neither can one say that they have not turned out to be true. On the one hand, production has increased incredibly; we are all caught up in a frenzy of work and consumption, with credit cards making consumption easier and more seducing than ever before. City centres have become sorry sights, and are frequently depopulated. 'Real life' takes place in the malls and shopping centres. One gets the impression that to a large extent man has been reduced to his role as consumer. Advertising has become all-pervasive; even schools, theatres, and museums abound with ads and consumer information provided by good-hearted sponsors. We have even come to experience the systematic destruction of goods (e. g. agricultural products) on a large-scale basis in the EU. We have had to realize that the throw-away mentality endangers the environment. Contrary to Packard's negative predictions, we have begun to react by becoming environmentally aware, trying to conserve our resources and our (rain)forests, and trying to avoid all further contributions to the greenhouse effect, 'we' in this case being a few of the industrialized countries. Obviously, what Packard envisaged as a real danger is still a threat in spite of the activities of a few countries and NGOs, as a large number of fast-growing national economies trying to catch up with the industrialized countries still show a massive disregard for environmental needs. *(249 words)*

Abiturprüfung Hessen – Englisch Grundkurs: Aufgabe 5*
Unterrichtsinhalte: *Marketing; USA*

Teil A: Aufgabe zur Sprachmittlung

Hunger und Renditen

Lebensmittelpreise explodieren, Millionen kämpfen ums Überleben, andere verdienen an der Krise. Ist die Katastrophe aufzuhalten?

Rund 600 Dollar kostet derzeit am Weltmarkt eine Tonne Mais. Für Männer wie Jim Rogers eine gute Nachricht. Der frühere Partner von George Soros gilt als einer der wichtigsten Gurus auf den weltweiten Rohstoffmärkten. Seine Strategien bescheren Anlegern seit Jahren satte Gewinne mit Getreide, Fleisch oder Orangensaft.
Für Juan Morales ist die Nachricht dagegen ausgesprochen schlecht. Der Tagelöhner aus dem mexikanischen Puebla verdient kaum noch genug, um seine Familie zu ernähren. Grund: Mais-Tortillas sind in Lateinamerika ein Grundnahrungsmittel – und seit sich der Maispreis fast verdreifacht hat, nahezu unerschwinglich. Was sich in einer Überflussgesellschaft wie der unsrigen niemand so recht vorstellen kann, ist in Haiti, Bangladesch oder Usbekistan bittere Realität. Der Hunger, den westliche Wohlstandsbürger fast schon für gebannt hielten, ist zurück und bedroht rund 850 Millionen Menschen existenziell. Der Preis für Weizen hat sich seit Anfang 2006 mehr als verdreifacht, für Milchprodukte fast verdoppelt, Reis verteuerte sich um 92 Prozent – zu viel für die Armen in Ägypten, Indien oder Malaysia. In 33 Staaten der Dritten Welt gingen die Menschen inzwischen massenhaft auf die Straße, getrieben von der Sorge um ihr täglich Brot.

Renditehunger oder Bevölkerungswachstum?

Doch wer trägt die Schuld an der massiven Teuerung? Sind es Investoren, die mit Wetten an den Rohstoffbörsen die Preise treiben? Globalisierungskritiker sehen die Ursache für weltweit steigende Preise im Renditehunger der Spekulanten. Und liegen sie damit so falsch? Wenn an den Terminbörsen wie in Chicago die Nachfrage nach Weizenkontrakten wächst, erhöhen sich auch die realen Preise, schließlich bilden Futures nur die Ernten der Zukunft ab. Und höhere Nachfrage bei stagnierendem Angebot lässt den Preis steigen – hier wirkt ein ehernes Gesetz des Marktes.
Doch dieser Mechanismus ist allenfalls ein Teil der Wahrheit. Wer die Hauptursache für teure Lebensmittel sucht, kommt an einigen fundamentalen Fakten nicht vorbei. So wächst die Weltbevölkerung pro Jahr um rund 80 Millionen. Derzeit leben etwa 6,5 Milliarden Menschen auf der Erde, bis 2050 sollen es rund 9,5 Milliarden sein. Die Lebensmittelnachfrage steigt also explosionsartig – in den nächsten Jahren schätzungsweise um bis zu 60 Prozent. Die Anbauflächen gehen dagegen tendenziell zurück; zudem sind Wüsten, Gebirge oder Regionen mit Permafrost landwirtschaftlich nicht nutzbar und bleiben wohl noch lange Brachland.

Hunger nach Fleisch und Milch

Sich rasch ändernde Ernährungsgewohnheiten verschärfen das Problem zusätzlich. Mit steigendem Wohlstand wollen breitere Schichten qualitativ besseres Essen. Fleisch und Milchprodukte – in Indien, China oder Osteuropa lange Mangelware – erobern nun auch dort die Speisezettel. Damit werden freilich mehr Futtermittel benötigt, und das geht auf Kosten des Anbaus von Getreide für den menschlichen Verzehr. Und schließlich verknappt der Klimaschutz das Nahrungsmittelangebot: Immer mehr Pflanzen wandern als Biosprit in den Tank statt auf den Teller. In den USA, weltgrößter Getreideproduzent, wird ein Drittel des geernteten Maises zu Treibstoff verarbeitet – und treibt so auch den Preis. *(465 words)*

Wolf Thomas; http://www.focus.de/finanzen/news/tid-9816/nahrungsmittelkrise-das-ende-der-brache_aid_298821.html

Assignment

For a course on world hunger relief you are to give a presentation on the rising food prices. Summarize the reasons for and the consequences of rising food prices as mentioned in the article.

Teil B: Verkürzte Textaufgabe

GM Trade War

Millions of starving people in Zimbabwe have the European Union to thank for their hunger. In early July, Zimbabwe rejected food aid from Canada and the United States because the corn involved had been genetically enhanced to protect it against insects. The threat of mass starvation is the direct consequence of the trade war over genetically improved crops that is brewing between North America and Europe.

Zimbabwe has refused biotech corn because its government fears Europe would ban its agricultural exports once its farmers started growing genetically improved corn. After all, since the mid-1990s, the EU has banned imports of genetically enhanced crops from Canada and the United States on the specious grounds that they aren't safe, which is nonsense.

One scientific panel after another has concluded that biotech foods are safe to eat. Even an EU review issued last fall of 81 separate European studies of genetically modified organisms found no evidence that genetically modified foods posed any new risks to human health or the environment.

It's clear that the EU ban is not a safety precaution, but a barrier to trade. The EU is citing phony safety concerns to protect its farmers from competition and to protect its system of bloated farm subsidies. (...)

Fearing that the WTO would rule against their biotech crop ban, the Europeans are now trying to execute an end run around the WTO. Currently, under the trade organization, the Agreement on Sanitary and Phytosanitary Measures (SPS) requires that regulations be "based on scientific principles." The European strategy to circumvent the language of the agreement is to get the "precautionary principle" accepted as an international food and health safety standard. The precautionary principle is an anti-science regulatory concept that allows regulators to ban new products on the barest suspicion that they might pose some unknown threat. (…) The Europeans are trying to smuggle the precautionary principle in via negotiations in two other international forums, the Codex Alimentarius Commission and the new Biosafety Protocol. In 1995, the SPS agreement conferred on the Codex the responsibility for setting international food safety standards that would be recognized by the WTO. The EU has succeeded in getting the Codex Commission to incorporate the precautionary principle and traceability requirements into several draft documents on risk and biotechnology (…).

Meanwhile, the EU-backed Biosafety Protocol, which has incorporated the precautionary principle, requires that (…) biotech crops must be segregated from conventional crops. That means duplicating the entire shipping infrastructure (…) raising the price of grain by 12 %. The Biosafety Protocol, which becomes effective after ratification by 50 nations, has been ratified by 33 countries.

What can Canada and the United States do to win this trade war and foster the spread of GM foods? Fortunately, North American negotiators can stop the Codex process. All Codex standards must be agreed to by consensus of all the parties. All Canada and the United States have to do is call a halt to the precautionary principle, biotech labelling, and traceability requirements, and they'll be taken out of Codex.

Countering the Biosafety Protocol's absurd regulation is a thornier problem. Our trade officials need to make it clear that importing countries that also grow biotech crops, such as China and India, cannot set a double standard requiring traceability and labelling of North American imports while exempting their own crops. Furthermore, Canada and the United States must persuade all the chief food exporting countries, like Argentina, Australia and Brazil, to create a united front against the EU, leaving Europe with no sources for non-biotech feed grain imports. *(586 words)*

Ronald Bailey, The National Post, August 9, 2002. Material reprinted with the express permission of: "The National Post Company.", a CanWest Partnership.

Figure 1. US Exports, Imports, and Trade Balance by Volume (1996 base), 1982 – 2002)

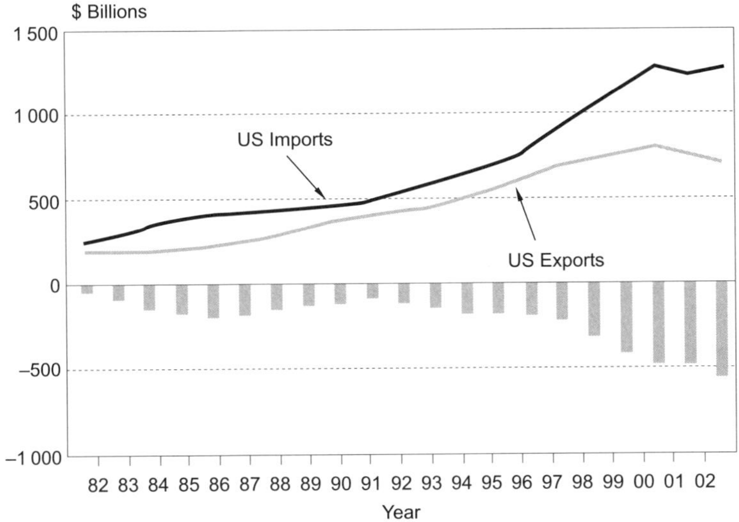

Source: US Department of Commerce Bureau of Economic Analysis

Figure 2. US Current Account Balance as a Percent of US Gross Domestic Product, 1981 to 2005 (forecast)

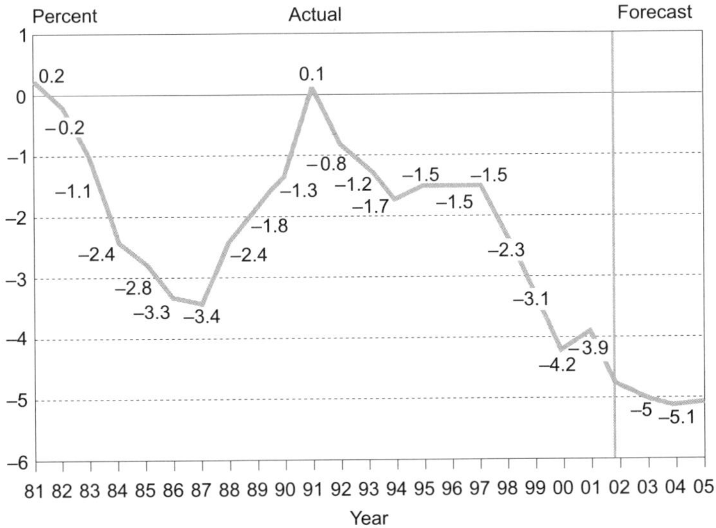

Data from US Department of Commerce. Forecasts by DRI-WEFA, Inc., March 2003

Assignments

1. Summarize the text. 30 %
2. Analyse the central argument of the text including the information provided in Figures 1 and 2. What attitude towards the EU does the author show? 40 %
3. Comment on Bailey's article and the US position, taking into account the information available to you concerning the role of the US in the world in recent years. 30 %

Teaching modules referred to:
The text mainly relies on a teaching module in the Business and Economics section, 13.1.V: *Marketing*. International trade relations and the fight for markets (including political constraints) are discussed. The second course of reference (12.1.I *USA*) is assumed to include an analysis of US big power politics and the role of the US in the world.

Lösungsvorschläge

Teil A: Aufgabe zur Sprachmittlung

How to approach the task:
Create an umbrella sentence for the summary and include information about the author as well as place, time and type of publication. Summarize the reasons and consequences mentioned in the text. You may of course change the order in which they appear in the original text.

Assessing the global food crisis
Food prices have increased worldwide. In Third World countries 850 million people live below the breadline. In the *Focus Money* edition published May 3rd 2008, Thomas Wolf discusses which factors influence these extreme price bursts in the staple food sector.
Opponents of globalization blame those controlling the food prices on the stock exchange for speculating on the global markets. An increased demand despite stagnant supplies further inflates the price.
However, the main reason seems to be that the world population is growing by 80 million per year, and most probably will reach 9.5 billion by 2050. Cultivated areas are decreasing, while, at the same time, huge areas remain wasteland. Furthermore, growing affluence creates the demand for better quality food, leading to an increased consumption of meat and milk products in emerging countries, which in turn negatively affects the amount of wheat spent on fodder.
Finally, corn is being used more and more to produce bio fuel and as a result this also raises the price of staple food. *(173 words)*

Teil B: Verkürzte Textaufgabe

1. *How to approach the task:*
   Step 1: *Create an umbrella sentence that includes such information as the name of the author, the publication forum, and the publishing date – do not forget to mention the topic of the article.*

   Step 2: *Analyse the text in order to find out the line of argument. Write down a simplified but still valid version of this line of argument.*

   Step 3: *Take care to adhere to the formal requirements for writing a summary – as outlined in the "Hinweise und Tipps" section.*

   In his August 2002 *National Post (Canada)* article on a developing trade war between the US and the EU, Ronald A. Bailey accuses the EU of being responsible for starvation in Africa because the EU is taking a firm stand against genetically manipulated crops. Canada and the US would like to help, but countries like Zimbabwe are afraid of sanctions by the EU, which is threatening to refuse food imports from a country that does not outlaw GM crops. He argues that there is no scientific basis for the EU's stance against GM, but that it is purely a matter of putting up a trade barrier. He blames the EU for trying to push through their interests by adding the anti-scientific 'precautionary principle' to the scientific principles applied by the WTO, and making trading partner nations accept their Biosafety Protocol, which provides for measures concerning biotech labelling and traceability requirements. Bailey sees the EU policy as absurd and a direct attack on the US, the real motivation being to keep US imports out. He calls on all food exporting nations to put Europe under pressure, leaving the EU with no alternative but to accept biotech imports. *(196 words)*

2. *How to approach the task:*
   Step 1: *You have already pointed out the gist of the argument in the summary. You should focus on the difference between the seemingly humanitarian aim and the actual economic interests of the United States.*

   Step 2: *Take a really close look at the figures. Regarding Figure 1, make sure that you understand to what extent the bar chart element summarizes the two graphs.*
   Make sure you understand what Figure 2 tells us in addition to Figure 1. The bars in Figure 1 only inform us about the quantitative aspect of the balance of trade deficit. Figure 2 allows us to assess the dramatic qualitative meaning of the deficit by relating it percentage-wise to the gross domestic product.

   Step 3: *Make sure that, in your concluding paragraph, you reassess the validity and/or credibility of the author's arguments.*

   Bailey regards the EU ban on GM food not as a safety precaution but as a protectionist measure against potent competitors. He maintains that there is no scientific evidence proving that there is a risk involved in consuming GM food. On the contrary, his perspective is illustrated by his use of the term "genetically improved" or "enhanced" agricultural products. He is completely unable to understand the position of the EU. His approach is one of "either (…) or", of "black and white", so the EU's position necessarily

has to be qualified as "nonsense" (l. 10), "phony" (l. 16), and leading to war. He accuses the EU of trying to push through their interests using fraudulent means, i.e. by slyly introducing a new principle into world trade that is not based on science but on expedience.
Bailey argues that the EU policy aims at making US exports at least more expensive and less competitive if not impossible. His undertone of anxiety and aggression becomes understandable when one takes a look at Figures 1 and 2. Figure 1 clearly shows that over the period of the preceding 10 years, US exports have seen a decidedly less marked rise than US imports. The deficit in the trade balance has increased by about 500 % within a decade. This is bad news for the US economy but even worse is the fact that the GNP share of the balance of trade deficit is expected to reach a staggering 4.6 %. One can understand that from an American point of view, trade barriers affecting their products must be strongly opposed. Given the importance of US-EU trade and given the traditionally enormous balance of trade deficit with the EU, the main thrust of US actions must be directed against the EU and its trade policy. Alternatively, the US would have to try to reduce the value of its currency against the Euro in order to strengthen its exports. *(320 words)*

3. Bailey's article is characterized by very strong opinions, and a very strong conviction of the validity of his point of view and his line of argument. He does not even try to differentiate, but more than just insinuates that the other side are selfish, dumb and malicious. Either he cannot understand the EU's position or he simply does not want to. His primary point of interest is the handicap he sees resulting for the US, i.e. at least a 12 % increase in export prices. This, according to him, is the maximum disadvantage the US would have to suffer if it accepted the Europeans' worries about the risks of GM food. Obviously, his verbal outrage is not so much motivated by this kind of minor threat to the US position, as by a more general reason accounting for his overblown reaction.
It seems that he feels that the US is being attacked, or rather, that there is a part of the world that does not willingly (or grudgingly) accept that the rules of the game of international relations are set by the US. In class we took a closer look at the role of the US in the world after the end of the Cold War. We talked about texts that showed that the US feels the responsibility for fighting international terrorism, not only after September 11, and that they feel legitimized to do this their way in any country they think is involved. We talked about court cases which illustrate that the US claims that their courts have the right to decide cases concerning people and claims totally outside their own territory. We talked about texts showing that the US does not accept the international agreement that US citizens can be sued for crimes against humanity at the international court in Brussels, whereas they reserve the right to try alleged terrorists on a newly invented legal platform. There are clear parallels between Bailey's article and the facets we have learned about in class. The US seems to be in a phase where – as the sole remaining superpower – it is displaying a certain sense of high-handedness, perhaps even of hubris towards the rest of the world. *(367 words)*

Abiturprüfung Hessen – Englisch Grundkurs: Aufgabe 6*
Unterrichtsinhalte: *Them and Us; Promised Lands: Dreams and Realities*

Teil A: Aufgabe zur Sprachmittlung

Vorsicht, Dollar!

Je schwächer Euro und Yen, desto billiger können die Amerikaner in der Welt einkaufen. Seit Jahren schon konsumieren sie mehr, als sie selbst erwirtschaften. Um die entstehende Lücke zu füllen, fließen derzeit noch drei Viertel der gesamten im Ausland angelegten Ersparnisse der Industrieländer nach Amerika. Aber wie lange noch? Sollte dieser Kapitalstrom plötzlich versiegen, käme es zu einem Dollar-Crash – mit unabsehbaren Folgen für die Weltwirtschaft.

Genau dem wollen die G-7-Länder vorbeugen. Der Dollar, so ihre Botschaft, muss abwerten – aber langsam und in geordneten Bahnen, damit die Weltwirtschaft wieder ihr Gleichgewicht findet. Ein langsam sinkender Dollar-Kurs würde dafür sorgen, dass die Amerikaner mehr exportieren und weniger importieren – und so ihr Leistungsbilanzdefizit abbauen könnten. (…)

Schuld ist allerdings nicht allein der Konsumrausch der amerikanischen Verbraucher und auch nicht der Investitionsrausch der internationalen Anleger, die in den vergangenen Jahren die Amerikaner mit ihrem Kapital quasi überschütteten. Die Erklärung von Dubai hat zumindest indirekt noch weitere Schuldige benannt: die asiatischen Staaten, insbesondere China. Mit ihren unterbewerteten und gleichzeitig festen Wechselkursen verhinderten sie den Abbau des amerikanischen Handelsbilanzdefizits. Auf diese Weise kurbelten sie ihre eigene Exportwirtschaft an und vernichteten Arbeitsplätze in den USA, so der Vorwurf.

Die Japaner haben darauf bereits geschmeidig reagiert und trotz eigener Schwierigkeiten Verantwortung für die Weltwirtschaft übernommen: Sie haben ihren Wechselkurs aufwerten lassen. (…)

Doch selbst wenn auch China dem Druck aus Washington nachgäbe und seine Währung gegenüber dem Dollar verteuerte oder, geschickter, an einen Korb von Währungen und nicht mehr ausschließlich an den Dollar koppelte – eines bleibt gleichwohl unerlässlich: Die Amerikaner müssen mehr sparen und weniger konsumieren, sonst ist der Kampf gegen das Leistungsbilanzdefizit aussichtslos. Das aber setzt voraus, dass Europäer und Japaner ihrerseits umgekehrt agieren und mehr konsumieren und weniger sparen.

Das ist der eigentliche Hilferuf hinter der Erklärung von Dubai.

Denn zu einem Anstieg der Konsumnachfrage in Europa gibt es nur einen Weg: mehr Wirtschaftswachstum. Wer glaubt, dafür könnte ein Anstieg der Exporte nach Amerika sorgen, den wird der erstarkende Euro enttäuschen. Auch die Hoffnung auf Strukturreformen dürfte vergeblich sein. Kurzfristig dürfte der Umbau von Renten- und Krankenversicherung die Sparquoten sogar noch erhöhen. Allenfalls langfristig könnten sie das Wachstum fördern.

So lange aber wartet der Dollar nicht. Er wird schon nächstes Jahr in Richtung 1,40 Dollar je Euro marschieren. Und damit die europäischen Exporte empfindlich schwächen. Wie selten zuvor braucht Europa jetzt eine stärkere Binnennachfrage. Da wirkt es wie Ironie, dass der am Wochenende tagende Finanzministerrat darüber diskutiert, die Franzosen zu bestrafen, weil sie in der Krise nicht sparen, also die Inlandsnachfrage nicht gänzlich abwürgen wollen. Wenn die europäischen Finanzminister Dubai wirklich ernst nehmen wollen, dann müssten sie jetzt endlich die Haushaltskonsolidierung aussetzen. Und außerdem der Europäischen Zentralbank gut zureden, dass sie die Zinsen weiter senkt. Alles andere ist unverantwortliche Politik. *(452 words)*

Robert von Heusinger: „Vorsicht, Dollar!", aus: Die Zeit, Nr.41, 1. 10. 2003, S. 36.

Assignment

Summarize the text in English.

Teil B: Verkürzte Textaufgabe

Naming names

Did anyone ever call Franklin D. Roosevelt a "Dutch American" or Dwight Eisenhower a "German American"? It would have been resented, not only by them and their supporters, but by Americans in general. These men were Americans – not hyphenated Americans or half Americans.

Most black families in the United States today have been here longer than most white families. No one except the American Indians can claim to have been on American soil longer. Why then call blacks in the United States "African Americans," when not even their great-great-great-grandparents ever laid eyes on Africa?

It is certainly understandable that activists, politicians and others who wish to divide Americans for their own purposes would push the notion of "African Americans." They also push such things as the "African" holiday Kwanzaa – which originated in Los Angeles – and "black English" or "ebonics," which originated centuries ago in particular localities in Britain, and is wholly unknown in Africa.

Names are just part of the process of creating wholesale frauds about the past, in order to advance special agendas in the present. Personal names are also part of that fraud.

The vogue of repudiating black family names that supposedly were given by slaveowners in times past is another reflection of the widespread ignorance of history among Americans in general, as a result of our dumbed-down education. Slaves were not only not given family names, they were forbidden to have family names. (...)

Slaveowners in the American antebellum South were especially opposed to slaves having family names because such names emphasized family ties – and the only legally recognized tie of a slave was to his owner, who could sell him miles away from his kin.

The slaves themselves, however, used family names to create a sense of family, though they were careful not to use these names around whites. Even after Emancipation, blacks who had been raised in slavery often hesitated when some white person asked them their family name.

The so-called "slave names" that so many blacks began repudiating in the 1960s, were neither given to them by slaveowners nor were they usually the slaveowners' family names. They were names chosen despite prohibitions, in order to symbolize family ties that were often stronger than those in today's ghettoes. (…)

Those who try to claim that the shattered families in today's ghettoes are "a legacy of slavery" ignore the fact that, a hundred years ago, a slightly higher percentage of blacks than of whites were married and most black children were raised in two-parent families, even during the era of slavery.

As late as 1950, a higher percentage of black women than of white women were married. The broken families of today are a legacy of our own times and our own ill-advised notions and policies.

Of all the reactions against the supposed "slave names" among blacks, the most painfully ironic has been the taking of Arab names instead. The Arabs engaged in massive enslavement of Africans before the Europeans began to – and continued long after the Europeans stopped.

One of the many reasons for studying history is to prevent history from being misused for current hidden agendas. Names are just one of the things being misused in this way. *(532 words)*

Thomas Sowell, March 14, 2002. By permission of Thomas Sowell and Creators Syndicate, Inc.

Assignments

1. Delineate the author's line of argument. 25 %
2. Point out the basic assumptions underlying the author's main idea and his line of argument. Do not forget to refer to those elements in the text that betray the author's hidden agenda, i. e. his 'ideological' position. 35 %
3. Compare the situation of the blacks in the Unites States with that of the native New Zealanders, as portrayed in Ihimaera's *The Uncle's Story*, for example. 40 %

Teaching modules referred to:

The task is mainly based on the teaching module *Them and Us* (12.1.III) and relies on familiarity with Witi Ihimaera's novel *The Uncle's Story* read in 13.1.I (*Promised Lands: Dreams and Realities*).

Lösungsvorschläge

Teil A: Aufgabe zur Sprachmittlung

Beware of the Dollar!

In this Oct. 1, 2003, article in *Die Zeit*, Richard von Heusinger uses the G-7 Dubai Declaration as an opportunity to demonstrate the links between the immense American balance of payment deficits, the undervalued Asian currencies (especially the Chinese), and the current economic crisis in Europe. He sees the Dubai Declaration as a plea for increased consumption in Europe, for an end to American overconsumption, and for a more realistic exchange rate regarding Asian currencies – on the way to a more stable and balanced world economy and to prevent a "dollar crash" with serious consequences for the world economy. His special concern is devoted to the gradual devaluation of the Dollar against the Euro. But this, he says, will only be possible if Americans are prepared to consume less, and Europeans more. In Heusinger's view, the Europeans are pursuing a contradictory and irresponsible policy of demanding increased consumer spending (Dubai Declaration) and strict budget consolidation (EU). Heusinger's article is a drastic plea for European action: for a temporary stop of budget consolidation measures and for interest rates to be reduced by the European Central Bank. *(189 words)*

Teil B: Verkürzte Textaufgabe

1. In his 2002 article syndicated columnist American journalist Thomas Sowell argues that all Americans should call themselves 'Americans'. He takes up the case of the Blacks who call themselves 'African Americans', which he understands as one way of saying that they are only half American. He sees Blacks under the influence of activist politicians who want to divide America, and sets out to prove that in this context history is being abused. He points out that this abuse leads to historically wrong statements and absurd results. He gives the example of the repudiation of black family names, wrongly regarded to have been given to them by the slaveowners. He cites the example of the adoption of Arab names by many Blacks, who are unaware of the role of the Arabs concerning slavery. *(133 words)*

2. *How to approach the task:*

   ***Step 1:** Take care not to mix up two different layers of analysis:*
   - *behind the arguments presented on the surface level you may identify the author's basic assumptions,*
   - *behind the arguments and the basic assumptions we find facets of the author's ideological background.*

   Step 2:
   - *basic assumption 1: emphasizing one's ethnic background is un-American*
   - *basic assumption 2:*
     a) Blacks emphasize their ethnic background
     b) they are tampering with historical truth
   - *basic assumption 3: black activists try to blame all the negative aspects of their*

lives on the legacy of slavery, thus holding the whites responsible and endangering America's unity
- *basic assumption 4: Whites have to be defended against unfair attacks*

Step 3: *Facets of the author's ideological background: the author argues on the basis of a white concept of American unity; the concept of multiculturalism is seen as potentially dangerous, which indicates that the author is not a "progressive" activist but rather a conservative trying to defend the traditional order.*

The author's argument hinges on his idea of special interest groups being at work in America with the aim of promoting their own agenda by dividing American society. What he sees them applying is the misuse of history, blaming all the negative aspects of black life today on the 'legacy of slavery'. He sees results of this attitude: in the repudiation of (white) American traditions, in the cultural rejection of 'old' American names and in 'old' (white) cultural highlights like Christmas. He goes on to prove all these repudiations to be the result of historical ignorance. The author seems to be implying that those people who distort the past do not only want to blame white behaviour in the past but actually want to blame the whites of today. That is probably why he insists that "the broken families" in black neighbourhoods today cannot be a legacy of slavery if one refers to historical evidence. There are hints that the author sees his white idea of America's past, present and future endangered by developments destroying American unity; hyphenation, for instance, represents loosening of the bonds between Americans. What he seems to have in mind is the "danger of multiculturalism" – a danger from the point of view of a conservative traditionalist. *(211 words)*

3. The similarities concerning the Blacks in the US and the Maoris in New Zealand have to do with their past and the consequences of this past until today. Both groups were disadvantaged, disenfranchised and suppressed minority groups for a long time. The Blacks were taken to the US as slaves, and the Maoris' country was taken away from them and their rights cut to a minimum. They both formed the lower sections of their respective societies. However, both groups succeeded in launching strong movements against oppression and have been quite successful here. Perhaps the most striking sign of the Maoris' success is that their percentage is rising fast. In spite of ongoing immigration into the country, their percentage share is still rising, as is their standard of living. Witi Ihimaera's example demonstrates that the native New Zealanders are also quite successfully making their cultural impact felt. Similar progress in the spheres of politics, culture and economics can be traced regarding the Blacks in the US. There are differences though. The Blacks were not part of the indigenous American population, so that giving them back ownership of land is not part of the compensation given to them by today's society – in contrast to the situation in New Zealand. The other main difference is that the Maoris are virtually the only disadvantaged minority group in their country and always have been, whereas the Blacks in the US find themselves in a situation where they have to compete for public attention with other minority groups. The Hispanics, for example, have just overtaken the Blacks in terms of numbers. So the future progress of the Blacks in terms of equality may not be quite as decisive as that of the Maori population. *(303 words)*

Abiturprüfung Hessen – Englisch Leistungskurs: Aufgabe 7*
Unterrichtsinhalte: *United Kingdom, Them and Us*

Teil A: Aufgabe zur Sprachmittlung

Die Angst vor der Rückkehr des Albtraums – *Gewaltwelle in Nordirland*

„Ein Kampf des Willens zwischen politischer Klasse und bösartigen Schützen": Warum die Politiker trotz der Terrorakte noch an den Bestand des Friedens glauben.

In Nordirland hat man schon viele historische Bilder gesehen – vielleicht sogar stärkere noch als jene Szene aus diesen Tagen. Aber symbolträchtig war es schon, was sich vor Stormont Castle ereignet hat, dem Sitz von Parlament und Regierung in Belfast. Einträchtig beieinander standen dort der protestantische Regierungschef Peter Robinson, sein katholischer Vize Martin McGuinness und zwischen ihnen der britische Polizeichef der Provinz, Sir Hugh Orde.

Wenn die Mörder zweier britischer Soldaten in der Grafschaft Antrim und eines Polizisten in der Grafschaft Armagh gehofft hatten, einen Keil zwischen die politischen Gegner in der ehemaligen Unruheprovinz zu treiben und so den Friedensprozess auszuhebeln, ist ihnen dies augenscheinlich misslungen. Das sollte der Auftritt vor dem Parlament bezeugen. „Dies ist ein Kampf des Willens zwischen der politischen Klasse und bösartigen Schützen", erklärte Peter Robinson, „und die politische Klasse wird gewinnen."

Der demonstrative Schulterschluss verfolgte nicht zuletzt den Zweck, den Menschen in Nordirland Mut zu machen, die von den Terroranschlägen bis ins Mark getroffen wurden. Elf Jahre nach Abschluss des Karfreitagsabkommens über eine friedliche Lösung und zwei Jahre, nachdem die Gegner von einst eine gemeinsame Regierung gebildet hatten, war die Hoffnung gewachsen, dass die albtraumhaften Zeiten der blutigen Unruhen ein für allemal vorüber sein würden. Die jüngsten Bluttaten haben diese Hoffnungen erneut erschüttert.

Misstrauen auf beiden Seiten

Die Reaktion der politischen Klasse war bislang beispielhaft. Zu nennen ist auf der einen Seite Robinsons protestantisch-unionistische DUP. Sie hat sonst nie eine Gelegenheit ausgelassen, lautstark und öffentlich Zweifel an der Bereitschaft der katholisch-republikanischen Sinn-Fein-Partei zu bekunden, bei der Bekämpfung von Gewalttaten mit der Polizei zusammenzuarbeiten. Nun hielt sich die DUP mit Kritik zurück – und dies, obwohl die Mörder aus dem katholischen Umfeld kommen.
Katholiken zwischen Belfast und Bangor kostete es traditionell große Überwindung, sich einer Polizei anzuvertrauen, die als protestantisch und britisch voreingenommen galt. Entsprechend schwierig gestaltet sich seit Monaten die Übergabe der Polizei- und Justizbefugnisse von London an die Regierung in Nordirland. Zu tief sitzen Misstrauen und Vorbehalte. (…) *(355 words)*

Koydl Wolfgang; http://www.sueddeutsche.de/politik/597/461224/text/

Assignment

You and your fellow-students of English have planned a trip to Northern Ireland. Before leaving for your trip, you are to give them an up-to-date summary on the latest incidents there.

Teil B: Verkürzte Textaufgabe

Text 1: Sinn Fein's quibbling has to stop

We all know who's won. So why don't they just get on with it?

History is on the Sinn Fein side – and has been since long before the warring factions made the Good Friday agreement. Almost 10 years ago, James Molyneux, sometime leader of the Ulster Unionist party, told me that all John Major's Ireland initiatives were "edged with green". By that he meant that even the last Conservative government had come to realise that the passage of time and the arrival of the global economy conspired to unite the north and south. All the politicians can do is put a constitutional gloss on that reality. Yet Gerry Adams and company continue to quibble about the details of what one day will be seen as their enemy's surrender.

Gerry Adams knows (or at least he knew when I talked to him six months ago) that Sinn Fein is the party with most to gain from an immediate and unequivocal end to hostilities. My political loyalties are with the Irish Labour party in the south and the SDLP in the north. But I accept that, once legitimised, Sinn Fein may drive them both into near obscurity. Labour's leader, Pat Rabbitte, can imagine "working together with Sinn Fein" in his lifetime. But first they must accept that "there is only one army in Ireland". The IRA now stands in the way of swift progress towards the union it set out to achieve.

With Ireland, the problem is always the past. The IRA – or at least those of its members who are motivated by idealism rather than the hope of making a corrupt living from terrorism – still talks about Ireland unfree never being at peace. That is what Adams meant when he told me: "There is no point in abolishing one IRA simply to see another grow up in its place." Grow up was an unfortunate verb to use in that context. The IRA is not sufficiently adult to understand that, for all the unionist huffing and puffing, the war is won.

The sooner republicans get on with building a united peace, the better it will be for them and for all Ireland. Adams ought to say so. If he wants to play a major part in the democratic policies of a united Ireland, he has nothing to gain by acting as apologist for men he knows to be wrong.

The IRA has no intention of returning to what it still vaingloriously calls "the armed struggle". The dispute is over the way in which it makes that clear. Their spokesman says that "they will do it on their own terms". The only people who benefit from that sort of playground behaviour are the intransigent Orangemen who do not want agreement now or later and want to blame the breakdown on republicans. Making a public show of destroying the Semtex would, the IRA complains, look like surrender. Why do they worry about the shadow when the substance is so different? As soon as Stormont meets again, there will be more progress on all those "cross-border institutions" which are the harbingers of Irish unity.

Sinn Fein is in the enviable position of a winner who has to save face for the defeated foe so that hostilities can be ended. As soon as that happens, Adams and Martin McGuinness can get back to the business of winning votes among people who admire their social policies, but do not like their friends.

McGuinness predicts that, after the next election, Sinn Fein may well become the biggest party at Stormont. Success, he says, depends on showing that it can make the power-sharing executive work. So why not get on with it, instead of complaining about an imaginary "unionist veto"? All that is asked of them is the fulfilment of the promise they made on a Good Friday five years ago.

Keeping that promise this week is so obviously in Sinn Fein's interest that allowing hubris to prevent the deal being done is absurd. If they go on haggling, the Stormont assembly elections will not be held on May 29. And who do they think will be the chief beneficiary of postponement? The answer is David Trimble. After the election he may no longer be first minister. Not knowing when you are beaten is an admirable sort of ignorance. Failing to realise you have won is ridiculous. *(728 words)*

Roy Hattersley: "Sinn Fein's quibbling has to stop" © Roy Hattersley, The Guardian, Monday, April 14, 2003

Text 2: Fattersley joins the fifth column

" 'Motivated by idealism'. What a shameful man. The 9/11 hijackers were motivated by idealism. The Nazi concentration camp guards were motivated by idealism. But to write favourably about the IRA's idealism of evil, of killing and kneecapping, bombing and intimidating one's way to what can never be gained by democracy is warped beyond belief. (...) This treacherous fifth columnist is not British and he isn't fit to clean the shoes of any of those who have suffered and fought the IRA. (...) every government in the last four decades has known that they could reduce terrorist murders by meeting terrorist demands. This is not a Blair-ite discovery by any stretch of the imagination. His predecessors just had spines. (...)

In all of human history, the island of Ireland has never been united and independent under one government. I happen to believe it never will be. Time will tell. But let us not believe that Blair's appeasement is irreversible." *(157 words)*

Fattersley joins the fifth column, Conservative Commentary (Ulster Unionists), April 15, 2003

Assignments

1. Delineate Hattersley's ideas and line of argument. 20 %
2. In how far do the 'Fattersley' and the Hattersley texts contribute to our understanding of the Ulster problem and in how far can they be seen in the tradition of the conflict in Northern Ireland? 40 %
3. Does the end justify the means, i. e. in how far terrorism and violence viable means of pursuing political aims? Refer to the conflict in Northern Ireland and to the Civil Rights Movement in the US. 40 %

Teaching modules referred to:
The test is based on the teaching modules *United Kingdom* (12.2.I) and *Them and Us* (12.1.III). The main emphasis is on the UK module, on the conflict in Northern Ireland – including a number of steps in the development towards a viable solution (e. g. the Good Friday Agreement). In 12.1.III, one of the central aspects focused on is the Civil Rights Movement in the US in the 1960s, with special emphasis on the contrast between the Black Panther group and the policy pursued by Martin Luther King.

Lösungsvorschläge

Teil A: Aufgabe zur Sprachmittlung

How to approach the task:
Create an umbrella sentence including information on the author as well as time, place and type of publication. The different authorities mentioned in the text should be included in the summary since they represent the different sides of the conflict.

New Wave of Violence in Northern Ireland
Eleven years after the Good Friday Agreement old prejudices have emerged in Northern Ireland with the murder of two soldiers and a policeman, as W. Koydl reports in the *Süddeutsche*, March 10, 2009.
Nevertheless, the joint appearance of Protestant First Minister Peter Robinson, his Catholic First Deputy Minister Martin McGuinness and the British Chief Constable Sir Hugh Orde was of symbolic importance for the people in Northern Ireland and managed to bolster and restore the people's confidence. The gesture was also intended to keep the peace process on track.
Political authorities have so far reacted in exemplary fashion and have restrained from reciprocal criticism and left aside any political animosities.
Nevertheless, the handover of legal authority and the police force to Northern Ireland is still a difficult process due to deeply rooted mistrust on both sides. *(143 words)*

Teil B: Verkürzte Textaufgabe

1. In an article for *The Guardian* (14/4/2003) Roy Hattersley, a Labour-affiliated journalist, claims that Sinn Fein and the IRA have already decided the conflict in Northern Ireland in their favour. He attributes the victory mainly to the effects of the global economy and considers it historically unavoidable. Hatterley blames Sinn Fein and the IRA for not realizing that they have won and criticizes them for their stubbornness and political immaturity. Ironically, it is they who stand in the way of a final settlement and play into the hands of the Orangemen, the Unionist hardliners. Hattersley makes a plea to the Sinn Fein leaders to fulfil the promise they made in the Good Friday Agreement. He shares the prediction that they might become the strongest party in Stormont, the Northern Irish parliament, and would have the chance of sharing the power.
   He complains that the Irish Republican Army lags behind the Sinn Fein Party, especially because of those idealistic and politically immature members of the IRA who fail to see Northern Ireland as potentially free. If the IRA suddenly cooperated with the Unionists, there would be likely to evolve a more radical army-faction, according to Sinn Fein leader Gerry Adams.
   Hattersley maintains that the only ones to profit from intransigent IRA and Sinn Fein behaviour are their opponents, the (radical) Protestants who would continue to dominate the executive. *(229 words)*

2. *How to approach the task:*
   Step 1: *In order to assess the argument of the 'Fattersley' text appropriately, first analyse Hattersley's position in detail.*
   Hattersley's is an unemotional assessment of the present situation in Northern Ireland. He takes the IRA's and Sinn Fein's victory for granted and accuses them of political immaturity because they do not take advantage of their strong position. He considers their victory to be a result of the changes in the political and economic world climate under the auspices of which the ultimate unity of Ireland is unavoidable. For him, the conflict in Northern Ireland has already come to an end.

   Step 2: *The Unionist comment should now be set against Hattersley's analysis.*
   The Unionists are not particularly interested in the global political trends as they cannot forget the violence used by the IRA against them. They put the IRA on a level with the 9/11 terrorists and the Nazis, and refuse give in or even surrender to them. As they cannot agree to any solution that does not take into account the suffering on their side, they still think in terms of attack and revenge and would even accept the use of violence in response to such an attempt at solving the conflict in their country.

   Step 3: *In a last step, delineate in how far the two articles take up traditional patterns of the conflict in Northern Ireland.*
   - *Neither Hattersley nor the Unionists mention the reason for the conflict, the religious issue. Thus, the attempt at solving the problem poltically as advocated by Hattersley is met with an outcry of rage and the argument that no political solution whatsoever can solve the religious conflict.*

– *Neither stance takes into account that there has also been suffering on the other side, and both fail to respect the feelings and worries of the people involved in the conflict.*

Hattersley provides us with an analysis of the situation in Northern Ireland on the eve of the Stormont assembly elections. On the basis of interviews with leading political representatives of the Labour party, Sinn Fein and the IRA, he criticizes the failure, especially of the IRA, to realize that they have finally won and must now grasp the chance victory offers: to become the strongest party in Stormont, to be part of the government and to have a decisive influence on political decisions. Hattersley is definitely not Unionist and he does not regret Sinn Fein's 'victory'. His analysis is based on the assessment that long-term political and economic developments are at work, unavoidably leading to a uniting of the north and the south. Hattersley considers the quagmire of the conflict as a thing of the past. He is interested in the future, in 'building a united peace.' He argues in terms of long-range historical developments whose logic is not influenced by the squabbling factions in Northern Ireland.

The Unionist commentary does not agree with Hattersley's basic premises concerning the necessary trends of world history and the global economy; the Unionists do not regard a united Ireland as automatically settling all their problems – on the contrary.

Their point of reference is their own experience of terrorism at the hands of the IRA, so they see the IRA on the same level as the 9/11 terrorists and the Nazis. Meeting terrorist demands, in their eyes, means giving up, surrendering.

Cool analysis on Hattersley's part is met with the raging fury of an uncompromising warring faction. The attitude is aggressive, down to personal invective against Hattersley, the journalist (Hattersley – Fattersley). The Unionists cannot agree with a position that fails to take into account the atrocities and the terrorism of the past decades and that even condones terrorism by neglecting to see how the IRA and Sinn Fein have gained their strong position.

The Unionists are not in the 'enviable position' of the winner of being able to forget about past atrocities. They are still caught up in the attack-and-revenge mindset.

Neither Hattersley nor the Unionists openly mention the issue of religion. The one claiming with blue-eyed innocence that the political solution is the solution to the conflict, the other side implying that a political solution can in no way lead to a solution of the religious conflict.

Both the stance of the cool, detached, omniscient journalist on the one hand, and the deeply worried, existentially threatened Unionist on the other, neglect to take into account the feelings and concerns of the other side. This is definitely one of the long-term characteristics of the conflict which so far have helped prevent a viable solution.

(451 words)

3. Having successfully reached one's aims means one has had the right aims and the right means at hand. Success is what matters. This ideology of 'the most cunning will win', of 'don't have moral scruples', and of 'the fittest will survive' may or may not have been adequate in pre-modern societies, but it is definitely no longer viable today. We have proceeded to a stage beyond cut-throat competition. We have arrived in a world of democracy and civilization based on a set of moral values, rules, conventions, and on institutional safeguards, guiding human behaviour. Although it may seem profitable to violate these rules in the short term, it is quite obvious that if everybody did so then the structures of society would break down and anarchy would prevail.

   Revolutions, though, have always worked on the basis of the principle of the end justifying the means. Does that imply that the means are justified as long as they lead to success? Can human progress only be achieved by violating taboos, dogmas, established sets of values and codified social and political structures?

   All modern-day western-type constitutions include the individual's right to resistance as soon the government violates the rights of the individual to such an extent that there is no other way but to resist openly. The question is whether in the USA of the 1960s and in Northern Ireland the situation of the respective minorities can be characterized as existentially threatened, thus legitimizing violent resistance.

   Up to the 1960s, the black minority in the US was denied basic human rights. Most of them did not have a chance to vote in elections, they did not get the same education as whites, their income was way below that of the whites, and they were systematically discriminated against in public life (in public transportation; in restaurants; even in restroom facilities). The Civil Rights Movement split into a major faction led by Martin Luther King, who favoured the means of non-violent public disobedience (following Ghandi's example), and the Black Panther Movement led by Malcolm X, who had no scruples about making use of violent means.

   The question is whether the positive developments since the 1960s would have happened without the threat of violence, and without the hot summers in the big cities.

   In the case of Northern Ireland, one can see that both sides have used violent means for centuries – and it has led to nothing but violence. It may well be that a conflict lost in the quagmire of violence and counter-violence can neither be solved by violence nor by mere political means. As long as the religious and social facets of the conflict are so very important, one has to get at the roots of violent behaviour; merely political solutions will not do. *(461 words)*

Abiturprüfung Hessen – Englisch Leistungskurs: Aufgabe 8*
Unterrichtsinhalte: *Work and Industrialization; Ideals and Reality*

Teil A: Aufgabe zur Sprachmittlung

Ein Jahr Haft für Betreiber von Internettauschbörse

Schwedisches Gericht verurteilt die vier Betreiber von „Piratebay“

Die vier Betreiber der Internettauschbörse „Thepiratebay.org“ sind am Freitag von einem schwedischen Gericht zu einem Jahr Haft und umgerechnet 2,7 Millionen Euro Schadenersatz verurteilt worden. Die Tauschbörse „Thepiratebay.org“, die die vier Verurteilten betreiben, gilt als die größte ihrer Art und verzeichnet international etwa 25 Millionen Nutzer. [...]

Die Musik- und Filmindustrie wertete das Urteil als Erfolg im Kampf gegen Urheberrechtsverletzungen. Damit sei klargestellt, dass das Betreiben einer solchen Tauschbörse eine „moderne Form der Hehlerei" sei, sagte Stefan Michalk vom Bundesverband Musikindustrie. „Das ist eine gute Nachricht für alle, die von ihrer kreativen Arbeit leben und die sich auf den Schutz des Gesetzes verlassen müssen", sagte John Kennedy, der Vorsitzende des Weltverbands der Musikindustrie. Die Musikunternehmen leiden seit Jahren unter den Raubkopien. In Deutschland etwa ist der Tonträgerumsatz seit Ende der neunziger Jahre um 40 Prozent eingebrochen. [...]

Für die Rechteinhaber ist es daher wichtig, gegen den Organisator eines Tauschnetzes gerichtlich vorzugehen. Die Verurteilten Fredrik Neij, Gottfrid Svartholm Warg, Peter Sunde und Carl Lundström sind allerdings der Auffassung, sie würden keine Urheberrechte verletzen, sondern nur Informationen darüber bereithalten, wo Dateien zum Download verfügbar seien. Dem folgte das Gericht nicht. Weil die Betreiber wüssten, wofür ihre Plattform hauptsächlich benutzt werde, hätten sie den Tätern Hilfe geleistet. [...]

Die Betreiber der Website stellen sich selbst als Mittler der Kultur dar. Im Verfahren bezeichneten sie sich als technischen Dienstleister, der mit den Handlungen der Nutzer nichts zu tun habe. [...]

Aufgrund der dezentralen Struktur von Tauschbörsen wird dem Urteil in Schweden nur begrenzte unmittelbare Auswirkung beigemessen. Konkret geht es in dem Fall um 35 Fälle von Urheberrechtsverletzungen. Die Piratebay-Server stehen nach Angaben ihrer Betreiber auch in Ländern, die Filesharing weniger streng verfolgen. Andere Plattformen bieten ähnliche Dienste wie Piratebay.

[...]

Zustimmung fand das Urteil in Schweden auch bei Internetdienstanbietern. [...] Die Anbieter von Internetzugängen befürchten, als Mittler bei der Verfolgung von Urheberrechtsverstößen zwischen die Parteien zu geraten. [...] *(314 words)*

FAZ, Samstag, 18. April 2009, Nr. 90 / 16 R1, S. 1–2

Annotations
Internet-Tauschbörse = *file sharing website*

Assignment

A friend of yours from the United States has been exchanging music with you for quite a while. He/She is worried about what he/she has heard about changes in European law and asks you to explain what is going on in Germany and other European countries.
Summarize this article for him/her.

Teil B: Verkürzte Textaufgabe

Walter Kirn: *Up in the air*

I had to explain CTC* to (my sister) in depth. This is never easy—with anyone. Most people assume we're brought in to do the firing or that we find the fired new jobs. It's neither. Our role is to make limbo tolerable, to ferry wounded souls across the river of dread and humiliation and self-doubt to the point at which hope's bright shore is dimly visible, and then to stop the boat and make them swim while we row back to the palace of their banishment to present the nobles with our bills. We offer the swimmers no guarantees, no promises, just shouts of encouragement. "Keep it up! That's great!" We reach our dock before they reach theirs and we don't look back over our shoulders to check on them, though they look back at us repeatedly.
That's the parable version of what we do. In practical terms, we give our "cases" "skills sets." We coach them in how to make employment inquiries without sounding scarily hungry or submissive. We urge them to be patient, patient, patient. There's a rule of thumb that for every ten thousand dollars of desired annual salary, a job seeker should expect to spend a month calling still-working friends and headhunters and Xeroxing hundreds of letters and resumes while waiting for them to call back. Since a lot of our cases have solid six-figure income histories, their searches can eat up years and far outstrip the duration of their severance benefits. Finding a job is itself a job, we teach, and not working is work, too, so don't get blue. If you do get blue, forgive yourself. You're only human. But also superhuman. Because you have untapped potential, and it's infinite.
"So in other words you talk baloney," Julie said, pushing us up through Wyoming. "I'm surprised at you. I'm surprised you'd do a job like that."
"I'm telling you what I learned, not what I hoped. You're getting the panoramic hindsight view."
As first portrayed to me by ISM, CTC was nothing like I've described, but represented an ethical revolution in American business practices. Yes, it served the downsizing employer by minimizing potential legal blowback from the parties dismissed, and yes, one could view it as a half-assed penance that chiefly consoled the client corpo-

ration, but was it wrong? Did it hurt people? It helped some. It helped quite a few. And there were studies to prove it.

My first big assignment took me to Davenport, Iowa, the blighted Grain Belt home City of Osceola Corp., a manufacturer of heavy machinery. Their backhoes and tractors were piling up at dealers, deeply discounted yet still not moving. Their corporate bonds had been downgraded to scrap paper. Cuts were inevitable, and so they came. I was given a small beige office in the rear of the company's crumbling brick waterfront headquarters and tasked with the care of seven executives who were let go in sequence, one per day, and sent to me before their tears could dry. All were middle-aged men with families, and all but two of them asked me what they'd done wrong' to which I answered, "Nothing. Blame interest rates. Blame low commodity prices. This problem's global." One heavyset elbow, a face like a potpie, his suit full of strange custom seams to hide his girth, mistook me for a priest and made me kneel with him while he prayed from a card he carried inside his wallet. Another asked me if I would call his wife and repeat my interest rates remark.

I counseled these men for two weeks. The company gave them offices next to mine where they could make phone calls and draft their pleas for help and fill out the numerous tests and work sheets that sought to identify their strengths and weaknesses, goals and longings, habits of thought and feeling. I scored these surveys, interpreted their results, and provided each man with a "master self-inventory" of five double-spaced typed pages' his to keep. One man set his aflame before my eyes, but most of them clung to and studied these documents with the devotion of Egyptologists poring over tomb writings.

For three of the men it seemed to work. They passed through guilt to anger to despair to something approaching acceptance, if not hope. My bright-eyed graduates. My little soldiers. A fourth man dropped out at anger and, months later, was arrested by Secret Service agents for driving an Osceola diesel tractor into a crowd at a presidential campaign stop. The other three men were unreadable. They clammed up. Oddly, these three were the first to find new jobs, while two of the success stories still hadn't when I stopped tracking them one year later.

In time, I learned not to track my former subjects, just as the elders in our field advise. Unfortunately, it was not by force of will that I accomplished this necessary forgetting but through reflexive, progressive memory loss. I learned to live from the present forward only, and I don't regret it. One must these days if one is to stay in business, and it's all business now. *(846 words)*

* CTC: Career Transition Counseling.

Assignments

1. Summarize the text. 30 %
2. By which means does the narrator betray his attitude and his frame of mind? 35 %
3. Why does there seem to be a need for companies like ISM, providing CTC services?

Compare the example given in the text with Vic's experience in David Lodge's *Nice Work*.
What seem to be the basic assumptions and the basic implications of CTC? 35 %

Teaching modules referred to:
The text at hand refers to the teaching modules 12.2.II *Work and Industrialization* and 12.1.III *Ideals and Reality*. Question 3 focuses on the world of work and the attitude towards work. To be able to compare the example given in the text with Vic Wilcox' experience, you should be familiar with David Lodge's *Nice Work* (12.1.III).

Lösungsvorschläge

Teil A: Aufgabe zur Sprachmittlung

How to approach the task:
Do not try to translate the text literally. You are expected to transfer the gist of this article into English.
Step 1: *Identify the main point in the article: first sentences in paragraphs 1 and 2.*

Step 2: *Make this main point part of your umbrella sentence, which not only provides the reader with the argumentative key to the article, but also with information concerning the general situational framework - plus the source of the information.*
According to the German newspaper FAZ a Swedish court has sentenced four people who run a large music download and swap website to a year in prison. The music and film industry considers this a success in their struggle for the rights of artists.

Step 3: *Regroup the most important additional components of the argument around the core you identified in Step 1. Do not be afraid to leave out details and illustrations. It is the message of the article and its inner logic that are important.*
The postion of the music and film industry:
- exchange / swap services are illegal
- good news for people who live on their creative ideas / artists
- pirate copying has led to considerable losses (in Germany 40 % fewer CDs are sold today than 10 years ago)
- it is important to sue the organisers / owners of such swap websites instead of the users

The position of the providers
- the website does not violate copyright
- it only offers a technical service, i.e. links to people who want to swap music and share files
- the website is a means of making cultural products available to everyone

General impact
- the court's decision will have little effect on the situation

– these websites are decentralised and often operate from other countries with less strict laws concerning file sharing
– there are many similar websites
– other providers of internet services are in favour of the judgement

Hint: *The text should be approximately 1/3 or 1/2 of the length of the original, in this case about 150 words.*

Prison sentence for illegal file sharing
According to the German newspaper FAZ a Swedish court has sentenced four people who run a large file sharing website to a year in prison and to 2.7 million Euros in damages. The music and film industry consider this a success in their struggle for the rights of artists. They welcomed the judgement because illegal copying has led to considerable losses in the sales of CDs. To protect the rights of artists they think it is important to sue the organisers of such file sharing websites instead of the users.
The webmasters, however, hold that they do not violate copyright since they only provide a technical service for people who want to offer their files for downloading and swapping. Thus, in their opinion, the website is a means of making cultural products available for everyone.
The court's decision may have little effect on the situation, though, since these websites often operate from other countries with less strict laws concerning file sharing.

(159 words)

Teil B: Verkürzte Textaufgabe

1. The text is about a special kind of career counselling. The narrator is one of the counsellors invited in by companies to soften the firing and do the counselling. He explains to the executives that their services are no longer needed and provides help and guidance. They are supposed to develop a positive attitude and to learn the skills of successfully applying for another job. He is well aware of the dilemma that he is dealing with people under an existential threat and whom he can't really offer a viable alternative. He can, at best, soften the painful effects of them losing their job and can try to help them maintain their self-esteem.
   The narrator tells his sister about his first assignment on this job and the reactions of those he had to fire. He had to counsel seven middle-aged executives, making them believe that a job loss is nothing personal, and does not reflect on their abilities. Their individual experience of shock and existential crisis had to be met with an individual answer by the counsellor; each of them should be equipped with the ability to bear repeated experiences of frustration, and a set of skills for finding a new job. He finds that his advice is not necessarily helpful, indeed, at times it is even counterproductive, e. g. he could not prevent one of his first seven clients from running amok at a presidential campaign stop.
   He tells his sister that he has in the meantime managed to immunise himself from psychological repercussions through 'memory loss' and that the only way to stay in business is never to look back but only forward. *(275 words)*

2. *How to approach the task:*
   Step 1: *The safest way of assessing the narrator's attitude is by looking for remarks where he reflects upon himself. You will immediately find that at the beginning he establishes a distance between his 'true self' and the role he plays by characterizing his description of his activities as a "parable version". This underlines and explains to us the euphemisms he uses. (self-assessment)*

   Step 2: *A second way of assessing the narrator's attitude is by looking for remarks made by other people in the text. You find his sister quite explicitly describing what he says as "baloney", i.e. 'nonsense'. The narrator offers no defence against this assessment.*

   Step 3: *Finally, look at the final paragraph. By telling us about the defence mechanisms that he has developed in the course of time, the narrator betrays his current state of mind: he is in a deep personal crisis. Can one live "from the present forward only"? Can 'everything' be "just business"?*

   In the first paragraph the narrator obviously uses euphemistic language and coats his message in images ("to ferry wounded souls (…)", l. 3; "the river of dread", ll. 3/4; "hope's bright shore" ll. 4/5; "the palace of (…) banishment", l. 6). In line 10 he himself assesses this job description as the "parable version" of what he does, i.e. a sugar-coated version.
   Even in the first paragraph an ironic distance from this version becomes visible (ll. 5/6: "we (…) present the nobles with our bill"; l. 8: "we reach our dock before they reach theirs").
   By the end of the second paragraph he gets carried away by his own logic, driven by the need to reconcile the irreconcilable (ll. 18/19: "(…) so don't get blue. If you do get blue, forgive yourself.") He agrees when his sister characterizes these words as "baloney", as utter if not fraudulent nonsense, his only self-defence being that when he started out on the job he was not aware of its implications (ll. 23/24): "You're getting the panoramic hindsight." Initially he actually believed in the company's philosophy that their approach represented "an ethical revolution in American business practices" (l. 26), but now he claims to have realized the true function of CTC, i.e. offering "a half-assed penance that chiefly console(s) the client corporation." (ll. 28/29)
   He talks about his offers of help rather flippantly (ll. 36ff.) and ridicules the executives that seem to regard him almost like a High Priest (they studied these documents "with the devotion of Egyptologists poring over tomb writings", ll. 50/51).
   The narrator realizes that the official claims of CTC are not borne out by the actual results, as those that do not cooperate at all are those that survive best (ll. 56–58).
   Those that cooperate with him he ridicules, thus also ridiculing himself (l. 53: "My bright-eyed graduates").
   It is almost unavoidable that in order to survive himself he has to forget all about his jobs and the individual suffering he is confronted with again and again. For him only the future counts.
   It becomes quite obvious that the narrator is experiencing a time of personal crisis. He can see what he does in his job from an outside perspective; if he was told this story by someone else, he would react exactly the way his sister does: "I'm surprised

you'd do a job like that" (l. 22). He has to survive though; he has to cope with his dilemma and so he explicitly states that he does not regret that all that counts in his life is business: "(…) it's all business now"(l. 63). *(418 words)*

3. Taking a closer look at CTC, it becomes obvious that this kind of counselling at the surface caters to the needs of the individual but that the system of CTC, i. e. downsizing with the help of outside troubleshooters, is not really interested in the individual. As the narrator already realizes, the companies that want to – or have to – reduce the number of executive personnel would like to be sure of being protected from any legal action resulting from dismissals. Another aspect to be aware of is the companies' interest and desire to avoid a negative public image. Clumsy downsizing actions would endanger the positive effects of millions spent on creating a positive image, a convincing corporate identity.
   There is also a social dimension to the mushrooming of counselling services such as ISM. Industrialized countries nowadays are going through a phase of economic restructuring. Under the auspices of globalization and rationalization, the number of jobs in production and in the service sector is being reduced drastically. To soften the effects of this process, to avoid the fragmentation of society, and to keep the peace within the nations techniques of social engineering seem to be highly necessary –career transition counselling being one of them.
   CTC seems to be working on the assumption that individuals that have to master an existential crisis need to be guided and assisted. Furthermore, the assumption seems to be that human beings want to save face by almost any means, including delusions or even bare-faced lies – in search of self-esteem, and confirmation from the outside world. They are all too willing to believe in any exonerating explanation, in any glimpse of hope offered (far-fetched as it may be), and in any practical advice and help given. So, one of the functions of CTC seems to be the pacifying of society in change.
   In David Lodge's *Nice Work,* the male protagonist, Vic Wilcox is Managing Director of a foundry who all his life has only known the way up the ladder of success. He is a well-trained engineer, and is competent and successful. Nevertheless, in the process of a major industrial realignment, his steel mill is involved in a merger and he unexpectedly loses his job. He is not made to leave without financial compensation, but it does not look as if he will get another chance of managing a big company in the near future. He is devastated, but there is no help provided. What finally saves him is not any kind of CTC or any outsourcing agency but, very surprisingly, his family, which, in spite of all appearances, is basically still intact and able to serve as a social and economic nucleus. This allows him to downsize his expectations and his living standards, without coming into conflict with his social environment and his own self-esteem. He is able to come to terms with his situation on his own – psychologically intact, and perhaps even with a promising development ahead. *(492 words)*

Abiturprüfung Hessen – Englisch Leistungskurs: Aufgabe 9
Unterrichtsinhalte: *Extreme Situations; Order, Vision, Change*

Robert M. Ballantyne: *The Coral Island*

The Coral Island *by Robert Ballantyne was published in 1857. In it, three boys, Ralph, Jack and Peterkin, are shipwrecked on an uninhabited island. The boys' life on the island is idyllic and peaceful, but the island is visited by savage cannibals and pirates. The pirates succeed in capturing Ralph, but they are deservedly destroyed in the end. The savages, who get hold of the three boys together, undergo a conversion to Christianity, which changes their nature completely and rescues the boys from death.*
The text below is the opening of the 19th chapter.

For many months (…) we continued to live on our island in uninterrupted harmony and happiness. Sometimes we went out afishing in the lagoon, and sometimes went ahunting in the woods, or ascended to the mountain-top, by way of variety, although Peterkin always asserted that we went for the purpose of hailing any ship that might chance to heave in sight. But I am certain that none of us 5 wished to be delivered from our captivity, for we were extremely happy, and Peterkin used to say that as we were very young we should not feel the loss of a year or two. (…)
The climate was so beautiful that it seemed to be a perpetual summer, and as many of the fruit trees continued to bear fruit and blossom all the year round, we never wanted for a plentiful supply of food. The hogs, too, seemed rather to increase than diminish, although Peterkin was very frequent in his attacks on them with his spear. If at any time we failed in finding a drove, we had only to pay a visit to the plum tree (…) where we always found a large family of them asleep under its branches.
We employed ourselves very busily during this time in making various garments of coconut cloth, as those with which we had landed were beginning to be very ragged. Peterkin also succeeded in making excellent shoes out of the skin of the old hog.
We often examined the pistol that we had found (…) on the other side of the island, and Peterkin wished much that we had powder and shot, as it would render pig-killing much easier; but, after all, we had become so expert in the use of our sling and bow and spear, that we were independent of more deadly weapons.
Diving (…) also continued to afford us as much pleasure as ever; and Peterkin began to be a little more expert in the water from constant practice. As for Jack and I, we began to feel as if water were our native element, and revelled in it with so much confidence and comfort that Peterkin said he feared we would turn into fish some day, and swim off and leave him; adding, that he had been for a long time observing that Jack was becoming more and more like a shark every day. Whereupon Jack remarked, that if he, Peterkin, were changed into a fish, he would certainly turn into nothing better or bigger than a shrimp.
Now, while we were engaged with these occupations and amusements, an event occurred one day which was as unexpected as it was exceedingly alarming and very

horrible. Jack and I were sitting, as we were often wont to do, on the rocks (...) and Peterkin was wringing the water from his garments, having recently fallen by accident into the water – a thing he was constantly doing – when our attention was suddenly arrested by two objects which appeared on the horizon. (...)
'Whales!' cried Peterkin, shading his eyes with his hands. 'Not *eh*! *can* they be boats, Jack? Our hearts beat with excitement at the very thought of seeing human faces again. I noticed that a shade of anxiety crossed Jack's countenance as he gazed long and intently at the two objects, which were now nearing us fast. At last he sprang to his feet. 'They are canoes, Ralph! Whether war-canoes or not I cannot tell, but this I know, that all the natives of the South Sea Islands are fierce cannibals, and they have little respect for strangers. We must hide if they land here, which I earnestly hope they will not do.' *(701 words)*

R. M. Ballantyne, The Coral Island. Harmondsworth 1982 (1857), pp 123–125

l. 10 wanted for sth.: suffered because of a lack of sth.
l. 31 wont: used

Assignments

1. Give a summary of the opening of the 19th chapter, taking into account its structure. 25 %
2. Golding once said that "Ballantyne's island was a 19th-century island inhabited by English boys; mine was to be a 20th-century island inhabited by English boys." (W. Golding: *The Hot Gates*. London, 1965)
   Point out the differences between the boys and their lives on the island in Ballantyne's and Golding's novels. 45 %
3. Do human beings need the experience of extreme situations to develop a sound and healthy personality? 30 %

Teaching modules referred to:

This text is suggested on the basis of a class on the teaching module *Extreme Situations* (12.2.III), focusing on individuals facing challenges, natural disasters, war and moral dilemmas. In the second module referred to (13.1.II: *Order, Vision, Change*), the reading and analysis of Golding's *Lord of the Flies* are presupposed.

Lösungsvorschläge

1. *How to approach the task:*
   Step 1: *Read the text carefully and focus your attention on its structure.*

   Step 2: *It is obvious that the text at hand has a bipartite structure, the first part being about the boys accustoming themselves to the life on the island and enjoying the new environment, the second dealing with the impending danger of being confronted with savage South Sea natives who supposedly are cannibals.*
   Your summary should take this structure into account in the umbrella sentence.

   The text at hand is an extract from Ballantyne's novel *The Coral Island,* first published in 1857. Three boys are shipwrecked on an uninhabited South Sea island. The extract can easily be divided into two parts: in ll. 1–28 there is a description of the boys' daily life on the island over a long period of time; from l. 29 onwards the reader's attention is focused on a very important event for the boys: the arrival of South Sea natives.
   In the first part, various activities are described, such as fishing, hunting, climbing to the mountain-top, as is the more serious issue of 'rescue'. The reader gets a glimpse of the surroundings and how the boys adapt to them (climate, meat supply, water as an almost native element), and learns a few things about the organisation of life on the island (garments, skill with primitive weapons).
   In the second part, the boys slowly come to realize that the objects on the horizon are boats. Finally, Jack expresses his discovery that they are canoes of South Sea natives, perhaps war-canoes, which causes great anxiety because Jack knows that the natives are fierce cannibals. *(190 words)*

2. In *The Coral Island* there is a group of three boys who get along well together, have fun together and have established a kind of order on the island. Their life is paradisiac, full of happiness and harmony. Because of these circumstances they do not want to be rescued. They adapt to their new environment (e. g. they learn to swim and dive and enjoy life at the beach), but they never forget the rules of civilization (e. g. they take great care to wear clothes). The children are basically small adults, i. e. rational human beings. When they go hunting it is a group effort carefully aimed at procuring a meat supply. Their harmonious life on the island is brought to an end by outside forces, i. e. by the arrival of cannibals and pirates.
   In *Lord of the Flies* there is a larger group of boys than in *Coral Island*, and they are of different ages. In their case, the various attempts at establishing a democratic order begin to crumble because of envy, competition, adventurousness, etc. They are driven by motives and forces which they have not yet learned to deal with.
   The overall development of life on the island goes from daylight sanity to nocturnal anarchy. The issue of rescue, which at first is all-important, is, in time, abandoned by the majority. They neglect to take care of their natural environment; in fact they have no problems destroying it – playfully. The rules of civilization gradually fade from the boys' memory. The children go through stages of regression in which their social

conditioning is sooner or later overcome by 'natural' belligerence and atavistic instincts and impulses (e. g. pig-hunting, feasts). The democratic order established at the beginning is wiped out by the attack of instinctive (inner) forces (drives, impulses).
(301 words)

3. Human beings are animals. Their origins are not in civilization but in nature. Nature is no easy environment, containing dangers, other animals, unpredictable weather conditions, and hunger. There is always the danger death. This is our heritage: the constant fight for survival. The production and emission of adrenaline is quite natural, and even necessary for existence. Existential situations are not the exception but the rule in the long history of the evolution of the human being.
   Human beings are social creatures. To be able to avoid the negative consequences of natural extreme situations, human beings form associations. But these, in turn, lead to new types of challenge: to social challenges (or: extreme situations) necessitating the emission of adrenaline.
   So, for human beings, extreme situations are a necessary element of everyday life, from the point of view of their natural origins and from the point of view of their social organization. In fact, they are necessary stimuli for action.
   Once arrived at the point of contemporary civilization (at least in the Western world), one no longer meets with one of the major challenges in the history of the human being: war. What is more, this type of society has achieved such a high degree of internal security for the individual that the number of everyday challenges has been drastically reduced.
   In my opinion, this relative lack of challenges, of extreme situations in our lives explains a great deal about our society, and about modern lifestyle, especially that of the young. To meet this need in young people, challenges have to be consciously looked for and even created. Modern culture has to integrate a new pattern of challenges into everyday life. Such challenges are to be found on different levels, for instance in a new set of leisure-time activities, be it bungee-jumping, canyon-rafting or train-surfing; or in computer games like CounterStrike or in horror films. It may well be that without all these extreme situations that have become part of our everyday life and culture, our society would be much more violent than it actually is because otherwise people would not be able to develop into sound and healthy members of society. *(360 words)*

Abiturprüfung Hessen – Englisch Leistungskurs: Aufgabe 10*
Unterrichtsinhalte: ***Power and Politics; Extreme Situations***

Teil A: Aufgabe zur Sprachmittlung

Wir suchen Helden – Jugendreport 2009

Ein Porträt der heutigen Jugend zu zeichnen gleicht dem Versuch, einen Pudding an die Wand zu nageln. Das liegt sicher nicht an der mangelnden Datenlage über die nach 1990 geborenen Jungen und Mädchen. [...]

Doch was wissen wir wirklich über die nächste Generation der Erwachsenen? Welche Persönlichkeiten verbergen sich hinter dem ungeheuren Wust an Daten? [...]

Zumindest aus der Vogelperspektive sieht es so aus, als wären „the kids alright" (um es mit „The Who" zusagen). Das belegen zumindest die großen Jugendstudien der vergangenen Jahre. So ist beispielsweise der Soziologe und Jugendforscher Klaus Hurrelmann der Meinung, dass der Großteil der Jugend keinen Anlass zur Sorge liefert: „Die Mehrheit will in die Gesellschaft integriert sein, will etwas erreichen." Hurrelmann kann sich mit seinem Verdikt auf die „Shell-Studie", die er seit Jahren leitet, berufen. Die Teenager, so der Kanon, seien äußerst „pragmatisch und konstruktiv". Die 15. „Shell-Studie", die allerdings bereits im Jahr 2006 publiziert wurde, weist nach, dass Werte wie „Fleiß, Ehrgeiz und Sicherheit" immer mehr an Bedeutung gewinnen und der Nachwuchs sich eher anpasst, anstatt – wie es das Leitbild der 68er fordert - zu rebellieren.

[...]

Einigen Soziologen und Psychologen ist die Skizze einer Rundum-sorglos-Jugend indes zu eindimensional: Ob Skater, Emo, Sprayer oder HipHopper, bei allen Kids sei derzeit eine ungestillte Sehnsucht nach starken Bezugspersonen zu erkennen. Diese Mädchen und Jungen, so der Diplompädagoge Wolfgang Bergmann, „suchen verzweifelt nach Erwachsenen, die eine ethische Grundlage und tiefe Zuneigung zum Menschen haben und die ihnen Orientierung geben". Redet man dieser Tage mit Jugendlichen, fällt immer wieder der Name Barack Obama. Der US-Präsident fungiert dabei als eine Chiffre, die für eine gute Autorität steht. [...] Echte Leitfiguren, so glaubt Bergmann, der das Institut für Kinderpsychologie und Lerntherapie in Hannover leitet, fände der Nachwuchs in den seltensten Fällen – weder in seinen Eltern noch im restlichen sozialen Umfeld.

Den Grund für diese Entwicklung verortet Psychologe Stephan Grünewald in einer Art „Stillhalteabkommen": „Der Generationenkonflikt findet heute nicht mehr statt, der Motor dreht durch, weil es an Reibung fehlt." Auch Jugendforscher Hurrelmann will beobachtet haben, dass die Spannungen zwischen den Altvorderen und den Jungen fast verschwunden sind: 71 Prozent der bei der „Shell-Studie" Befragten gaben an, ihre Kinder genauso erziehen zu wollen, wie sie erzogen werden.

„Wogegen sollen die Kids rebellieren, wenn Mama Röhrenjeans bei H&M kauft und Papa sich Jay-Z auf den iPod lädt?", fragt Grünewald, selbst vierfacher Vater.
[...]
Erwachsene, die Adoleszenz zu ihrer Lebensart erkoren haben, bei der sie die Moden und Marotten der Jugend nachäffen, sollten aber nicht mit Bewunderung rechnen – im Gegenteil: Nichts als „Verachtung" hätten die wirklich Jungen für die Möchtegern-Jungen übrig, konstatiert eine Untersuchung des Meinungsforschungsinstituts Rheingold. „Die Jugend will Erzieher und keine Spielkameraden", formuliert es Psychologe Grünewald. *(449 words)*

Hartmann-Wolff Elke für FOCUS Nr. 16, 11. April 2009 (Modernes Leben), S. 139–141 (Auszug)

Assignment

An American friend of yours has seen on DW-TV a very brief report on some riots in a big German city, with lots of young people involved. She/He would like to know if this is typical of young people in Germany. Summarize this article for him/her.

Teil B: Verkürzte Textaufgabe

William Golding: *Lord of the Flies*

Because of an atomic war a group of 7 to 12-year old English schoolboys are evacuated. The plane is attacked and crashes on an uninhabited island in the South Sea. Not one adult survives.
Guided by Ralph and Piggy, the boys try to organize their lives democratically and reasonably and prepare themselves for rescue. These attempts at living peacefully together are counteracted by Jack and a group of boys who want to have fun hunting and swimming, and by the younger ones' continual fear of beasts.
The extract is taken from the chapter entitled "Gift for the Darkness". Simon, a sensitive and imaginative boy suffering from occasional fits, is sitting in his jungle cabin facing the Lord of the Flies, a sow's head on a stick, which was left behind by the hunters as a gift for the beast.

Soon the sweat was running down his coarse long hair. He shifted restlessly but there was no avoiding the sun. Presently he was thirsty, and then very thirsty.
He continued to sit. (...)
Simon stayed where he was, a small brown image, concealed by the leaves. Even if he shut his eyes the sow's head remained like an after image. The half shut eyes were dim with the infinite cynicism of adult life. They assured Simon that everything was a bad business.
"I know that."

Simon discovered that he had spoken aloud. He opened his eyes quickly and there was the head amusedly in the strange daylight, ignoring the flies, the spilled guts, even ignoring the indignity of being spiked on a stick.
He looked away, licking his lips.
A gift for the beast. Might not the beast come for it? The head, he thought, appeared to agree with him. Run away, said the head silently, go back to the others. It was a joke really – why should you bother? You were just wrong, that's all. A little headache, something you ate, perhaps. Go back, child, said the head silently. (…)
In Simon's right temple, a pulse began to beat. (…)
"You are a silly little boy" said the Lord of the Flies, "just an ignorant, silly little boy."
Simon moved his swollen tongue but said nothing.
"Don't you agree?" said the Lord of the Flies. "Aren't you just a little silly boy?"
Simon answered him in the same silent voice.
"Well then," said the Lord of the Flies, "you'd better run off and play with the others. They think you're batty. You don't want Ralph to think you're batty, do you? You like Ralph a lot, don't you? And Piggy and Jack?"
Simon's head was tilted slightly up. His eyes could not break away and the Lord of the Flies hung in space before him.
"What are you doing out here all alone? Aren't you afraid of me?"
Simon shook.
"There isn't anyone to help you. Only me. And I'm the Beast."
Simon's mouth laboured, brought forth audible words.
"Pig's head on a stick."
"Fancy thinking the Beast was something you could hunt and kill!" said the head. For a moment or two the forest and all the other dimly appreciated places echoed with the parody of laughter. "You knew, didn't you? I'm part of you? Close, close, close! I'm the reason why it's no go? Why things are what they are?"
The laughter shivered again.
"Come now," said the Lord of the Flies. "Get back to the others and we'll forget the whole thing."
Simon's head wobbled. His eyes were half closed as though he were imitating the obscene thing on the stick. He knew that one of his times was coming on. The Lord of the Flies was expanding like a ballon.
"This is ridiculous. You know perfectly well you'll only meet me down there – so don't try to escape!"
Simon's body was arched and stiff. The Lord of the Flies spoke in the voice of a schoolmaster.
"This has gone quite far enough. My poor, misguided child, do you think you know better than I do?"
There was a pause.
"I'm warning you. I'm going to get waxy. D'you see? You're not wanted. Understand? We are going to have fun on this island. Understand? We are going to have fun on this island! So don't try it on, my poor, misguided boy, or else –."
Simon found he was looking into a vast mouth. There was blackness within, a blackness that spread.

"– Or else," said the Lord of the Flies, "we shall do you. See? Jack and Roger and Maurice and Robert and Bill and Piggy and Ralph. Do you see?"
Simon was inside the mouth. He fell down and lost consciousness. *(773 words)*

William Golding: Lord of the Flies, Faber and Faber Ltd., 1968 (1954), pp. 146, 151/152, 157–159

l. 4 to conceal: to hide
l. 23 batty: crazy
l. 25 to tilt up: *German:* nach hinten neigen
l. 29 the Beast: evil
l. 32 fancy: extravagant
l. 35 to be no go: not to be a success
l. 39 to wobble: to move from side to side
l. 40 his times: his fits
l. 49 waxy: *here:* angry
l. 54 to do: to kill s.o.

Assignments

1. Summarize the above text. 30 %
2. Delineate Golding's concept of evil and compare it to Shakespeare's view as incorporated in *Macbeth*. Prove what you say by referring to the play. 40 %
3. In how far are Lennie and Macbeth able to base their decisions on moral precepts and the conscious exercise of their free will? Comment. 30 %

Teaching modules referred to:
This text is suggested on the basis of classes on *Power and Politics* (13.1.IV); it also refers to the teaching module *Extreme Situations* (12.2.III). Shakespeare's *Macbeth* and Steinbeck's *Of Mice and Men* are the respective literary focal points.

Lösungsvorschläge

Teil A: Aufgabe zur Sprachmittlung

How to approach the task:
Do not try to translate the text literally. You are expected to transfer the gist of this article into English.
Step 1: *Identify the main point in the article.*
Step 2: *Make this main point part of your "umbrella sentence", which not only provides the reader with the argumentative key to the article, but also with information concerning the general situational framework – plus the source of the information.*

Step 3: *Regroup the most important additional components of the argument around the core you identified in Step 1. Do not be afraid to leave out details and illustrations. It is the message of the article and its inner logic that are important.*

Hint: *The text should be approximately one third of the length of the original, in this case about 150 words.*

No rebels

In an attempt to characterise young people today, the German periodical FOCUS quotes psychologist Klaus Hurrelmann's Youth Report 2009 in which it is said that one should not worry about adolescents, since they want to be integrated and achieve something in life. Teenagers are said to be pragmatic and constructive. They tend to accept values like industriousness, ambition and security, and are willing to adapt to them. They do not want to rebel against society as previous generations have done. Being brought up in an anti-authoritarian way, young people see no reason for rebellion, particularly since their parents' life style is similar to their own.

Critics of the study, however, say that it does not do justice to diversity among young people. Most are desperately looking for adults with ethical values, authority and a love of mankind, like the present US president, but such role models are difficult to find. One thing can be taken for granted, though: young people find adults ridiculous if they imitate teenagers' life style. *(169 words)*

Teil B: Verkürzte Textaufgabe

1. The text, an excerpt from William Golding's *Lord of the Flies*, is about a boy gaining insight into a principle governing human life.
   Evil is not an outside force which can be hunted and killed, but a part of every human being which man cannot rid himself of. Thus, he cannot escape or avoid evil, he inevitably produces it. The only enemy of man is inside himself.
   Simon is a member of a group of English schoolboys living on a remote tropical island after a plane crash. He is sitting in the jungle, facing the Lord of the Flies, a pig's head on a stick, left behind by the hunters as a gift to the beast they want to kill.
   The imaginative boy has a vision: he is having a conversation with the Lord of the Flies, who represents evil. The Lord of the Flies tells him that the beast they want to hunt is in themselves. He reveals to him that evil is part of every human being and this is the reason why the boys' attempts at organizing their lives on a reasonable basis have to fail. It also becomes clear that this truth about human nature should not be told to the other boys. If Simon does not follow this advice, he will be killed by the others.
   (221 words)

2. *How to approach the task:*
   Step 1: *Outline Golding's view of man as a "fallen creature". As evil is part of each and every human being, man is always in danger of falling prey to his dark instincts and drives if the circumstances allow them to come to the surface.*

Step 2: *Describe Macbeth's situation. One might say that, in contrast to the boys on the island, he is led into temptation by outside forces that are beyond his control.*

Step 3: *Refer to Macbeth's secret wishes and his ambition, which prevent him from resisting the dark forces, and show by referring to the situation just before the regicide that Macbeth clearly sees the choice he has. The fact that he is too weak to take a stand against his own desires proves that Golding's and Shakespeare's view of evil are quite similar.*

According to Golding, man is always in danger of submitting to evil forces within himself. Thus, one cannot say that man is basically good. Evil is part of him and it is ready to come to the surface at any time if man does not know about this human weakness. Civilization is only a thin layer covering man's primitive instincts. What is more, those who might want to reveal this basic truth about human nature are constantly threatened by those who enjoy giving free rein to their instincts.
When taking a superficial look at the text and the play, one might get the impression that their messages are totally different.
Macbeth is led into temptation by supernatural forces representing evil and kills the good King Duncan to become king himself. This crime disturbs the universal order as well as Macbeth's mind and estranges this honorable former vassal from himself, his wife and his friends. It triggers a whole series of other crimes which Macbeth has to commit to ensure his position and to rid himself of his fears. Thus, Macbeth seems to be the victim and the instrument of dark forces which he cannot influence.
The boys on the island are in danger of falling prey to themselves, because, according to Golding, evil is inside them. Their incapacity to resist these inner forces is responsible for their failure to organize their lives democratically and peacefully.
On second thoughts, however, it becomes clear that the two concepts of evil are closely related.
Like the boys, Macbeth is too weak to resist the temptation and is ready to give free rein to his wishes and his ambition. Just before committing regicide he lists all the arguments against this horrible deed, but he is not strong enough to let his honour and integrity prevail. He loses his moral stance, giving in to outer and inner impulses. So evil in Macbeth is not just an outside force, but also an impulse triggered by human inadequacy. *(331 words)*

3. As a member of the social and power elite of his day, Macbeth is strongly influenced by the conventions and moral standards of his society. He not only knows his duties as a host and vassal cognitively but also with his heart and soul: both definitely forbid regicide in the given situation.
   Driven by the lust for power, driven by his vanity and his ambition, he all too easily gives in to his wife's persuasive strategies. Backed by the prophecies of the witches, i. e. backed by destiny, he chooses to transgress the limits of both the precepts of society and his conscience. He knows exactly what he is doing and that there will be no stopping it.

Lennie, on the other hand, does not know what he is doing. He cannot control his basic (instinctual) drives by the power of intellect. Furthermore, he cannot even differentiate between good and bad behaviour. His is the tragic fate of one who wants to do good and achieves evil – without being able to understand what has gone wrong or even what has actually happened.
Lennie is a victim. He is unable to come to terms with the world. He cannot possibly exercise free will; he is driven by his instinctual and emotional desires – which are not controlled by any moral code or inner authority.
Macbeth, to the contrary, is an example of a person who is in control of himself and perfectly well equipped with a code of ethics at his disposal which is both religious and social. He knows the odds but knowingly becomes the victim of nagging desires and criminal inclinations. He victimizes himself and is the victim of his wife's evil fancy – he becomes lost in the maelstrom of destiny. *(291 words)*

Abiturprüfung Hessen – Englisch Leistungskurs: Aufgabe 11
Unterrichtsinhalte: *Extreme Situations; Order, Vision, Change*

Hanif Kureishi: *The Body*

The surgeon said, "Ralph has told me that it's a short-term body rental you require, initially? The six-months minimum – is that correct?"
"That is correct," I said. "After six months I'll be happy to return to myself again."
"I have to warn you, not everyone wants to go back." ...
"You're suggesting I won't want to return to myself?"
"It's impossible for either of us to predict how you will feel in six months' time."
I nodded.

He noticed me looking at him. "You are wondering if –"
"Of course."
"I am," he replied, glancing at Ralph. "We both are. Newbodies."
"And ordinary people going about their business out there" – I pointed somewhere into the distance – "are called Oldbodies?"
"Perhaps. Yes. Why not?" ...
"The existence of Newbodies, as you call them, will create considerable confusion, won't it? How will we know who is new and who old?"
"The thinking in this area has yet to be done," he said. "Just as there has been an argument over abortion, genetic engineering, cloning and organ transplants, or any other medical advances, so there will be over this."
"Surely this is of a different order," I said. "Parents the same age as their children, or even younger, for instance. What will that mean?"
"That is for the philosophers, priests, poets and television pundits to say. My work is only to extend life." (...)

The doctor, accompanied by a porter and a young nurse, took me and Ralph down several corridors and through several locked doors. At last we entered what seemed like a broad, low-ceilinged, neon-lit fridge with a tiled floor.
I was shivering as I stood there, and not only because of the temperature. Ralph took my arm and began to murmur in my ear, but I couldn't hear him. What I saw was unlike anything I had seen before; indeed, unlike anything anyone had ever seen. This was no longer amusing speculation or inquisitiveness. It was where the new world began.
"Where do you get them?" I asked. "The bodies."
"They're young people who have, unfortunately, passed away," said the doctor.
Stupidly, I said, as though I were looking at the result of a massacre, "All at once?"
"At different times, naturally. And in different parts of the world. They're transported in the same way as organs are now. That's not difficult to do."
(...) "It takes time and great expertise. But so does cleaning a great painting. The right person has to do it. There are not many of those people yet. But it can be done. It is, of course, something that was always going to happen."

Suspended in harnesses, there were rows and rows of bodies: the pale, the dark and the in-between; the mottled, the clear-skinned, the hairy and the hairless, the bearded and the large-breasted; the tall, the broad and the squat. Each had a number in a plastic wallet above the head. Some looked awkward, as though they were asleep, with their heads lolling slightly to one side, their legs at different angles. Others looked as though they were about to go for a run. All the bodies, as far as I could see, were relatively young; some of them looked less like young adults than older children. The oldest were in their early forties. I was reminded of the rows of suits in the tailors I'd visit as a boy with my father. Except these were not cloth coverings but human bodies, born alive from between a woman's legs.

"Why don't you browse?" said the surgeon, leaving me with the nurse.

"Choose a short list, perhaps. Write down the numbers you fancy. We can discuss your choices. This is the part I enjoy. You know what I like to do? Guess in advance who I think the person will choose, and wait to see whether I am right. Often I am."

Shopping for bodies: it was true that I had some idea what I was looking for. I knew, for instance, that I didn't want to be fair, blue-eyed blond. People might consider me a beautiful fool.

"Can I suggest something?" said Ralph. "You might, for a change, want to come back as a young woman."

" ... Or you could choose a black body. There's a few of those," he said with an ironic sniff. "Think how much you'd learn about society and ... all that."

"Yes," I said. "But couldn't I just read a novel about it?" ...

I did want to get out of that room. It was worse than a mortuary. These bodies would be reanimated. The consequences were unimaginable. Every type of human being, apart from the old, seemed available. The young must have been dying in droves; maybe they were being killed. I would make a good but expeditious choice and leave. *(804 words)*

Hanif Kureishi: "The Body", in: The Body and Seven Stories, Faber and Faber Ltd, London 2003 (2002), pp. 21–25

Assignments

1. Explain the situation in which we find the protagonist. 30 %
2. Analyse the atmosphere of the situation and the emotions of the protagonist. 30 %
3. This text confronts us with a basic ethical problem. Discuss some of its facets and take into account your reading of Aldous Huxley's *Brave New World.* 40 %

Teaching modules referred to:

Kureishi's *The Body* takes up a topic highlighted in 12.2.III *(Extreme Situations):* The ethical dimension of scientific progress is discussed on the basis of texts showing people in situations where they have to face existential decisions, e. g. concerning relatives in permanent coma. Question 3 requires you to take into account your reading of Aldous Huxley's *Brave New World,* which is a text frequently read in 13.1.II *(Order, Vision, Change).*

Lösungsvorschläge

1. We do not get to know the name of the protagonist in Kureishi's 2002 story *The Body*. He seems to be in something like a clinic, together with a surgeon and a man called Ralph, who is probably a friend of his. Ralph and the doctor say they are 'Newbodies' and the protagonist is there with the purpose of becoming a 'Newbody' as well. This means that he plans on leaving his old body and taking over a new one. He wants to 'rent' a body for six months, with the intention of taking back his old body after that period of time. This option is obviously a very new one and not yet known to the public at large.
   The protagonist is offered a wide choice of bodies and he starts wondering where they have come from; deep down he even seems to have the idea that they have perhaps not all died of natural causes.
   The ethical problem of taking over a new body is raised and the protagonist is well aware that there might be enormous social consequences if the possibility of changing from one body to another and thereby prolonging one's life were available up to everyone. The doctor immediately denies any responsibility and insists that he acts purely as a medical expert.
   The protagonist starts out on the process of finding a body for himself. In choosing a new body anything seems to be possible, even changing one's gender. *(244 words)*

2. *How to approach the task:*
   Step 1: *You should take a close look at the two sections of the text: the first section (ll. 1–22) is characterized by completely unemotional language. There are no qualifying adjectives, no feelings expressed. You find businesslike statements of fact ("correct", l. 2, l. 3), a matter-of-fact exchange about some transaction. It is only in the second section that you find hints as to there being something extraordinary going on: you see the protagonist reflecting on the situation he finds himself in, characterizing it as "no longer amusing" (l. 29), being reminded of "a massacre" (l. 32), and feeling as if he were somwhere "worse than a mortuary" (l. 60). The businesslike, neutral atmosphere of the first lines is undercut by a sense of the outrageous, and the totally inappropriate. At the same time the 'climate' of the story becomes freezing cold, which you notice when you see the narrator "shiver" (l. 26) while being in a "fridge" (l. 25) lit by cold neon light.*

   Step 2: *The cold, somewhat awkward and even threatening atmosphere of the dead bodies in the 'fridge' has an effect on the protagonist: his businesslike attitude towards the 'body rental' changes into a sense of horror: "unimaginable ... must have been dying in droves", ll. 61f). But even this sense of death and horror (and Ralph's 'ironic' suggestion, which is definitely in bad taste) does not make the protagonist give up his intention of getting a new body. He himself is 'cold' enough not to let his emotions alter his decision.*

The atmosphere of the passage is, first of all, characterized by the down-to-earth, pragmatic and businesslike tone of the conversation between the protagonist and the doctor. The outrageous idea of swapping bodies is talked about in a matter-of-fact way, as if there was nothing unusual about it. Even in describing the rows of bodies from which one can choose, the narrator makes a point of being overly factual and realistic and mentioning many tiny details (e. g. ll. 41/42 "their heads lolling slightly to one side").
There is, however, another aspect counteracting this atmospheric tendency. Beyond the factual and realistic there is something more. It may be 'realistic' that the fridge is cold and tiled and lit by cold neon light (l. 25), but at the same time this carries with it a chilly atmosphere which goes beyond mere low temperatures. The protagonst 'shivers' (l. 26) and feels as if he were in a mortuary rather than in a clinic. He gets the strong feeling that he should definitely leave (l. 60). But: he is intrigued by the 'new world' (l. 29) that he sees opening up to him, and is obviously able to come to terms with this existential experience by incorporating it into his everyday experience. He shows this by the parallel he draws between the rows of bodies and the rows of suits at the tailor's. Thus, a traumatic sight is transposed into a familiar one.
The protagonist has strange feelings when he thinks about the origins of these bodies, but he is able not to pursue these thoughts further. Even when Ralph overdoes it somewhat by jokingly pointing out extreme options (ll. 55 ff.), the protagonist only momentarily comes to his senses. He soon decides to get on with it and choose a body fast. *(293 words)*

3. I would like to mention just a few facets and ask only a few questions. Is taking over another person's body any different from accepting an organ transplant? What about the danger of children being raised with the explicit aim of providing young bodies for the old? In what way would the possibility of gender change and parents having a younger body than their children affect our society? Recently, a British court ruled that it was legal and legitimate for parents to have one more child from a batch of eggs they had 'in storage' at a local clinic, with the explicit purpose of raising a child that would provide their first son with an organ for an organ transplant.
An organ transplant provides you with something similar to a cure for a particular health problem. A 'body transplant' makes you into a totally new person, even up to the point where a male might change into a female and vice versa. Body and brain would definitely not be in harmony with each other; they might actually be totally at odds with each other. In extreme cases there would b a vast age and/or gender discrepancy. One wouldn't even want to think about the potential consequences of 'farms' for raising young bodies being justified by seemingly innocent experts like the surgeon in the story. Even today, the safeguards against problematic 'use' of one's children as a reservoir for 'spare parts' do not seem to be very efficient.
In my opinion, growing up and getting older, pleasure and pain are part of the human experience and the idea of what a human being is all about would have to be changed completely before we could accept what is proposed in the story *The Body*.

In *Brave New World,* Huxley shows us how basic features of humanity are taken away from the individual; in his world 'free will' is no longer a valid category. People are 'conditioned' before birth and after birth, and are kept in a state of permanent 'happiness', never experiencing pain or suffering. In his dystopia, Huxley hopes to show the inhumanity of such a system. As far as I can tell from the excerpt taken from the story *The Body,* the kind of 'new world' that is envisaged here is also an inhuman world. In this world, man becomes a victim of his own ruthlessness and hubris. In this case, the 'free will' of the individual overrides all other concerns. With children older than their parents, with fathers being the potential playmates of their daughters, our society would have to change all its traditional values. The pleasure principle would rule – just as in *Brave New World,* where the price you pay is the loss of individual freedom and free will.

I would not like to live in the world of *The Body* or in the *Brave New World.* Both options should be strongly opposed. *(487 words)*

Abiturprüfung Hessen – Englisch Leistungskurs: Aufgabe 12*
Unterrichtsinhalte: ***Work and Industrialization; Ideals and Reality***

Teil A: Aufgabe zur Sprachmittlung

US-Stars in der Krise

In Beverly Hills boomen jetzt die Pfandleihhäuser

Beverly Hills, legendärer Reichen-Wohnort im sonnigen Kalifornien, scheint zum Schnäppchenparadies zu werden. Immer mehr Stars und Hollywood-Legenden geraten durch die Wirtschaftskrise in Finanznöte. Und über deren Tafelsilber freut sich immerhin ein amerikanischer Wirtschaftszweig: die Pfandleiher.

Palmengesäumte Prachtstraßen ziehen sich durch Beverly Hills, hinter hohen Mauern erstrecken sich die Luxusanwesen der Reichen und Schönen. Der kalifornische Nobelwohnort ist keine jener Gegenden, in denen man Pfandleihhäuser, die Anlaufstellen der Armen und Verzweifelten, vermuten würde. Und doch gibt es sie – und die Geschäfte laufen besser als je zuvor. Denn die Wirtschaftskrise bringt jetzt auch Reiche in Geldnot, und so kommt es, dass sich in den Pfandleihhäusern von Beverly Hills nun immer mehr Rolex-Uhren neben Konzertflügeln und Originalgemälden von Andy Warhol und Wassily Kandinsky sammeln.

Yossi Dina zählt zu jenen, die sich auf diskrete Hilfe für Prominente mit Finanzsorgen spezialisiert haben. „Seit acht Monaten läuft das Geschäft auf Hochtouren", sagt der Chef des Nobel-Pfandleihers „The Dina Collection". „Zu uns kommen wirklich berühmte Menschen, die kurzfristig Bares brauchen, weil das Geld plötzlich knapp wird", sagt Dina. „Das Besondere an meinem Unternehmen ist, dass ich keine Kleinkredite, sondern grundsätzlich nur große Summen vergebe. Die Leute rufen mich an, wenn sie zweihunderttausend oder eine halbe Million brauchen."

[…] Die Namen seiner Kunden nennt der frühere Berufssoldat aus Israel nicht, Diskretion ist oberstes Gebot in seinem Geschäft: schließlich haben viele seiner Klienten einen guten Namen zu verlieren.

[…]

Ein Mitarbeiter des Pfandleihers „The Collateral Lender" in Beverly Hills bestätigt allerdings, dass der Kundenkreis seines Unternehmens inzwischen bis in die höchsten Kreise reicht. „Im Unterschied zu früheren Jahren haben wir nun wirklich alles hier: Ärzte, Manager, und alle können sie ihre Rechnungen nicht mehr bezahlen", sagt Peter B., der aus Gründen der Diskretion seinen Nachnamen nicht nennen will. „Für mich ist das ein vollkommen neues Phänomen, und ich bin immerhin schon seit 20 Jahren im Geschäft."

Für die klamme Oberschicht sind Pfandleihhäuser inzwischen oftmals die letzte Rettung, weil die amerikanischen Banken infolge der Finanzkrise mit Krediten geizen. Nach kalifornischem Recht muss ein Kunde seine verpfändeten Güter spätestens nach vier Monaten und zehn Tagen wieder auslösen. […]

„Natürlich wollen wir, dass die Leute ihre Wertsachen zurückbekommen", sagt Peter B. „Im Moment sind unsere Lager aber ziemlich voll." Er zeigt auf einen Konzertflügel im Wert von 400 000 Dollar, in der Nähe stehen zwei verpfändete Harley-Davidson-Motorräder.

[…]

Pfandleiher Dina berichtet, ein Kunde habe ihm kürzlich sogar eine Oscar-Statue angeboten, den begehrtesten Filmpreis der Welt. Er habe dann aber nur den etwas weniger prestigeträchtigen Filmpreis Golden Globe in Zahlung genommen, den ihm der Kunde zusätzlich angeboten hatte. Denn mit der mächtigen Oscar-Akademie wollte er sich dann doch lieber nicht anlegen, sagt Dina. Schließlich hat die Akademie strenge Auflagen für den Verkauf der von ihr verliehenen Oscars erlassen. Offenbar in weiser Voraussicht, wie sich nun zeigt. *(462 words)*

Bustamente Paula; http://www.welt.de/lifestyle/article3564372/In-Beverly-Hills-boomen-jetzt-die-Pfandleihhaeuser.html

Annotations
Pfandleihhaus = *pawnbroker*

Assignment

An American friend of yours has told you about the current economic crisis in the US. He complains that the crisis mostly hits the poor, among whom many still believe in the "American Dream". A few days later you find this article and summarise it for him.

Teil B: Verkürzte Textaufgabe

Jay McInerney: *Bright Lights, Big City*

Monday arrives on schedule. You sleep through the first ten hours. God only knows what happened to Sunday.

At the subway station you wait fifteen minutes on the platform for a train. Finally a local, enervated by graffiti, shuffles into the station. You get a seat and host a copy of the New York *Post*. The *Post* is the most shameful of your several addictions. You hate to support this kind of trash with your thirty cents, but you are a secret fan of Killer Bees, Hero Cops, Sex Fiends, Lottery Winners, Teenage Terrorists, Liz Taylor, Tough Tots, Sicko Creeps, Living Nightmares, Life on Other Planets, Spontaneous Human Combustion, Miracle Diets and Coma Babies. The Coma Baby is on page two: COMA BABY SIS PLEADS: SAVE MY LITTLE BROTHER. There is a picture of a four- or five-year-old girl with a dazed expression. She is the living daughter of a pregnant woman who, after an automobile accident, has been lying in a coma for a week. The question that has confronted Post readers for days is whether or not the Coma Baby will ever see the light of the delivery room.

The train shudders and pitches toward Fourteenth Street, stopping twice for breathers in the tunnel. You are reading about Liz Taylor's new boyfriend when a sooty hand taps your shoulder. You do not have to look up to know you are facing a casualty, one of the city's MIA's. You are more than willing to lay some silver on the physically handicapped, but folks with the long-distance eyes give you the heebie-jeebies.

The second time he taps your shoulder you look up. His clothes and hair are fairly neat, as if he had only recently let go of social convention, but his eyes are out-to-lunch and his mouth is working furiously.

"My birthday," he says, "is January thirteenth. I will be twenty-nine years old." Somehow he makes this sound like a threat to kill you with a blunt object.

"Great," you say, going back to the paper.

When you next look up the man is halfway down the car, staring intently at an ad for a business training institute. As you watch, he sits down in the lap of an old lady. She tries to get out from under him but he has her pinned.

"Excuse me, sir, but you're sitting on me," she says. "Sir, sir. Excuse me." Almost everyone in the car is watching and pretending they're not. The man folds his arms across his chest and leans farther back.

"Sir, please get off me."

You can't even believe it. Half a dozen healthy men are within spitting distance. You would have jumped up yourself but you assumed someone closer to the action would act. The woman is quietly sobbing. As each moment passes it becomes harder and harder to do anything without calling attention to the fact that you hadn't done anything earlier. You keep hoping the man will stand up and leave her alone. You imagine the headline in the *Post*: GRANNY CRUSHED BY NUT WHILE WIMPS WATCH.

"Please, sir."

You stand up. At the same time, the man stands up. He brushes his coat with his hands and then walks down to the far end of the car. You feel silly standing there. The old lady is dabbing at her eyes with a Kleenex. You would like to see if she's all right, but at this point it wouldn't do much good. You sit down.

It's ten-fifty when you get to Times Square. You come up on Seventh Avenue blinking. The sunlight is excessive. You grope for your shades. Down Forty-second Street, through the meat-district. Every day the same spiel from the same old man: "Girls, girls, girls – check 'em out, check 'em out. Take a free look, gentlemen. Check it out, check it out." The words and rhythm never vary. Kinky Karly, Naughty Lola, Sexsational Live Revue – girls, girls, girls.

Waiting for the light at Forty-second, you scope among the announcements of ancient upcoming events, strangling the lamppost, a fresh poster with the headline MISSING PERSON. The photograph shows a smiling, toothy girl, circa Junior Prom. You read: *Mary O'Brien McCann; NYU student; blue eyes, brown hair, last seen vicinity Washington Square Park, wearing blue jumper, white blouse.* Your heart sinks. You think of those left behind, the dazed loved ones who have hand-lettered this sign and taped it here, who will probably never know what happened. The light has changed.

From Bright lights, big city by Jay McInerney, copyright © 1984 by Jay McInerney. Used by permission of Vintage Books, a division of Random House, Inc. *(748 words)*

Assignments

1. Describe the situation and the world the protagonist finds himself in. 25 %
2. Analyse the text, referring
   - to the message the author wants to get across to the reader and
   - to the stylistic/rhetorical means he uses. 45 %
3. "You hate to support this kind of trash with your thirty cents, but you are a secret friend of killer bees, sex fiends …".
   Analyse this sentence and in doing so refer to Neil Postman's *Amusing Ourselves to Death.* 30 %

Teaching modules referred to:
In the context of a teaching module on *Work and Industrialization* (12.2.II), the growing sense of anonymity in modern western societies is analysed. The text refers to this phenomenon and exemplifies some of the potential consequences: the lack of social cohesion and the lack of a sense of social responsibility. In Question 3 you are asked to relate the scene depicted here to the analysis of the role of the media in modern mass society which is on the agenda in 13.1.III (*Ideals and Reality*), e. g. based on Neil Postman's *Amusing ourselves to death.*

Lösungsvorschläge

Teil A: Aufgabe zur Sprachmittlung

How to approach the task:
Do not try to translate the text literally, but transfer the gist of this article into English.
Step 1: *Identify the main point in the article.*

Step 2: *Make this main point part of your "umbrella sentence", which not only provides the reader with the argumentative key to the article, but also with information concerning the general situational framework - plus the source of the information.*

Step 3: *Regroup the most important additional components of the argument around the core you identified in Step 1. Do not be afraid to leave out details and illustrations. It is the message of the article and its inner logic that are important.*

Hint: *The text should be approximately 1/3 of the length of the original, in this case about 150 words.*

Economic crisis has hit Hollywood
The German periodical DIE WELT reports that the current economic crisis has also hit the rich in the USA, who are having to take an increasing number of valuable items to pawnbrokers, traditionally institutions for the poor. Even in Beverly Hills more and more rich people, even Hollywood stars, are handing in Rolex watches, grand pianos, valuable paintings and other luxury goods, because the banks are not giving them loans as easily

as they did before the crisis. This has led to a surprising boom for pawnbrokers despite the economic crisis and in places where one would not even expect such a business. Even an Oscar statue was recently offered to a pawn shop, but the owner refused to take it and accepted a less valuable Golden Globe instead. *(129 words)*

Teil B: Verkürzte Textaufgabe

1. In this excerpt from Jay McInerney's *Bright Lights, Big City,* published in 1984, the narrator confronts us with the darker side of big city life by presenting to us a nightmarish experience on the New York subway.
   The protagonist takes the Monday morning subway to Times Square. One of the other passengers seems to be a person not in line with social convention; he is a social drop-out who sits down on the lap of an old lady and pins her down. Nobody on the train reacts. The narrator doesn't know how to come to terms with the complicated situation. When he finally decides to help the sobbing woman, the lap-sitter gets up and walks away.
   All this happens against the background of a world where the media churn out trashy news and the city centre seems to be one big red-light district. In the red-light atmosphere at Times Square he is struck and disheartened by a simple hand-lettered sign taped to a lamppost about a teenage girl who is missing. *(171 words)*

2. The author allows us to have a glimpse of aspects of today's society that he obviously does not feel good about. He shows us that the media cater to our baser instincts. The protagonist is well aware that he is a victim of those instincts himself. He buys the *New York Post* and reads it on the train, but at the same time he seems to be conscious that the sensationalism of the press and the aggressively erotic atmosphere of the red-light district have a negative influence on society, adding to the anonymity and the fragmentation characterizing big city life.
   When monstrosities and tastelessness are the common diet of the reader and the passer-by at Times Square, it is no wonder that there is a whole number of people no longer bound by the social code of civilization. The author seems to warn us against dehumanization, a state of affairs where the most common natural instincts – like the wish to help a defenceless person in distress – have been numbed or paralysed.
   The protagonist has retained some sense of humanity, which is shown not only when he gets up to help the old lady but also in the last paragraph where he contrasts the aggressive red-light district world of amusement with the poster of a missing teenage girl. He does not seem to have much hope to a change for the better: "The light has changed".
   The intense atmosphere and the impact on the reader are cleverly created by drawing the reader into the action. The use of the personal pronoun "you" throughout the text lets the reader sit right beside the protagonist, and turns the reader into the protagonist (ll. 16/17 "when a sooty hand taps your shoulder"). It is you, the reader, who lives through the conflict of what to do; it is you who feels ashamed at being left

standing when the mentally disoriented man has already gone to the other end of the car. The sick state of society is exemplified by the enumeration of catchy two-word headlines pointing to abnormalities promoted by suggestive techniques, e. g. alliteration and contrast.
The protagonist himself is infected to such an extent that he is only stirred up to action when envisaging himself as a victim of such a yellow press headline as "Granny Crashed by Nut While Wimps Watch". The author draws our attention to the fact that we are victims of the desire for vicarious participation in "sick situations".
Corresponding to the state of mind of people no longer able to cope with more than 30-cent-trash, people whose value system has broken down, we see the train, whose progress towards Time Square is definitely not a success story, not even in terms of physical movement: the train is just as sick as society, shuddering, advancing in short spurts, having to stop in order to catch a breath. *(478 words)*

3. *How to approach the task:*
   Step 1: *It is important to start out by describing the two seemingly incompatible sentiments in the protagonist's mind:*
   - *the awareness of the negative influences of a media-saturated big city environment which appeals to the basest instincts,*
   - *the awareness that one really lusts for the satisfaction of those base needs and buys the paper*

   Step 2: *Place the quotation (and the whole incident) within its wider context, which in this case is late 20th century urban society, and the damage some people say it does to the human psyche. You should then proceed by pointing out Postman's main thesis and relate it to McInerney's implied message.*

   This sentence illustrates the two contrasting tendencies characterizing the narrator's view of society and of himself. On the one hand, he knows what the yellow press is all about. He knows not to trust the 'information' provided. On the other hand, he is a (willing) victim to such newspapers and magazines because their kind of sensationalism obviously caters to deep-seated needs and desires.
   Basically, this story about big city life in late 20th century America fictionally illustrates and underlines Neil Postman's main thesis in *Amusing Ourselves to Death.* He argues that modern technology has brought about a new generation of media that wrap and enfold the individual in a cocoon of media influence. He is concerned about the media development that is leading to the extinction of news and information. He is afraid that our darker impulses, our hedonistic desires drive us to the mindless consumption of entertainment. One of the more dangerous observations he shares with the reader is the tendency of news to turn into infotainment. Society is no longer provided with serious information and sound analysis; people's attention is rather turned away from economic, social and political realities towards shallow amusement. Postman sees the US and the other Western-type societies changing for the worse. One gets the impression that McInerney shares the view that American society is endangering its own foundations. *(224 words)*

Abiturprüfung Hessen 2007 – Englisch Grundkurs
Vorschlag A – Electronic Surveillance

Who is watching you?
Posted on August 13, 2005

"The telescreen received and transmitted simultaneously. Any sound that Winston made, above the level of a very low whisper, would be picked up by it, moreover, so long as he remained within the field of vision which the metal plaque commanded, he could be seen as well as heard. There was of course no way of knowing whether you were being watched at any given moment. How often, or on what system, the Thought Police pluged in on any individual wire was guesswork. It was even conceivable that they watched everybody all the time."
From 1984, by George Orwell

George Orwell published his futuristic book in 1949, depicting life in a totalitarian regime where both behaviour and thought are monitored and censored.

While few would argue that we are living the life Orwell envisioned, ours is a world where surveillance technology is cheaper, and more widespread and effective than ever before. [...]

In Britain, where there are cameras not only in the transit system, but on residential streets, and in shopping malls and public squares, it's possible for authorities to reconstruct much of a person's day.

Certainly, video footage played a large role in the British police investigation into the July 2005 transit bombings. Authorities had argued that they would use such footage to capture criminals, and indeed that's what happened.

In Canada, an August 2005 survey by the Strategic Counsel found that 72 per cent of Canadians polled support having video cameras in all public places.

But Alan Borovoy of the Canadian Civil Liberties Association says our support for that kind of surveillance should depend on how great the dangers are, and the alternatives for dealing with those dangers.

"The responsible thing for us democratic citizens is to say to the government, 'OK, you want to develop that particular measure. Can anything less intrusive do the job?'"

Only if the answer is no should we allow it, says Borovoy.

The problem, say security experts, is that even if government is as good as its word and uses surveillance only for criminal investigations, there is always the potential for that information falling into the wrong hands. [...]

In 2004 and 2005, criminals breached a firewall at credit reporting agency Equifax Canada. They got access to personal financial information on hundreds of individuals – names, addresses, type of loans, credit cards and even social insurance numbers. That's the kind of information necessary for identity theft.

Even something as seemingly innocuous as a cellphone service using global positioning technology to let parents track their children could have a dark side. The technology lets parents use an internet web browser to locate their child's cellphone and, presumably, their child. But what if someone else got access to that tracking system?

In a 2003 report, the American Civil Liberties Union paints another distressing scenario: "An African-American man from the central city visits an affluent white suburb to attend a co-worker's barbecue. Later that night, a crime takes place elsewhere in the neighborhood.

The police review surveillance camera images, use face recognition to identify the man, and pay him a visit at home the next day. His trip to the suburbs where he 'didn't belong' has earned him an interrogation from suspicious police."

While some surveys suggest we are willing to give up a measure of privacy in exchange for surveillance aimed at countering terrorism, it doesn't mean we're complacent about it.

According to a 2005 study commissioned by the Office of the Privacy Commissioner of Canada, 70 per cent of Canadians surveyed "expressed a high sense of erosion of their privacy and the protection of their personal information." The same percentage said that it will become one of the most important issues facing the country.

The survey also suggested most of us have little confidence in technology's ability to protect our privacy. *(638 words)*

From http://www.cbc.ca/news/background/tech/electronic_surveillance.html

Assignments

1. Outline the facts as well as the advantages and disadvantages concerning electronic surveillance described in the text. (30 BE)
2. In class you dealt with today's social and technological developments. Compare the information and the line of argument in this August 2005 article (including the quotation from '1984') to texts read and to your findings in class. (40 BE)
3. In view of recent incidents teachers and parents at the International School you attend have decided to install a video surveillance system in your school, including the restroom facilities. As a student representative you have to write a statement concerning the intended measures. (30 BE)

Lösungsvorschläge

Teaching modules referred to:
The main teaching module concerned here is that of Science and Technology (12.1.II) which is part of the compulsory curriculum dealt with in Grade 12. Both literary and non-literary texts are used for this module which covers topics such as biotechnology, ecology, electronic media, climate change, energy and science fiction. The text used here also allows for reference to the module Order, Vision, Change covered in 13.1.II. Ray Bradbury's short stories, Tales of Mystery and Imagination *by Poe and* Future Shock *by Alvin Toffler are just three of the literary sources sometimes read in this context.*

1. *How to approach the task:*
   Step 1 *In many ways this question is quite like a summary with the exception that you don't have to include all the main points of the text. It is also a very straightforward question to have to answer. Your task is to describe the facts presented in the text as well as the plus and minus points of electronic surveillance. So keep in mind that any things mentioned in the text which do not tell you something about this are not relevant for your answer. Read the text carefully and underline all important points. Keep asking yourself if the point you have highlighted tells you something of these aforementioned advantages or disadvantages.*
   Step 2 *Before you begin writing, make a list of what you have to include in your answer. This might look something like this:*
   Facts
   - *Electronic surveillance on the increase.*
   - *Plays an important more widespread role in life.*
   - *People support its use.*
   - *Used in investigations into July 2005 bombings.*
   - *Systems have been breached e. g. in Canada.*
   - *Canadians believe surveillance erodes privacy.*

   Advantages
   - *Surveillance has become cheaper.*
   - *Far more effective than before.*
   - *People's days can be reconstructed.*
   - *Police can use it to fight crime.*

   Disadvantages
   - *It is intrusive (Orwell reference)*
   - *It can fall into the wrong hands.*
   - *Criminals can use it.*
   - *Privacy is infringed.*
   - *Personal information seen by others.*

   Step 3 *Write a well-structured description of the advantages and disadvantages. You should link your sentences well, use varied vocabulary and show the examiners that you have fully grasped what you have read. This is very much a question where you can score well if you approach the task properly and thoroughly.*

This e-text article, posted on August 13, 2005, states that electronic surveillance is on the increase and is currently playing a more important role in life than ever before. It is now in shopping centres, housing estates and public areas. It was used to investigate bombings in July 2005 and a large percentage of Canadians support its use in public. In addition to this we also learn that criminals hacked into a credit reporting agency's list of customers' private information. Finally, we are told that studies have shown that Canadians believe that surveillance attacks the privacy of the individual. The author starts by quoting George Orwell and we read that Winston had "no way of knowing whether you were being watched at any given moment."
This is one obvious disadvantage of increased surveillance. People have no idea when or where they are being watched. It is one of the many disadvantages referred to in this text. The others mentioned are that it invades our lives and can be used by the wrong people such as criminals. Personal information concerning every private citizen can be seen by others. The advantages are just as manifold. The main one referred to is that it may be used to fight criminals effectively. In other words as technology improves so does the level of surveillance. We can now show what people did on any given day and at a far cheaper cost than before. *(230 words)*

2. *How to approach the task:*
Step 1 *The first step in the answering of this question is to be sure you know the line of argument that is to be found in the article. This is basically that Orwell presented Big Brother as something going rapidly out of control and many people now suffer from the negative effects of electronic surveillance. Only if the disadvantages and dangers are considered should it be used. Otherwise people's privacy will suffer and this is one of the main reasons why use of such surveillance should be limited. You must keep this line of argument in mind when quoting from other texts you have read. Your task is to compare these texts to this article. Decide on the texts you wish to refer to and make a list of them. This list can be very short if you want. You are even free to decide on one single text and go into great detail on it. Alternatively, you may decide to refer to a number of pieces you have read.*
Step 2 *Begin your answer by outlining what exactly the line of argument in the article is. This need not be long but it should be to the point. Select your text or texts for comparison and use them as evidence in your answer. Highlight any similarities you can find and draw attention to any way in which they are different. Point out the opinions uttered in class and the conclusions you came to when reading such texts with your teacher. Write a coherent and well-structured piece in which you link your sentences well and one point flows into the next. Conclude with a sentence that sums up your feelings and attitudes on this topic.*

The line of argument used in this article is relatively straightforward. The author begins by quoting from Orwell and the passage used mentions the presence of Big Brother and refers to the fact that one just didn't know when one was being watched. After that the author of the article goes on to mention the advantages and disadvantages of technological development, stressing in particular the dangers of electronic surveillance. Our support for that kind of surveillance should depend on "how great the dangers are, and the alternatives for dealing with those dangers." The message, then, is clear; such technology can be put to good use but it can also be used for the wrong reasons and to ill effect. The message from the extracts of Fahrenheit 451 we read in class is more cutting and powerful than the arguments used in this article. By nature newspaper articles often set out to paint both sides of an issue but what Ray Bradbury gives us is much more dramatic and unsettling. In this sense it is like 1984 which is quoted in the article here. Ray Bradbury warns man against becoming too dependent on science and technology at the expense of moral and aesthetic concerns. He writes his story to instruct people how to prevent doom and the loss of important aspects of life such as book-reading. *Fahrenheit 451* takes place in an anti-intellectual America that has completely abandoned self-control and now outlaws book ownership. People now enjoy in-ear radio and an interactive form of television. The protagonist, Guy Montag, is a fireman, whose job is to burn books. The book also contains a mechanical hound, an emotionless, mechanical killing machine that can be sent out to find and destroy free thinkers. The events of the book make him reconsider his views and the work he does. Fahrenheit 451 is often said to be a science-fiction novel. However, in the extracts we read, the elements of social criticism towards censorship cannot be overseen. The majority of people in the book live in a society of highly advanced technology, fast cars, loud music and advertising. There is no room for literature and Bradbury describes how society slowly lost interest in books, first putting them away, then relying simply on titles and finally forgetting about them. It is a far more powerful and interesting way of alerting people to the dangers of technology than writing a newspaper article. In class this was also a conclusion we came to. Many students felt that Bradbury, like Orwell, really was ahead of his time and his work made us think about the world we live in, where we are going and the importance of conversation, reading and other well-tested pastimes. We felt it would be sad if man lost his ability to communicate and had to have a machine to do so. *(474 words)*

3. *How to approach the task:*
__Step 1__ Before you begin your task you must put yourself in the position of this student representative. Only then can you write a piece that could come from a person like that. Who do you represent? What are their views on the matter likely to be? What kind of individual is a students' representative likely to be? In view of the circumstances here, you should refer to the recent incidents at the start of the piece. Feel free to decide on the nature of these incidents yourself. This could be anything from attacks on female students to robberies or other crimes. It would be important to acknowledge these incidents and point out that you take them seriously too.
__Step 2__ Then make a short list of the advantages or disadvantages attached to such a decision. Ask yourself what consequences this decision will have for the students you represent. Will their human rights be infringed? Or their privacy perhaps? Try to convince the reader that you are right thanks to the strength of your argument rather than how you say it.

Step 3 *Be sure to link your sentences well when writing your piece. Argue logically and give examples to back up the points you are making. When you come to your conclusion decide on what your final and most general point should be. Leave the reader in no doubt about your point of view even if you are undecided as to what should be done. Do not forget that this is a highly controversial topic and people tend to have strong views on it. Remain courteous throughout your letter and show the reader that you have given the whole topic very serious consideration.*

While nobody should underestimate the seriousness of the recent incidents in our school, and especially the attack on Professor O'Neill, which have lead to your rash decision, there are a number of important, outstanding points to be made. The school board's decision to authorize video surveillance equipment on school property contemplates cameras inside and outside school buildings and on school buses. Your letter stated that "Cameras would be used where necessary to enhance the safety of persons on school property and to deter destructive acts." As student representative I urge you to complete an impact assessment before introducing any video surveillance policy.

Introduction of a video surveillance policy has huge implications for the privacy of students, staff and visitors and may shape students' understanding of what it means to live in a liberal and democratic society. First of all, the question that must be asked is "why now?" Current statistics show that crime is on the decline across our city. The students' union is worried that the implementation of this technology is simply unnecessary. If the aim is to prevent violence, recent evidence concerning video surveillance leads to doubts about its effectiveness; for example, there were video cameras in Columbine but acts of horrible violence still happened! Accordingly, it is far from clear that cameras actually deter violent acts.

Another key question, unanswered by your letter, is the scope of use. Placement of cameras inside and outside of school property, and on buses, is a far-reaching commitment to the surveillance of students – the vast majority of whom have done nothing wrong. Do they deserve to be treated as criminals? Could the surveillance not be restricted? Must every move we make be recorded? Another vital question is whether there are other options to video surveillance. Consider please whether less intrusive means can be used to tackle the problem. Wouldn't greater human supervision be better to keep a check on suspicious characters. A further worry and major disadvantage is the cost of this technology. Video surveillance is seen as a cheaper alternative to other options, such as additional personnel, but have you conducted a comprehensive study of the costs of this technology? Cameras are not a one-time capital investment. Instead, they require constant maintenance. Moreover, the cameras will view and record student behaviour that is, while not perfect, also not violent or destructive. Students will be recorded while talking to friends, holding hands and engaging in a wide variety of acceptable behaviour. Is this what we want? There is no question but the technology can be abused. Cameras can also be used to profile students – some may be the subject of increased surveillance because of ethnicity, appearance, past history or other reasons. I would ask you to reconsider your decision and to consult the student population of this fine college before rushing down a big brother road we may one day regret we use. We should put people before machines!

Yours faithfully,
John Diamond *(487 words)*

Abiturprüfung Hessen 2007 – Englisch Grundkurs
Vorschlag B – Food and Genetic Engineering

Food and Genetic Engineering

Margaret Atwood's dystopian novel is set in the first half of the 21st century. Jimmy is a student at the old-fashioned Martha Graham Academy; Crake attends Watson-Crick University, owned and sponsored by a company of that name. Jimmy visits Crake:

Compared with Martha Graham, Watson-Crick was a palace. At the entranceway was a bronzed statue of the Institute's mascot, the spoat/gider – one of the first successful splices, done in Montreal at the turn of the century, goat crossed with spider to produce high-tensile spider silk filaments in the milk. The main application nowadays was bullet-proof vests. The CorpSeCorps[1] swore by the stuff.

The extensive grounds inside the security wall were beautifully laid out: the work, said Crake, of the JigScape[2] Faculty. The students in Botanical Transgenics (Ornamental Division) had created a whole array of drought-and-flood-resistant tropical blends, with flowers or leaves in lurid shades of chrome yellow and brilliant flame red and phosphorescent blue and neon purple. The pathways, unlike the crumbling cement walks at Martha Graham, were smooth and wide. Students and faculty were beetling along them in their electric golf carts. Huge fake rocks, made from a combo-matrix of recycled plastic bottles and plant material from giant tree cacti and various lithops[3] – the living-stone members of the Mesembryanthemaceae[4] – were dotted here and there. [...]

Next they went to NeoAgriculturals. AgriCouture was its nickname among the students. They had to put on biosuits[5] before they entered the facility, and scrub their hands and wear nosecone filters, because what they were about to see hadn't been bioform-proofed[6], or not completely. A woman with a laugh like Woody Woodpecker led them through the corridors.

"This is the latest," said Crake.

What they were looking at was a large bulblike object that seemed to be covered with stippled whitish-yellow skin. Out of it came twenty thick fleshy tubes, and at the end of each tube another bulb was growing.

"What the hell is it?" said Jimmy.

"Those are chickens," said Crake. "Chicken parts. Just the breasts, on this one. They've got ones that specialize in drumsticks too, twelve to a growth unit."

"But there aren't any heads," said Jimmy. He grasped the concept – he'd grown up with *sus multiorganifer*[7], after all – but this thing was going too far. At least the pigoons[7] of his childhood hadn't lacked heads.

"That's the head in the middle," said the woman. "There's a mouth opening at the top, they dump the nutrients in there. No eyes or beak or anything, they don't need those."

"This is horrible," said Jimmy. The thing was a nightmare. It was like an animal-protein tuber.

"Picture the sea-anemone body plan," said Crake. "That helps."

"But what's it thinking?" said Jimmy.

The woman gave her jocular woodpecker yodel, and explained that they'd removed all the brain functions that had nothing to do with digestion, assimilation, and growth.

"It's sort of like a chicken hookworm," said Crake.

"No need for added growth hormones," said the woman, "the high growth rate's built in. You get chicken breasts in two weeks – that's a three-week improvement on the most efficient lowlight, high-density chicken farming operation so far devised. And the animal-welfare freaks won't be able to say a word, because this thing feels no pain."

"Those kids are going to clean up," said Crake after they'd left. The students at Watson-Crick got half the royalties from anything they invented there. Crake said it was a fierce incentive. "ChickieNobs, they're thinking of calling the stuff."

"Are they on the market yet?" asked Jimmy weakly. He couldn't see eating a ChickieNob. It would be like eating a large wart. But as with the tit implants – the good ones - maybe he wouldn't be able to tell the difference.

"They've already got the takeout franchise operation in place," said Crake. "Investors are lining up around the block. They can undercut the price of everyone else." *(617 words)*

From Margret Atwood, Oryx and Crake, New York (Doubleday) 2003; pp. 199–203.

1 Corporate Security Branch
2 Landschaftsarchitektur in Puzzlemanier
3 auf Stein lebende Pflanzenform
4 Pflanzen, die wie Steine aussehen: ‚lebende Steine'
5 protective clothing
6 safe for humans
7 genetically modified pig used for growing human organs

Assignments

1. Summarize the text. (30 BE)
2. Compare the scientific and economic developments referred to in this text with those dealt with in class. (40 BE)
3. Imagine you have read a newspaper article about a new method of producing genetically modified food in the laboratory. Write a letter to the editor in which you state your views on that issue. (30 BE)

Lösungsvorschläge

Teaching modules referred to:
The teaching modules referred to here are Science and Technology (12.2.I) which is done in year 12 and focuses primarily on topics like science fiction, energy, ecology and electronic media. In this context the text dealt with here is very suitable but it can also be read in the context of a second module, Order, Vision, Change which is done in Grade 13. This module deals with topics such as utopias, revolution, world views, religions and sects, as well as the natural sciences and emancipation. As literary texts the works Fahrenheit 451, 1984, Citizen Cane, Brave New World or Tortilla Curtain are often chosen and Question 3 presupposes a knowledge of a theme central to many of these works.

1. *How to approach the task:*
   Step 1 *Remember to create an introductory sentence that includes the name of the author, the title and even the publication date if you want. It may also refer to the main characters and the setting. This umbrella sentence will give your summary a good framework get you started well. This information should be part of every good summary. It may seem insignificant but you will benefit from including it in your answer.*
   Step 2 *This particular summary is difficult from a linguistic point of view. The content is not that hard to summarise but there will be a considerable amount of dictionary work to be done as many of the words Margaret Atwood uses here are either unusual or words she has invented. Underline what you do not understand and see can you avoid using them in the summary. Ask yourself is it necessary to include the idea contained in the word or can you leave it out.*
   Step 3 *Analyse the text to show how Atwood creates a contrast between the two universities and the effect that seeing the modern Watson-Crick University has on one of the characters. Express what you think is the underlying message or theme of the extract. Do this by producing a coherently written summary which should be about one third in length of the text. Use your own words. It is vital not to take passages directly from the book as you will be punished if you do that too much. As far as the content is concerned it is important to mention what Jimmy thinks of genetic engineering and that many are investing it.*

   The two characters Oryx and Crake in Margaret Atwood's novel of the same name (2003) are the central figures in this extract from a book set in the e 21st Century. They attend completely different universities. Watson-Crick is funded by the private company that gave it its name and is more opulent and nice looking than the old-fashioned Martha Graham University. Watson-Crick has bronzed statues, huge grounds, tropical and colourful flowers created by students and smooth and wide paths. Electric golf carts are used by the students there to get around. Many of the decorative rocks are made from recycled material, a stark contrast to the concrete jungle of Martha Graham.

The two characters are shown around 'Agricouture' by a woman. They have to put on special suits and wash their hands as well as wear masks. Eventually they are shown the latest development at the university – chicken bodies which have no heads! This horrifies Jimmy though he understands what has been done. The woman finds his reaction funny and goes on to explain that the brain functions have been taken out. Crake explains to Jimmy that the students who designed this are going to be rich because they get royalties from this, for which a franchise has been taken out. Jimmy's views are those of people who distrust genetic engineering. Crake concludes by saying that there are many people willing to invest money in the project. The two views of this engineering are therefore placed side by side for the reader in what is a very well-written and interesting extract. *(260 words)*

2. *How to approach the task:*
__Step 1__ The first thing you must concentrate on here is the scientific and economic development mentioned in the text. Read the text one more time and underline or list the developments mentioned. It is these you will have to refer to in your comparison.
__Step 2__ Secondly, consider for a moment all the texts you have done over the past while in English class. What scientific developments were covered? List them. Did you do texts in which economic change was referred to? What exact economic developments were dealt with? When you have finished decide on three or four main developments in both fields which you would like to concentrate on and include them in your answer. It would be helpful if they are similar to the changes mentioned in this extract. However, you may also refer to different changes if you wish.
__Step 3__ When this preparatory work has been completed write a coherent and well-structured answer using conjunctions and other connecting words or phrases. Avoid repeating yourself and consider some of these points:
a) Scientific and economic developments mentioned in the text
   - *Creation of drought and flood resistant tropical blends*
   - *Fake rocks made of recycled plastic bottles*
   - *Creation of new forms of animals and birds built for specific body parts*

b) Scientific and economic developments studied in class
Over the two years when we were preparing for this exam at school we looked at texts which dealt with themes such as:
   - *Energy and climate change,*
   - *electronic media and science fiction*
   - *work and industrialization.*

In this text the author describes fake recycled rocks, made from plastic bottles and plant material as well as headless chickens being bred for special body parts. She also refers specifically to the creation of drought and flood resistant tropical blends.
In class the developments we studied included the mechanical hound in Ray Bradbury's "Fahrenheit 451" and this one could say is as fantastic as anything that Atwood comes up with. However, we also dealt with this theme when studying the short story. In "The Wireless Set" by George Mackay Brown the author describes how the first wireless set came to a Scottish island and the effect it had there. Set at

the time of the second world war it tells the story of how a son, who brings the wireless as a present for his parents, is later killed. The father distrusts the wireless throughout the story and can quote many examples of propaganda they hear on the radio which prove the wireless is not telling the truth.

When his son is killed the father smashes the wireless and the author shows quite clearly that scientific development is not always something positive. In this he reacts similarly to Jimmy, if a good deal more more forcefully. The dangers of scientific development run through both pieces. The economic developments we studied tended to be in non-literary texts. In particular we studied the development of the EU as a market and we examined the boom period known as the Celtic Tiger in Ireland. In this context the economic developments in Ireland were quite different to those of this text such as making money from headless chickens. In particular the Irish banking and building boom as well as the arrival of American software companies is very different to what one reads here. The Irish experience is a real and actual development whereas what Margaret Atwood describes has not yet fully come about. Finally, it is worth mentioning the texts we read on Third World economic development and those on energy.

The developments we read about such as wave and wind power are becoming more and more important. They are not in the least futuristic and all the articles read contained one theme which Atwood does refer to; man's struggle to find new forms of energy and to recycle as much as possible. Her fake recycled rocks deal with a similar theme to that of wave power or wind farms. This shows her awareness when writing the book of themes that were becoming significant for society and proves how excellent a writer she actually is. In fact this extract is a very good example of a text which would have fitted very nicely into our discussions on science and technology and the manner in which things are developing today even if it is somewhat different to the ones we studied. *(410 words)*

3. *How to approach the task:*
Step 1 *It would be important when dealing with this question to have a mix of facts and personal opinions. Refer to the article at the start of your letter and return to it throughout if you feel it necessary. In your conclusion be clear as to where you stand on this issue. Write concisely and to the point. Link your sentences and avoid repetition. Do not shout at your reader but rather convince and persuade him with points supported by facts. Write a balanced letter, not a fanatical one, no matter how much you are convinced of what you say. Also keep in mind that you are free to express opinions in a letter like this which you do not necessarily believe yourself.*
Step 2 *This is a task in which the way you express yourself is important. Therefore use phrases such as "I would like to express my grave concern at", "I firmly believe that" and "It is utterly dishonest to claim that" in order to show your examiner the many ways you have of expressing an opinion. Another way of making a point is to ask a rhetorical question at some stage during the letter. If you are very much against this development do try and show that you are a balanced person by accepting the advantages of such food and making the reader aware that you are not*

questioning the good reasons for wanting this for everybody. Explain that there are two sides to this debate and both must be looked at.

Dear Sir,
As a scientist and father of three children I read your recent article about a new method of producing genetically-modified food with more than a little interest. While journalist Tom Smith is correct in suggesting we need to find better ways to feed our increasingly crowded world, he is of course incorrect in implying that biotechnology is the sole solution. There are two sides to this argument. A number of facts dominate the debate. It is correct to state that there are 800 million hungry people in the world. However, we now produce more than enough food to comfortably feed everyone on the planet, if properly distributed. The question we are faced with however is whether this new method of producing genetically modified food is the correct way for man to be moving in trying to solve this problem. I would like to express my grave concern at the manner in which the European Commission is now issuing approvals for GM crops and such new untested methods as you reported in the newspaper last week. Such methods have never been shown to be environmentally safe or harmless to human beings and animals. I firmly believe that EU actions in "releasing" these GM varieties into the environment and food chain are unlawful.
You may be aware that the EU has recently issued three authorizations which are clearly against the wishes of the great majority of EU consumers and which are designed to keep the Americans happy. Now there are many good things about the EU but these authorisations are not one of them. This is an example of a time when Europe's citizens must make their voice heard. The vast amount of money being put into research on this new method has also come from American sources. Have we completely sold out to political convenience and forgotten about environmental and safety factors? It is utterly dishonest and indeed shameful of the Commission to ignore the wishes of those whom it claims to protect. Genetically-modified crops should be seen as unsafe for human consumption until they are tested. It is up to the developer of the crop, usually the multi-national chemical companies, to prove it is safe. Genetically-modified crops are crops whose fundamental genetic makeup has been modified in the laboratory by introducing genes into the crop from viruses, bacteria or animals. This new method is as unproven as all the others used up until now. For that reason we must proceed with caution in this area and not rush headlong down a road we may live – or not live – to regret. I call on all of us in society who seek a better world for our children to have an open discussion on the matter and make sure we build a better future for everybody.

Yours sincerely,
Tom Dunne *(470 words)*

Abiturprüfung Hessen 2007 – Englisch Grundkurs
Vorschlag C – Ethnic minorities in Great Britain

Faith in their community

Hundreds of sixth-formers are trooping noisily into the gym for assembly. This is central Manchester, and it is a notably multicultural crowd; some of the young Sikh men are wearing turbans, and many of the young Muslim women have colourful headscarves carefully folded and pinned to cover their hair.

They have gathered for a talk given by two fellow pupils as part of a student-instigated Islam Awareness Week, and listen as attentively as perhaps can be expected when the sun is shining outside on a crisp autumn morning.

It seems entirely laudable that sixth-formers should be able to hold this type of event; the surprise comes with the realisation that the assembly is taking place at Xaverian College, a Catholic educational institution.

Having finished running rapidly through the Five Pillars of Islam before the assembled throng, a newly elected student governor, 18-year-old Farquan Naeem, explains why Muslim students had asked to run an awareness event focusing on their religion.

Debunking the myths

"We just wanted to clear a few things up. With things happening like 7/7[1], it's important to explain what our beliefs are. It just shows how great Xaverian is that they encouraged us to do it," he says.

His co-presenter, Yasmin Chowdhury, 17, remarks that there has been a lot of interest from other students. "We've got a stall in the common room for people to pick up leaflets, and they can put their questions anonymously in a box, which we answer later."

"And we've been quite surprised by things people think about Muslims," adds Farquan. "It's good to have the chance to let them know the reality."

With an intake that reflects Manchester's wide ethnic mix, Xaverian College nevertheless explicitly states that its mission is based on the Catholic tradition of universal gospel values, and it requires all students to attend RE[2] lessons and mass on Friday as a college community. Catholic pupils make up just over half of the student population, and – unlike some faith schools – the principal, Tony Andrews, warmly welcomes applications from students of other religions. He has recruited Muslim teachers, and is adamant that the college must be inclusive in everything it does. […]

As the head of RE, John Vernon, points out, dealing with recent terrorist outrages and the war in Iraq has both brought the college community together and tested it.

"I think you have to maintain what the church's philosophy is and you have to maintain a sense of harmony," he says. "Two thirds of Jesus's teachings were about forgiveness. We can't solve the world's problems, but regarding the conflicts that are going on right now, it is a great educational thing for our students to have the opportunity to listen to fellow students whose relatives in other countries those conflicts directly affect." […]

Dr Zarrog Shakanti, a Muslim whose son Mohammed is a pupil, says: "Everybody has his own religion, and the students can, if they wish, go to Friday mosque, and that is good. The way Xaverian is, it's good for integration in society. I know your religion, you know mine and we can chat together and understand each other better. If the college forced the children to do things that were contradictory to my religion, then I would think differently. But it is an open-hearted college. They respect and we should respect, whether our neighbours are Christian or Jewish or non-believers. This is one of the most important parts of Islam."

One obvious aspect of any faith tradition is the sense of community that results from regularly gathering as a group. It appears to be this sense of community that is most valued by the pupils. Though its academic achievements are highlighted as a prime reason for choosing Xaverian in the first place, a telling word that keeps cropping up as students explain what they like about their college is "together". [...] *(646 words)*

by Louise Tickle, The Guardian, December 20, 2005

1 date of terrorist suicide bombing of a bus and three underground trains in London, in which 56 died and over 700 were seriously injured.
2 Religious Education

Assignments

1 a) Summarize the feature story from the "Guardian". (25 BE)

b) Point out the journalist's intentions. (10 BE)

2 Compare the attitudes described in the text with those you encountered in class while focussing on the United Kingdom. (35 BE)

3.1 Discuss if Xaverian College could serve as a model for society. Refer to the US or Australia and an additional country of your choice. (30 BE)

or:

3.2 Discuss if Xaverian College could serve as a model for society. Refer to your reading and/or viewing experience regarding 'models of the future'. (30 BE)

Lösungsvorschläge

Teaching modules referred to:
The material used here refers to the teaching module Tradition and Change (12.2) which includes themes such as the New Britain, multiculturalism and social change. A knowledge of the UK is needed to answer the questions well. However, this text also touches on issues which are part of the Them and Us module. In particular themes like intolerance, ideologies and religion are relevant here. Another of the themes that this text refers to is prejudice and how to cope with it. One of the texts sometimes read with this in mind is Arthur Miller's The Crucible. Other relevant literary works are: A Raisin in the Sun *by Lorraine Hansberry,* Made in America *by Bill Bryson and* Beloved *by Toni Morrison.*

1. a) *How to approach the task:*
__Step 1__ The first thing to do is to underline any words you do not understand and see can you find out their meaning. It is important to understand the text before ever doing the questions. If you still have problems see if you can do without the difficult words in the summary. Then make a short list of the main points before starting your summary. Concentrate on the important points and omit whatever you think is not crucial to your summary. You should be strict about this as a good summary contains the main points and other important information.
__Step 2__ Remember to create an introductory sentence that includes the name of the author, the title and even the publication date if you want. This umbrella sentence will give your summary a good framework and start you off on the task well. Then express what you think is the underlying theme of the extract. Do this by producing a coherently written summary which should be about one third of the text in length. Use your own words. As far as the content is concerned do not forget that this text is mainly about the school itself and its policies of integration.

This feature story from the Guardian newspaper focuses on faith in the community and in particular the position of Islam in UK society. Its main theme however is how schools of other denominations, in this case a Catholic college, can be unifying instruments in society. The author of the text reports on a visit paid to this Catholic college during Islam Awareness Week and she describes all the activities taking place. She also points out obvious differences between the Islamic students and students of other faiths.
Then some of the students are quoted on why it is necessary to have such a week. In particular they place it in the context of 7/7 and commend the Catholic college for helping them. Not only have they informed people about Islam but they too have learned a lot about people's opinions of them. Xaverian College has over 50 % Catholic students on its books but still encourages other religions to attend. The principal of the school says certain political events have brought the school community closer not driven them apart. He stresses the importance of harmony. The value of Xaverian's open-minded policy is commented on by Islamic

parents. They value the fact that they and other religions can meet regularly. Many do accept that Xaverian's academic achievements are a central reason for sending their children there but nevertheless the sense of togetherness prevailing in the school is also another important reason. *(230 words)*

b) *How to approach the task:*
Step 1 *When dealing with this task keep in mind the journalist's intentions when writing it. Ask yourself what you know about the newspaper it appears in. What might the paper wish to achieve by publishing such an article? What kind of an article is it? Is it biased, balanced, well-written, factual? The answers to these questions will give you an idea of the journalist's intentions. You must place the article in the context of the place and time it appeared. Terrorist attacks in England have placed the Muslim community in a difficult position. How might this influence the journalist? Had she a political, social, or cultural motive for writing this article?*

The journalist who wrote this particular article has set out to do a number of things. First of all it is her intention to present an accurate picture of how Islamic and Catholic students are getting on in a school in Manchester. She describes an Islamic Awareness Week which took place there and the attitudes of the various people taking part in it and those who made it possible. To do this she introduces a number of direct quotes. Above all else it is her aim to show the positive aspects of the meeting of these religions at a time when attacks in New York and London are still fresh in the mind. One gets the impression she wants to show that these religions have a future together and are capable of drawing one another for support as well as living together in the one society. She likewise wants to show that the path forward for post 7/7 Britain has to be an all-inclusive one. If we were to ask the journalist what her main intention was when writing this article she would probably have said that she wanted to write a balanced report on Islam and other religions within the education system and how things are working out at ground level at a time when there are huge tensions between them world-wide. Generally-speaking, I believe she has succeeded in doing this. First and foremost she has managed to keep her distance and does not appear to favour one of the religions involved, something which is of course necessary for balanced reporting. *(260 words)*

2. *How to approach the task:*
There is very little to concentrate on here except the various attitudes you have encountered. First of all make a list of the attitudes in the text. Then ask yourself what attitudes you remember from the work you did in class. What did people think of this topic? What opinions did they offer when discussing the theme? Make a second short list of the main points you can remember. To what extent were they similar to those you have read in the text? Get straight to the point in your answer. Begin by describing what the attitudes were and then compare them. There is little

need for a long introduction. Use your knowledge of the UK, its people, laws and ways. Refer to political events and cultural differences. Conclude by describing how things have changed in recent decades.

In some ways this text reflects many of the attitudes we met while studying the United Kingdom. These attitudes were mainly to be found in newspaper and magazine articles which we read while doing the two themes of extreme situations and the post-colonial experience. Many of the articles stressed how possible it was for different religions to live side by side in the UK. Others mentioned the life of Islamic people as a minority in the UK. In one text we read from the Observer newspaper the author, a Muslim and former political radical stressed the need for Muslims to renounce terror. He also emphasised, however, that there was a need for Islamic laws to be changed. He saw himself and fellow Muslims as citizens of Britain not as migrants. When reading a literary extract from the work of Indian Vikram Seth we read of the friendship between two characters Maan and Firoz, one Hindu, the other Muslim, which crossed religious and cultural lines despite the problematic status of both as wastrel sons within their own families. This reflected the belief, similar to that of the author of this article, which is clearly that people from different religions can have many things, including friendship, in common. We did of course encounter other attitudes. We read other material on religious fundamentalism and attitudes that have caused so much grief in recent times i. e the use of violence (e. g. London bombings) by groups such as Al Quaeda. When studying the ethos of the UK we learned that, in many ways, it is a completely different country to that of thirty years ago. Courts recognise racial offences in a way that was inconceivable then and the British have tough laws outlawing discrimination on the grounds of sexual orientation, religion, race, gender and disability. The Human Rights Act provides basic protection to ethnic minorities and lays down some minimum standards. The fact that these changes have occurred is reflected in the article because all those quoted are in favour of integration and bringing religions closer to one another. Such attitudes were not as common thirty or forty years ago when there were not as many foreigners, muslims and other minority groups in Britain. *(370 words)*

3.1 *How to approach the task:*
Step 1 *Read the text carefully and focus on any ideas in it you might refer to in your answer. You must keep in mind that your task here is to discuss the topic so you will have to say what your views on this are. Make a list of the points you think would be relevant to such a discussion. Ask yourself what you want to stress from among these points you have gathered. Then begin your essay with a short synopsis of how the school is presented in the article. Also place this in the overall political climate of the day. Why is a newspaper interested in doing an article on such a school?*
Step 2 *You must now use some examples from other countries to say why or why not such a school can be a model for society. Take examples from the USA or from Australia. What is the significance of the example you are choosing? Make it clear to the reader why you are choosing these examples. Then turn to another country. Think*

carefully about which country you choose. It should be one you know a lot about. Be able to draw on facts, figures and examples from this country to support what you are saying. Link your sentences well and be careful to use English which you are sure of. Finally, conclude with a general comment that rounds off your essay and discussion nicely.

In the article presented here Xaverian College is presented as a role model for the type of school the UK needs to encourage integration and awareness of other religions. It is open in its attitude to Muslims at a time when parts of the Islamic community are in conflict with the rest of the UK and as a Catholic college it does its best to allow other religions explain their beliefs and attitudes. This is undoubtedly the type of school societies need as a model. Regardsless of what country we are referring to, we need schools that bind society together and help us live in a cohesive way. We are all, with one or two exceptions, in favour of a peaceful, understanding world and if this aim is to be reached then we need schools like Xaverian College which teach people to be tolerant at an early age.
In Australia for instance there are problems integrating many minority groups such as Lebanese immigrants. There have been riots because of these problems and it is an issue the Australian government is keen to tackle. The Australian government has sometimes reacted by making it difficult to enter Australia but that is not the answer. Governments need to educate and bring its people together. Only by having schools with these kind of policies can a society hope to have its citizens live in harmony. A good example of another country which needs schools like Xaverian College is the Republic of Ireland. Due to the economic boom and the influx of Poles, Rumanians and other foreign people, over 10 % of people now living in Ireland were born outside of the country and often have poor English. This sudden development has not been without tension and if clashes are to be avoided then the government in Ireland needs its schools to succeed in integrating these new groups of people. There have already been signs of anti-foreigner feeling. Ireland has traditionally always been a conservative country and will be all the better off for these new citizens but only if integration is successful.
If a school is to be a good model for society it should have many different types of students, should also have a mixed staff and seek to fulfil a role in society that brings people together. All schools do need to become much better at respecting the requirements of people from very diverse religious and non-religious backgrounds. And there are improvements they could make: making prayers and worship optional in schools, making a clear distinction between broad-based religious education and confessional religious instruction, recognising more religious holidays and, wherever practicable, being flexible and sensitive about food, dress, sex and relationships, education and other areas where beliefs may come into conflict with normal school practice. If schools can manage to do this and to teach people the need to be tolerant then the consequences for society will be positive.

I think we must look realistically at the world around us, at what is possible as well as what is desirable in a multicultural society, and we must try and see how schools can be models for society.That is what Xaverian College does and why it would be a model for society in places such as Australia and Ireland. *(540 words)*

3.2 *How to approach the task:*
The introduction to this answer may be very like that of the previous answer as both questions start with the same theme. Where your answer needs to vary is in the second part of the question. Consider what you have read on this subject? What views were expressed in that material that would be useful here? Use whatever information you have well. Build good sentences and link them nicely. If you are making a new point write a new paragraph. Try and think of a nice way of ending your discussion. Make sure the English you use is correct and check your work for spelling mistakes.

In this text the school known as Xaverian College is shown as a role model for the type of school all countries need to encourage integration and awareness of other religions. It is open in its attitude to Muslims at a time when parts of the Islamic community are in conflict with the rest of the UK and as a Catholic college it does its best to allow other religions explain their beliefs and attitudes. This is undoubtedly the type of school societies need as a model. Regardless of what country we are referring to, we need schools that bind society together and help us live in together. We are all, with one or two exceptions, in favour of a peaceful, understanding world and if this aim is to be reached then we need schools like Xaverian College which teach people to be tolerant at an early age. It is, however, not the only possibility for a model school of the future.

In a text we read in class it was clear that all over America, parents are opting for something other than the standardized public school offerings, often at great effort or expense to themselves. The choices they are making include home schooling, private schools and in some states, charter schools. Alternative schools for at-risk students have also been in existence for several years. In other words there is, it would seem, no perfect type of model school for the future. This is not a trend limited to America because many countries are witnessing parents looking for better schools for their children. In my opinion the model school of the future must be open to all, aware of the benefits of diversity and in step with the technological developments of the time while at the same time stressing self-discipline and traditional values such as reading and writing. In this way we will have schools which prepare our students for life and create a better society.

For that reason I think that the Labour government in Britain has achieved a great deal in education. We read in class of how £2 billion are being invested in school building under the Blair / Brown government. Under the scheme, every child will be educated in a 21st Century environment within 15 years. Schools are being rebuilt or upgraded to provide flexible, attractive learning environments that teachers want to teach in and pupils want to learn in. Xaverian College is one of these and definitely fits the picture of a role model for society.

We also read about a college called Blyth College which aims to tackle low student aspirations in the former coalmining community, and address the long-term unemployment which has afflicted generations of families in the town. The new building houses extended facilities for community use – a library, opening learning centre, cyber café, sports and leisure facilities, crèche and a Youth Support Centre. This to me is the way forward. We need to expand our idea of what a school is and what it should achieve. Schools can be a model for society if only we give them a chance.

(510 words)

Abiturprüfung Hessen 2007 – Englisch Leistungskurs
Vorschlag A – Human Rights

Shashi Tharoor: Are Human Rights Universal?

The growing consensus in the West that human rights are universal has been fiercely opposed by critics in other parts of the world. At the very least, the idea may well pose as many questions as it answers. Beyond the more general, philosophical question of whether anything in our pluri-cultural, multipolar world is truly universal, the issue of whether human rights is an essentially Western concept – ignoring the very different cultural, economic, and political realities of the other parts of the world – cannot simply be dismissed. Can the values of the consumer society be applied to societies that have nothing to consume? Isn't talking about universal rights rather like saying that the rich and the poor both have the same right to fly first class and to sleep under bridges? Don't human rights as laid out in the international covenants ignore the traditions, the religions, and the socio-cultural patterns of what used to be called the Third World? And at the risk of sounding frivolous, when you stop a man in traditional dress from beating his wife, are you upholding her human rights or violating his? [...]

Historically, in a number of non-Western cultures, individuals are not accorded rights in the same way as they are in the West. Critics of the universal idea of human rights contend that in the Confucian or Vedic traditions[1], duties are considered more important than rights, while in Africa it is the community that protects and nurtures the individual. One African writer summed up the African philosophy of existence as: "I am because we are, and because we are therefore I am." Some Africans have argued that they have a complex structure of communal entitlements and obligations grouped around what one might call four "r's": not "rights," but respect, restraint, responsibility, and reciprocity. They argue that in most African societies group rights have always taken precedence over individual rights, and political decisions have been made through group consensus, not through individual assertions of rights.

These cultural differences, to the extent that they are real, have practical implications. Many in developing countries argue that some human rights are simply not relevant to their societies – the right, for instance, to political pluralism, the right to paid vacations (always good for a laugh in the sweatshops of the Third World), and, inevitably, the rights of women. It is not just that some societies claim they are simply unable to provide certain rights to all their citizens, but rather that they see the "universal" conception of human rights as little more than an attempt to impose alien Western values on them.

Rights promoting the equality of the sexes are a contentious case in point. How, critics demand, can women's rights be universal in the face of widespread divergences of cultural practice, when in many societies, for example, marriage is not seen as a contract between two individuals but as an alliance between lineages, and when the permissible behavior of womenfolk is central to the society's perception of its honor?

[...] Recently, the fiftieth anniversary of the Universal Declaration was celebrated with much fanfare. But critics from countries that were still colonies in 1948 suggest that its provisions reflect the ethnocentric bias of the time. They go on to argue that the concept of human rights is really a cover for Western interventionism in the affairs of the developing world, and that "human rights" are merely an instrument of Western political neocolonialism. One critic in the 1970s wrote of his fear that "Human Rights might turn out to be a Trojan horse, surreptitiously introduced into other civilizations, which will then be obliged to accept those ways of living, thinking and feeling for which Human Rights is the proper solution in cases of conflict."

In practice, this argument tends to be as much about development as about civilizational integrity. Critics argue that the developing countries often cannot afford human rights, since the tasks of nation building, economic development, and the consolidation of the state structure to these ends are still unfinished. Authoritarianism, they argue, is more efficient in promoting development and economic growth. This is the premise behind the so-called Asian values case, which attributes the economic growth of Southeast Asia to the Confucian virtues of obedience, order, and respect for authority. The argument is even a little more subtle than that, because the suspension or limiting of human rights is also portrayed as the sacrifice of the few for the benefit of the many. The human rights concept is understood, applied, and argued over only, critics say, by a small Westernized minority in developing countries. Universality in these circumstances would be the universality of the privileged. Human rights is for the few who have the concerns of Westerners; it does not extend to the lowest rungs of the ladder. *(798 words)*

From Shashi Tharoor: Are Human Rights Universal?, World Policy Journal, Vol. XVI, No. 4
www.mtholyoke.edu/acad/intrel/tharoor2.htm
This article was adopted from the first Mahbub-ul-Haq Memorial Lecture, South Asia Forum, October 1998. The rest of the essay from which this article is excerpted contains a refutation of the arguments cited here.

1 ancient Indian tradition

Assignments

1. Summarize the text. (30 BE)

X 2. Australia is "one of the world's successful multicultural societies which enables the appreciation and acceptance of diversity to flourish."
   Mr. Mike Smith, Australian Permanent Representative to the UN Commission on Human Rights, 21 March 2005; https://www.dfat.gov.au/hr/comm_hr/chr61_item6.html

   Analyse to what extent this official Australian self-assessment is compatible with your background information on Australia. Refer to texts read in class. (35 BE)

3. "… when you stop a man in traditional dress from beating his wife, are you upholding her human rights or violating his?" (ll. 12–13). Discuss. (35 BE)

Lösungsvorschläge

Teaching modules referred to:
The material used here refers in particular to the Them and Us teaching module (12.1.III) and the assignments set here rely on what the students have learned in the course of their study for this module. The emphasis is mainly on the race relations issue in the USA. In this context one of the central aspects focused on is Martin Luther King and the Civil Rights Movement. For the assignments here however the teaching module Ideals and Reality (13.3.III) is also relevant. This concentrates among other things on slavery, violence and legal inequality. Reading material for these two modules include To Kill a Mockingbird, Lord of the Flies, Tortilla Curtain *and* The Grapes of Wrath.

1. *How to approach the task:*
   Step 1 *When asked to summarise a text it is important to keep the following points in mind:*
   - *Read the text carefully a number of times.*
   - *Underline all important points you intend to refer to as you are reading.*
   - *Use your own words to summarise the text. Do not take the information word for word from the text.*
   - *Concentrate on the main points in the extract. With this in mind you should note that a summary is usually about one third of the text in length. This means that it is as important to decide what information you do not need as it is to identify the main points. It is also important to remember that a good summary will help you analyse the text better and make it easier to answer questions 2 and 3.*

   Step 2 *In this task you also need to keep in mind how the author presents the message and line of argument. Write down a relatively simple version of the line of argument used. Start your summary with an umbrella sentence which acts as a frame for the rest of the account you give. Do not forget to state early on what it is that critics dislike about the whole idea of human rights. Ask yourself what arguments they use? Likewise mention the author'ss reference to the difference in many cultures between duty and rights. Another vital point is the fact that very often poor countries are too busy dealing with poverty to concentrate on human rights. Finish your summary by rounding everything off with one general sentence stating the main message of the article.*

   In this lucid and well-structured 1998 essay from the World Policy Journal, Shashi Tharoor discusses the whole issue of human rights as understood in various parts and cultures of the world. The author points out that some critics see human rights as primarily a Western idea. Internationally-defined human rights ignore, for example, the beliefs and way of life of the Third World. The author explains that in many traditions duties take precedence over rights. In Africa community is more important than the individual. Political decisions in Africa for instance are the result of groups agreeing on something rather than individuals asserting themselves. The author points to another argument made, which is that human rights are simply not relevant at a practical level because of cultural differences. For many cultures human rights is just a Western way of forcing Western values on them. The issue of women's rights is also difficult because not all cultures see marriage as the joining together of two individuals! Many of the former colonial countries also argue that human rights is just a means of spreading modern Western neo-colonialism. With this in mind the author quotes one critic of human rights who sees them as a "Trojan horse" used to introduce Western beliefs into other societies. Many developing countries, it is also argued, cannot concentrate on human rights because they are doing far more important tasks like rebuilding the country. In this case tough rule from above is more effective than promoting human rights. In Asia restricted human rights are often said to be good for the group even if it is bad for a small number of people. In short, the author concludes, human rights is very much a Western privilege. *(280 words)*

2. *How to approach the task:*
   Step 1 *Make a brief list of the important points you want to make. These might include the different cultures in Australia you wish to refer to, the unusual mix of cultures one finds there, the positive governmental actions towards helping people of different cultural backgrounds to get on with one another. The laws exist there concerning this topic are also likely to be important. Do you know of any concrete examples of clashes between cultures in Australia?*
   Step 2 *Note what texts you have read on this subject and what facts or figures you know that you could incorporate into your answer. Are there any other instances from Australian life and culture you could mention that would be of help?*
   Step 3 *Put your points and arguments about multicultural Australia in a logical order to give your answer a good structure. This will reflect the structure and line of argument you find in the text itself. Link these points well and come to a general conclusion.*

A number of facts which we learned in school as part of a background introduction to the topic are very relevant here. We learned that one in four of Australia's 20 million people was born overseas. We also read in a newspaper article that over 200 ancestries and 200 languages have played a part in defining what it means to be Australian. As everyone knows there are many cultures in Australian society and this makes the start of this quotation very compatible with what we learned in class. Our teacher taught us that Australian culture is a mixture of the cultures and traditions of indigenous people who live there as well as those of people of European and Asian origin. In many ways there is no doubt about the accuracy of this statement because Australia is a multi-cultural society of diverse origins and traditions.
In another text we read that the concept of "fair go" i.e. as the idea that everyone should get a fair go at life and be treated equally is very important in modern Australia. It is also true for instance that the Australian government does a lot to allow diversity to grow and thrive. Racial discrimination is outlawed and it fosters human rights in schools and universities. There have been initiatives to build relationships between people from different cultures and traditions.

However, the situation in Australia is not as perfect as the government and many Australians would have us believe. According to another text we read, there were racial riots in Sydney in 2005-6 and there have been further reports of ethnic groups fighting each other on the beaches since. And this fact is not just something one reads in the newspapers. Even the government watchdog on racism recently said that racism is alive and well in Australia. Many groups feel isolated and the sudden rise of political personalities like Pauline Hanson (she got about a million votes in June 1998) and her One Nation Party shows that some Australian people embrace xenophobia.
According to an editorial in an Australian newspaper we read, there are many who believe people that Lebanese people come from an inherently inferior culture. Nevertheless, it should be pointed out that Australia has allowed millions of migrants to become citizens, a large percentage of whom come from non-English-speaking countries. As a result, 20 per cent of all Australians come from such families. It is impossible to have a multi-cultural society of this nature without having some problems and it is safe to conclude that, as a society, Australia does help diversity flourish even if it occasionally experiences difficulties. *(430 words)*

3. *How to approach the task:*
Step 1 *Establish in your introduction how important an issue human rights has recently become. Give historic or modern examples of this. Quote the United Nations and examples of major breaches of human rights. In order to do this make a short list of historic events you might refer to. When you have done this you may like to give a short definition of what we actually mean by human rights.*
Step 2 *Write a solid argument on this case because it is a highly controversial question so you need to make a coherent argument for the opinion you support. Link your sentences well and express your opinion in a forceful and varied manner. Use phrases like "I firmly believe", "I do support the idea that …" and "I am against (or for) …". While writing your answer, keep the main question in mind. Remember you must say why you think you would be upholding her rights or violating his. Be clear about where you stand. Come to a definite conclusion even if you support both arguments or can see two sides to the discussion.*

This thorny question is far from easy to answer. The contentious issue of human rights has become more and more important in recent years. With each fresh case of war in countries across the globe the matter of human rights is soon raised. This has recently been the case in Guantanamo Bay and in Ruwanda, to cite two examples. The seeds for this development were sown at Nuremburg and when the United Nations was founded. In recent years the setting up of the European Court of Human Rights (1950) has meant that dictators who carry out mass murder during military operations may have to answer for their crimes. This is undoubtedly a positive development. Human rights as understood in western societies refers to the basic rights and freedoms to which all humans are entitled, including the right to life and liberty, freedom of thought and expression, and equality before the law. However, as the text correctly identifies, our definition does depend a little on our cultural background, on the society we live in, on the people we grow up with. The author successfully shows where the problem lies. Not only does he identify the issue of human rights as a means of imposing western values on other societies but he also says that some people see women's rights as a case which highlight the difficulty of working towards universal human rights when varying definitions of marriage exist all over the world. In my opinion human rights are vital if all people are to be treated fairly and equally regardless of where we live. So how are we to answer this question? Whose rights would we be violating in such a situation? I really believe violence of all sorts to be wrong except in the case of self-defence. Therefore any argument that a woman's duty is to do what her husband, family, tribe or society tells her, and that violence may be used to enforce this, is not one I agree with. Were I then to find a man in traditional dress beating his wife I hope I would stop him and there could be no question of my violating his human rights. I might be questioning his authority and undermining his position but I do believe in basic rights which cross all boundaries, barriers and societies. As well as this I also stand firmly behind women's rights and am against violence towards women. The world has long become small enough that nearly everyone knows what basic human rights are and the excuse that one belongs to a traditional society and therefore can beat one's wife is not a valid one. To conclude then there is little doubt in my mind that by stopping the beating I would be upholding her human rights as a person and doing the right thing.

(460 words)

Abiturprüfung Hessen 2007 – Englisch Leistungskurs
Vorschlag B – Extreme Situations

Stephen Amidon: Human Capital

Shannon and Jamie are high school seniors; Ian has dropped out of school and now works in a deli. As Shannon's boyfriend Jamie kept getting drunk, she left him. One night, however, she is called to a party because Jamie has had too much to drink.
She and Ian, her new boyfriend, go there. Shannon drives Jamie home while Ian takes Jamie's Jeep Wrangler back and hits a cyclist. Shannon picks Ian up at Jamie's house. On the way to Ian's place, they see bystanders attending to the victim of the accident.

"Look, Shannon, it was an accident, all right? The car just – I was downshifting, and when I hit the gas, I mean, it just lurched away from me. It was like a rocket taking off. And the next thing I knew this guy appeared out of the middle of nowhere."

"I know it was an accident."

"Then what possible reason would there be for me to get myself arrested? If he was still lying out there or they needed my blood or something … he's not going to get any better with us calling the cops. I get busted[1] and that's it for me."

He folded his arms across his chest and bent forward slightly. Shannon put her hand on his back and could feel his body shaking. Headlights appeared on Totten Pike. They watched through the picture window as a car drove by without slowing.

"We'll wait until morning," she said.

He put his head back on her lap. She began to stroke his hair.

"Hey, Ian?" she asked after a while. "How come you drove the Jeep all the way back to Jamie's?"

"I thought it would be easier."

"But what happened on the hill?" she asked softly.

"I don't know. I wasn't even going that fast. It just … the car just sort of jumped. It was like the thing was driving itself. I thought …"

"What?"

"I don't know what I thought."

He began to cry, a rhythmic stutter of his breathing, his hand gripping her knee. She thought he was shivering at first. She'd never seen him cry before. After a minute of this she felt something hot soak through the fabric on her thigh. Tears. He stopped after that. He was so still that she thought he'd fallen asleep. She slid out from under him, getting one of Ginny's misshapen handmade quilts from the closet to put over his body. But when she came back to the sofa, she saw that his eyes were wide open. There was nothing behind them. They were all pure brilliant surface.

"I thought you were asleep."

"I don't think I'm ever going to sleep again."

She covered him, and then they watched the television with the sound turned off, a Hartford station, evangelists and infomercials, a guy with big rubber gloves cutting up baked chickens. […]

Finally, just as light was beginning to leak through the trees across the highway, the local morning news broadcast started. They turned on the sound. The story came on a good ten minutes into the program. […] The newscaster explained that the police were appealing for witnesses in a hit-and-run accident involving a Totten Crossing man named Robert Jarvis, who was in serious condition at Mercy Hospital. The whole thing took no more than thirty seconds of airtime.

"Serious," Shannon said. "What does that mean?"

"It means he's alive."

She knew it meant more than that but kept quiet. They watched the news on another station, but there was nothing there. Shannon turned off the television.

"So what are we going to do?" she asked.

"Nothing."

"Ian, we can't just do nothing."

He looked out the picture window at the rocky yard. She put her hand on the back of his neck. The muscles were rigid.

"Okay," he said, taking a deep breath. "If he's hurt badly, I mean, you know, really *serious,* then I'll turn myself in. But if he's just, if he's going to get better, then I won't. That's – that's all right, isn't it?"

Shannon nodded, even though she knew it wasn't all right. And then she thought of something else.

"But what if they figure out it was the Wrangler?"

"Okay. That, too. If they start asking about the Wrangler, we'll call them."

They went to his room and lay on top of the covers, keeping their clothes on. They didn't say anything, and Shannon must have drifted off, because the next thing she knew it was very bright in the room, a harsh, headachy light that seemed to be coming from a closer sun. Ian was sitting at his desk, drawing furiously in one of his pads[2]. He hadn't slept. He hadn't been anywhere near sleep.

"What time is it?" she asked.

He closed the pad and looked at her.

"Late morning. Everything's cool."

"I'd better go," she said. "See what's happening."

He nodded unhappily.

"Call me."

"Ian, I'm not going to let you go through anything alone."

"And you won't tell anyone unless we decide together, right?"

"Ian, I promise."

They kissed for a while, and she allowed herself to believe everything was going to be all right. But once she was away from him, the magnitude of what they were doing returned. Keeping the accident a secret had seemed possible when she was lying with him in the quiet house, the world nothing more than passing traffic. But as she drove back into Totten Crossing, moving among all the regular people doing regular things, parents spending money and taking their kids places, she knew this was just an illusion.

From Stephen Amidon, Human Capital, New York (Viking), 2004; S. 190–193. *(844 words)*

1 to get arrested
2 writing/drawing pad

Assignments

1. Briefly outline the situation and describe how Shannon and Ian respond to it. (30 BE)
2. Analyse their moral conflict and compare it to a similarly difficult situation encountered in a text read in class. (40 BE)
3. Discuss whether choice or chance plays a more important role in modern man's life. (30 BE)

Lösungsvorschläge

Teaching modules referred to:
This text refers to, and is mainly based on, the teaching module Extreme Situations (Extremsituationen) (12.2.III) As a module Extreme Situations focuses on individuals facing challenges, war, moral dilemmas and disasters. Very often it is a case of man against all odds. Among the many literary focal points for this module the following works are frequently studied: Joseph Heller's Catch 22, Dreamer by Charles Johnson, White Teeth by Zadie Smith and Dubliners by James Joyce.

1. *How to approach the task:*
   ***Step 1** Read the text a number of times and make sure you underline or note any points you consider important in relation to the position they find themselves in. The differences in the characters, their plight and their reactions should become clear to you. This is a stress situation and people react differently to stress. One of the characters has possibly killed a man, the other is his friend but also a witness to the crime. To answer the question properly you must keep this in mind. It is also worth keeping in mind that this question is very much like a summary and needs to be handled accordingly.*
   ***Step 2** Make a short list of reactions to the position they are in because this will help you describe their response to the problem. Take a close look in particular at lines 1-35. Ask yourself how the two of them are coping with the strain. Ask yourself which of them is in control/losing control? Draw attention perhaps to Ian's denial and his physical response to the whole problem. Can you find any evidence of emotions in the text? Is there any phrase you would like to use as a quotation? Quotations should be used sparingly to be used effectively. Likewise, concentrate on Shannon's mature and cool-headed response to the situation. Write a thorough answer which begins by summarizing the situation in a line or two. Then go on to describe their response. Above all else it is the end of the passage, which describes Shannon's predicament as she is driving away, which shows the moral dilemma she is in. Do not finish your answer to the question without mentioning this.*

   Two young people who are going out with one another find themselves in a highly-charged and serious situation after one of them, Ian, knocks a man down and injures him seriously. They are driving in a car and pass the scene of the accident where other people are helping the injured man. In the conversation they are having the reader can clearly hear the two contrasting responses to the crisis. Ian, the culprit in this case, explains how the accident happened and immediately says it would not make any sense to go the police and get arrested for something that really wasn't his fault. His physical actions "folded his arms across his chest and bent forward slightly" show us the pressure he is under and shortly after he starts shaking. Soon after this he starts to cry and he holds on tightly to Shannon's knee before finally going very quiet. He is losing control and strikes the reader as very scared. Shannon on the other hand is, and has to be, more composed. She asks him a few questions and tells him she believes what he says. Then she tells him they should wait until morning to do anything about it and she strokes his hair to try and soothe him. The next morning when they hear the man is seriously injured it becomes clear how opposed their responses are. Ian still wants to do nothing, Shannon secretly believes he may have to hand himself in. Ian is very clearly in denial and has started to behave as if he did nothing wrong. She shows herself to be loyal, however, when she promises not to tell anyone about the incident but the scene closes with her driving away, fully aware that what they are doing is wrong. *(290 words)*

2. *How to approach the task:*
***Step 1** There are two parts to this question and both must be carefully approached. The first part concerning the moral conflict in the story is one which should concentrate on Shannon primarily as she is in a better position to think clearly and understand the rights and wrongs of the moment. This is the easier of the two tasks. Explain clearly what the conflict is and why it has arisen. What is Shannon's predicament? How is she likely to resolve it? Do you think it possible she will turn Ian in or will she remain true to him and keep her mouth shut?*
***Step 2** Then you need to choose some piece you have read which can be compared to it. Make sure you know the piece of your choice well. It would be very good if you could even put in a quote or two from it. It is most important to compare the difficulty of the situations you are describing. Ask yourself what is so difficult about your example. Is it a moral dilemma or some other problem? Describe the situation accurately and compare it with the situation Ian and Shannon find themselves in.*

The moral conflict in this piece is one which concerns both parties. Ian has seriously hurt a person who is now lying in hospital. The police are looking for witnesses to something that has now been termed 'a hit and run' accident. In other words Ian's conflict now is whether to go to the police and say he was the driver of the car in question. He however is so frightened of what will happen to him that he seems not only reluctant to do the right thing but incapable of it. Shannon's moral conflict comes from the fact that she is both Ian's girlfriend and an honest citizen. What then should she do? It becomes clear to the reader as the text extract develops that Shannon is having increasing doubts about staying quiet. By the end of the extract she has subconsciously come to the conclusion that they cannot leave things the way they are. The conflict is of course not only a moral conflict of right and wrong but also one which has the potential to split the couple. If Shannon remains true to Ian she will say nothing and protect him. If on the other hand she is to do the right thing it will almost certainly lead to Ian's arrest and imprisonment. It is therefore a situation which needs to be resolved and that is something they both could do. The interest for the reader lies in how they will actually do that.
Another work full of moral conflict of a similar nature is the short story Eveline by James Joyce. In that story Eveline agrees to go away to Argentina, a distant unknown country, with her boyfriend Frank. This will not only mean leaving home but also getting married. Just like in the extract here there are many reasons for Eveline taking one particular action. Frank is a good man and he has a home ready for her. She

knows Frank loves her and she has a bad relationship with her father who is given to violence. He refuses to give her money and one of Eveline's brothers is dead. Yet despite all the reasons she has for going Eveline also finds herself in a moral dilemma of sorts. Is it right to go? She is not sure whether she should leave home. This growing doubt makes Eveline almost ill with worry. In Eveline's case she is paralysed by the problem facing her and in many ways never actually answers the moral question to be answered. This is not the case with Shannon. One feels that Shannon will come to a decision and resolve her conflict herself. She seems more level-headed and positive than Eveline, who fits very nicely into the kind of character Joyce often created in order to portray the paralysing effect Dublin and Ireland had on people. *(470 words)*

3. *How to approach the question:*
Step 1 *When writing an essay or comment it is crucial to have arguments and examples to back up your conclusions, attitudes or opinions. More than anything else it is the ability to express your opinion, rather than what your opinion actually is, that will get you good marks. At the start make a list for yourself of all the examples you might call on in the course of your answer. These will help back up the opinions you decide to voice. Prepare your comment well before you start writing.*
Step 2 *Structure your essay carefully with an introduction, paragraphs and conclusion. Do not use all your arguments at the start. Feel free to come down on the side of chance or choice or to come to a general conclusion that is a mixture of opinions. Make sure you link your sentences well and avoid repeating yourself. Remember that content is an important part of your answer and should be made up of a number of points. You should also pay attention to your conclusion. The conclusion allows you the chance to sum up exactly how you feel about this question and to give the reader your final verdict on the matter. Leave the reader in no doubt as to where you stand on this issue and round off your essay well.*

This is an old question that basically all comes down to whether we consider freedom of choice more significant in our lives than fate or chance. Was it Julius Caesar's decision to go to the senate that lead to his death or was it a chance event that would only have happened on the Ides of March? The smart answer to this question is probably that he should have listened to his wife! When we make a choice we ascribe qualities such as right or wrong, good or bad, better or worse to certain alternatives. A student may say I will study French and English because I am more suited to languages and my job prospects are better. There is, in my opinion, no doubt about choice's importance in our lives. That is why parents think about the type of school they send their children to, about the type of friends their children have and the partners they choose at a later stage. Decisions are taken for us which have a huge influence on the people we become and the futures we experience. People in the democratic world are repeatedly told how lucky we are to have freedom of choice, the ability to vote and so on. I generally agree with this and feel that freedom of choice is a crucial element in a healthy world.

Often we pay for the choices we make. In the case of people who choose a career they are unsuited to, the wrong choice can lead to depression, broken homes, ill health or death. Likewise, the decision to choose to drink, smoke or take drugs can have a hugely detrimental influence on our lives. The American President chose to drop the atomic bomb in 1945. Are those who support determinism going to say that his choice was not made independently and did not have huge consequences for us all? It must be admitted however that many people make very few choices in life, simply preferring to say yes (or no) to most things without having real reasons for their decisions.
Generally-speaking, I believe that choices, when independently made, are far more important than chance is in our lives. Nevertheless, it would be foolish to rule out the importance of chance moments, meetings, accidents or decisions all of which can influence us and our futures. Is it not chance that brings two people together at a night club, who may then decide to spend the rest of their lives with one another. Is it not chance that sometimes means we are in a fortunate or unfortunate position at a certain time when a bomb goes off, when a doctor is needed, when a freak storm strikes? Choice remains, as far as I am concerned one of the most important aspects of out lives but there will always be a place for bad luck, good luck and chance timing that places men and women in important places within the context of their whole lives.

(490 words)

Abiturprüfung Hessen 2007 – Englisch Leistungskurs
Vorschlag C – The Australian Dream

Remembering Babylon

The following text is an excerpt from the novel 'Remembering Babylon' by David Malouf. Ellen and Jock McIvor, whom the narrator describes here, grew up in a mining town in Scotland and emigrated to Australia around 1830.

His flesh, when his sleeves were rolled, had none of the dead marble whiteness she knew from her brothers and associated with the sunless world underground. It glowed. You felt the heat of it right through his shirt. It carried a scent of grass and clean sunlight she had longed for all her life, or so she believed, in the dismal world she had grown up in, where everything was smudged and smirched with coal dust and even the air you breathed was gritty, and the taste in your throat always of tar.

He had wanted them to go to Canada. That was what he offered, along with himself. But when they got down to it, Australia seemed the larger choice. There was land there and sunlight (she could not wait) and spaces, he told her, they could barely conceive of here. But she could. Sunlight and space were the first things she had glimpsed in him.

They arrived in Brisbane in a January swelter. The town, its muddy streets made passable by duck boards[1], its houses, huts rather, mere makeshift[2] affairs of bark and iron among dark, glossy-leaved figs, was a low place, sunk in a steamy torpor where everything the flesh touched was damp and the flesh itself damper, and the air had a sweetish smell just this side of putrescence[3]. The drunkenness they met in the streets had a desperation to it that made her wonder what there might be in the place, given so much space, that could madden the men and made the women so pinched and colourless.

It was not what they had expected. Jock turned gloomy, and she saw for the first time then that the sunniness she had seen in him was not his real nature. She was the one who had to insist that the heat was not too bad, or the steamy rain when it gushed down, or the clouds of mosquitos that blew in from the mangrove-choked islands in the river's mouth, and whose bites made his eyelids swell; or the cockroaches, big as wrens[4], that came flying in at every open window and ran over their faces in the dark; or the delays.

A different kind of balance was established between them in these first days in the colony, as if, in coming halfway round the world, they had arrived not so much at a new place as a new accommodation with their own natures.

The delays went on, their money dwindled; they had to take cheaper lodgings where they were separated into dormitories, male and female, and still there was no sign of the land they had been promised. At last, when it was clear that they could expect nothing of others and must act for themselves, they left Brisbane for the Darling Downs[5], he to work as a general hand on a big holding, she as a housemaid.

And Jock, in his disappointment, his shame too, perhaps, at having promised her so much and provided so little, began to refine in himself the stringy, hard-bitten qualities of dourness[6] and harsh self-discipline that the land itself appeared to demand, and which, for all the fierceness of its own sunlight, dashed out the last of sunniness in him. She had Janet, then lost a little boy, then a girl.

They stuck it out, saved what they could, and when land was opened in the unsettled districts beyond the Burdekin[7], came north. She had left more of herself than she dared consider in the rooms of the homestead whose wide verandahs she had scrubbed and in the copper[8] where week after week, on Mondays, she had boiled the household wash; most of all in the two small graves she knew she would not see again, under the black soil in the grove of the bunyas[9]. *(685 words)*

From David Malouf: Remembering Babylon, New York (Vintage), 1994; pp. 74–75.

1 wooden planks
2 temporary solution, better than nothing
3 putrefaction, process of rotting
4 small brown bird
5 about 80 miles north of Brisbane, west of the Great Dividing Range
6 hardness, appearance of unfriendliness
7 732 kilometres long, running north along the coast of Queensland, first discovered in 1845
8 big pot
9 a large pine tree

Assignments

1. Summarize the text. (25 BE)
2. "A different kind of balance was established between them …" (l. 24). Analyse the changing relationship between Ellen and Jock. (40 BE)
3. Compare Ellen's and Jock's hopes and experiences with ideals and realities of the American Dream. (35 BE)

Lösungsvorschläge

Teaching Modules referred to:
The main point of reference is the Teaching module Promised Lands: Dreams and Realities (13.1.1) which focuses on countries such as Australia, Canada and New Zealand among others and concentrates on themes such as new worlds, modern utopias and cultural traditions. Authors like Doris Lessing, David Lodge, Zadie Smith, Hanif Kureishi, and Bernhard Malamud are read in this context. Assignments of this nature expect the student to have a solid understanding of the history of Australia and how the country was conquered. Likewise the relationship to Britain is important. With regard to Question 3 knowledge of the American Dream is essential.

1. *How to approach the task:*
   This text is quite a compact one and full of detail. This makes the summary a little bit more difficult so underline the important parts as you read it. You will have to decide what to include and what to leave out. Don't forget to use your own words to summarise the text. This applies to everything you write. Change 'mad' to crazy, for example, or 'flesh' to body. 'Muddy streets' can become "dirty roads". Likewise, 'Jock had first wanted to go to Canada' can be also described by saying that Canada had been Jock's first choice. In other words do not take the information word for word from the text. It is also absolutely vital to concentrate on the main points in the extract. There is a substantial amount of information contained in the adjectives. Pay attention to them. Decide which ones to include by using alternative words or phrases. Discard whatever you consider superficial or incidental. Consider what might be referred to but which could also be omitted. Keep your summary to about 30% of the original text.

   In this extract from the novel "Remembering Babylon by David Malouf we meet Jock McIvor, a man who Ellen McIvor found attractive because of his glowing, scented body which was a stark contrast to the dirty, dismal place she grew up in. Canada had been Jock's first choice but they emigrated to Australia. The more they examined Australia the clearer a choice it became and Ellen was excited by the prospect of land and light in quantities she had never known before. Brisbane however was a damp, dreary disappointment with its high level of drunkenness, unpleasant climate, dirty roads and makeshift housing. Ellen could not work out what it was about the area that drove men crazy and took the colour from women's faces.
   This unexpected side of life down under made Jock depressed. Suddenly Ellen had to be positive and this altered their relationship somewhat. Money became scarce and they had to take cheap lodgings. They had found no land so they left Brisbane and travelled to Darling Downs where they both got poor jobs. Jock became very harsh and dour and suddenly there was no happiness and light in him any more. They had a child but lost two others. Eventually, they went further north. However, she was not the same person now and her time spent working as a maid had taken its toll on her as had the loss of her two babies whose graves she knew she would never view again.
   (240 words)

2. *How to approach the task:*
Step 1 *You have already touched on their relationship in the summary. Now you need to look at it in greater detail. In particular you should focus on the changing nature of their relationship and the way in which Australia changes it. Examine both characters closely. Pay attention to detail. Ask yourself a number of simple questions: What was the nature of their relationship before they left for Australia. What happened to that relationship when they got there? Make a list of things which you can use as back-up material in your answer. Concentrate on the woman and her role in the relationship. How has that role changed in the course of the text? Australia is the common denominator in their relationship so it is important for you to assess how it altered them and their lives together.*
Step 2 *Begin with a description of their relationship as we initially meet it. Then move on to life down under and how that changed them. Take a close look at the language of the text. Underline phrases such as "Jock turned gloomy" or "A different kind of balance was established" and use them in the course of your answer. Consider not only their changing relationship but also try and see them as a married couple over the course of their lives together.*

The relationship starts as one of a dominant and optimistic husband who paints a bright picture for his wife of the new life they will have in Australia. Positive and excited by the prospect of making a fortune down under, Jock convinces Ellen of this future. At this stage he is very much the driving force in their relationship and she is content to go along with his dream. When they get to Australia however things are not quite as he or she imagined. Life is tough, the climate difficult, the towns are ramshackle and the future bleak. Above all else the present is a very trying affair. They have to work hard and he gets depressed because they do not get the land they were promised. They move from place to place and with every move and new experience the relationship changes a little. She suddenly has to encourage him and keep him going. Her importance to the relationship grows. She has to stay positive because he is down and finds life tough. The new world makes them come to term with the real nature of their own personalities and of the alliance that the marriage is. Jock feels guilty at not having kept his promises to her and this makes him very dour and self-disciplined. They are both together, sticking it out, hoping for success but they have become older and tired and the zest and hope and optimism in their early relationship has dwindled away. They, in their partnership, have tackled the continent and its effects are there to be seen. The reader does get the impression that love is still at the heart of their life together but a certain stoicism and resignation has taken over. Either way Jock is no longer the strong and vigorous leader he once was and she is now as important as he is. *(312 words)*

3. *How to approach the task:*
Step 1 *It is important here to show that you know how to explain what we mean by the American Dream. It will impress your examiner if you can give a simple definition of it. After you have done this, frame your answer around this beginning. Com-*

pare the experience of the two people who are referred to in this text to that of settlers in America. In what ways are they alike? Can you give examples of the realities that people faced in such situations? Now look at the text and decide what the reality for Jock and Ellen was like? Did they make their fortune? That would have been the ideal conclusion for them. What pain and suffering did they experience once they reached Australia? Was their reality like that of American settlers? How common was their experience? In this context there are two parts to the answer; the ideal and the reality. Do not concentrate on one at the expense of the other.
Step 2 *Write a coherent answer and link your sentences well. In this question it would be very effective to use one or two quotations from the text. Select them carefully. It is important to draw attention to the fact that the ideal and the reality are very far apart as Jock and Ellen experience them. Conclude with a general comment that serves as a summary of your point of view on this matter.*

As we know the **American Dream** is the conviction held by many in the United States that through hard work, courage and determination one can achieve prosperity. These are the beliefs, held by many early European settlers, that have been passed on to subsequent generations. The whole concept of the American dream has developed over the years and now states that everything is possible there for those who are prepared to work for it. The reality of this dream is of course somewhat different and many people have paid a huge price while pursuing this dream. We all know of the men and women who achieved fame or wealth in the USA but there have been many more for whom the journey to America and the new life there cost them a great deal in health, finance or hardship. For every miner who struck gold ten times as many turned to drink or died in the course of their search. Nearly all of these people identified with their new world completely and saw their future and their children's future there. In this and in many ways Jock and Ellen are similar to many of the settlers who arrived in the USA. Australia is their future. At the start of the extract we learn of their great hopes, of the land and sunlight and spaces in Australia and that Ellen firmly believes in Jock's dream. By the end of the text however we learn that he has become gloomy, Australia was "not what they had expected" and "their money dwindled". Finally, they have to move on because nobody is handing them land on a plate and they take badly-paid jobs. Life proves to be tough there and she loses children. Their Australian dream is not what it was supposed to be and they are very like the American settlers in the fate they suffer. They do at last settle down but the years there have taken their toll, they have grown old and so has the dream. To sum up we can say that their dream was as hopeful and promising as any American version. In fact it doesn't really matter that they went to Australia. The reality of this dream or ideal was also harsh and painful and exacting in much the same way as that of many Americans before them. *(390 words)*

The Danger Zone

The national unemployment rate came in at 4.5 percent last week and was generally characterized as pretty good. But whatever universe those numbers came from, it was not the universe that black men live in. Black American males inhabit a universe in which joblessness is frequently the norm, where the idea of getting up each morning and going off to work can seem stranger to a lot of men than the dream of hitting the lottery, where the dignity that comes from supporting oneself and one's family has too often been replaced by a numbing sense of hopelessness.

What I'm talking about is extreme joblessness – joblessness that is coursing through communities and being passed from one generation to another, like a deadly virus. Forget, for a moment, the official unemployment numbers. They understate the problem of joblessness for all groups. Far more telling is the actual percentage of people in a given segment of the working-age population that is jobless.

Black men who graduate from a four-year college do reasonably well in terms of employment, compared with other ethnic groups. But most black men do not go to college. In big cities, more than half do not even finish high school. Their employment histories are gruesome. Over the past few years, the percentage of black male high school graduates in their 20s who were jobless (including those who abandoned all efforts to find a job) has ranged from well over a third to roughly 50 percent. Those are the kinds of statistics you get during a depression.

For dropouts, the rates of joblessness are staggering. For black males who left high school without a diploma, the real jobless rate at various times over the past few years has ranged from 59 percent to a breathtaking 72 percent.

"Seventy-two percent jobless!" said Senator Charles Schumer, chairman of Congress's Joint Economic Committee, which held a hearing last week on joblessness among black men. "This compares to 29 percent of white and 19 percent of Hispanic dropouts." Senator Schumer described the problem of black male unemployment as "profound, persistent and perplexing."

Jobless rates at such sky-high levels don't just destroy lives, they destroy entire communities. They breed all manner of antisocial behavior, including violent crime. One of the main reasons there are so few black marriages is that there are so many black men who are financially incapable of supporting a family. "These numbers should generate a sense of national alarm," said Senator Schumer.

They haven't. However much this epidemic of joblessness may hurt, very little is being done about it. According to the Labor Department, only 97,000 new jobs were created in February. That's not even enough to accommodate new entrants to the work force. And then there's the question of who's getting the new jobs. According to statistics compiled by the Center for Labor Market Studies at Northeastern University in

Boston, the only groups that have experienced a growth in jobs since the last recession are older workers and immigrants. […]

Instead of addressing this issue constructively, government officials have responded by eviscerating[1] programs that were designed to move young people from disadvantaged backgrounds into the labor market. Robert Carmona, president of Strive, an organization that helps build job skills, told Senator Schumer's committee, "What we've seen over the last several years is a deliberate disinvestment in programs that do work."

What's needed are massive programs of job training and job creation, and a sustained national effort to bolster the education backgrounds of disadvantaged youngsters. So far there has been no political will to do any of that.

You get lip service. But when you walk into the neighborhoods and talk to the young people, you find that very little, if anything, is being done. Which is why the real-world employment environment has become so horrendous for so many. *(637 words)*

Bob Herbert: The Danger Zone. From The New York Times, 15.03.2005

1 to eviscerate: to cut down on; to reduce

Assignments

1. Summarize the text. (30 BE)
2. Explain and comment on Senator Schumer's statement "These numbers should generate a sense of national alarm" (l. 31 f.), taking into account concepts of the American Dream. (35 BE)
3. Relate the situation Herbert describes to the role education and work play in a utopian or dystopian society read about in class. (35 BE)

Lösungsvorschläge

Teaching modules referred to:
The text and questions dealt with here relate to the main teaching module USA (12.1) focusing in particular on the American Dream. In this case however other modules are also touched on, such as Work and Industrialization *(12.2) and the module known as* Order, Vision, Change *(13.1). Special focus points in this case are the themes of utopias and dystopias. The text the students have to read and answer questions on is one which has unemployment, and in particular black unemployment in the USA, as its main theme.*

1. *How to approach the task:*
   Summarizing a text is a skill in itself which, once learned, can produce good results in tests. Your first step should be to create an umbrella sentence that refers to the name of the author and the title the extract comes from. You may also mention some of the characters or the main theme. The function of this sentence is to give the reader an idea of what the whole summary is about but also to allow you, as the writer of this summary, to build a good framework and get started well. It is worth keeping in mind that most good summaries start with a strong first sentence. In this particular text there are some words which you will need to look up the meaning of before starting your summary. These include "a numbing sense" (line 7), "profound, persistent, perplexing" (line 27) and "to bolster" (line 46). After you have worked out the meaning of these and the rest of the text, the main task facing you is to underline the points you consider important. Now it is time to write your summary. Begin with the umbrella sentence. Continue with a description of the main points and make sure to do this using your own words as far as possible and not those of the text. In this summary you should concentrate on matters such as the position unemployed black men find themselves in and the consequences this has for them as well as the communities they live in. Do your best to include as much background information as possible without writing too long a summary. As a guideline this summary should be about 200 words in length. You should link your sentences well, use varied vocabulary and show the examiners that you have fully grasped what you have read.

   In this text which appeared in *The New York Times* on March 15, 2007, the writer, Bob Herbert, tackles the difficult issue of black male unemployment. He starts by mentioning the fact that although the unemployment rate in the USA in March 2007 was down to 4.5 % black men face a very difficult situation when looking for work and many of them live in a hopeless world. The only exceptions to this are those black men who have graduated from college. The problem here lies in the fact that very few black men go to college. This is worst of all in cities. The author then quotes a number of statistics to prove his point and quotes a politician who finds the situation extremely worrying and unrelenting. Such rates of unemployment, the author points out, lead to antisocial behaviour and trouble for communities. Crime rises and such men are unable to feed their families. Government has not responded well to this crisis according to the author. Instead cutbacks have been introduced and job training programmes which are much needed have not been set up. As a result, no matter what the figures say, joblessness is a horror many people are experiencing.

(202 words)

2. *How to approach the task:*
Step 1 *It is important here to show that you know how to explain the Dream itself. A simple definition of the dream will suffice. Before doing this you might consider making a brief list of the information gathered in class and the books you have read and studied which referred to the American Dream. Ask yourself questions such as 'What is the American Dream?' or 'In what areas of life in America would one find it? Who best typifies a person who achieved the American Dream.' With regard to this question you should also consider how relevant the American Dream is for black, unemployed people.*
Step 2 *Having done this you must now turn to the statement itself. It is your job to explain it in your own words and to pass a remark on it. Ask yourself questions in this context. Do you agree with the statement? Why? Why not? Is the statement over the top or very accurate? Describe your opinions carefully and in good English. Use simple structures rather than long-winded sentences which may lead to mistakes. Always remember that mistakes cost you points.*

The **American Dream** is a term used to describe the idea that all citizens have the right to achieve their goals in life through hard work. A phrase that often goes hand in hand with the Dream is that it is the classic "rags to riches" scenario whereby a person, often an immigrant, manages to achieve wealth and a high standard of living by means of his own ideas and hard work. Although the term "American Dream" is often linked with immigrants, native-born Americans can also be described as "pursuing the American Dream" or "living the American Dream". The first point to make is that, as we have learned in the text, this dream is something which cannot be applied to unemployed black people in the USA.
Secondly, the American Dream means different things to different people and that is highly significant in the light of the question posed here. Senator Schumer's statement that "these numbers should generate a sense of national alarm" is said in his capacity as Chairman of Congress's Joint Economic Committee. Congress is a body which represents American people but it is mainly full of white people. Thus, the fact that many black men are unemployed goes against the whole idea of America being a place which allows people to achieve their dreams. On the contrary black men are turning to crime and anti-social behaviour to get money and recognition. The statement itself can be briefly explained. The Senator means that the high level of jobless black men is something the whole nation should be very concerned about. I think he is perfectly correct. A racial imbalance in the jobless figures can only be bad for America. It heightens the danger of racial unrest between black and white, leads to higher crime figures and also creates a sense of bitterness in the black communities who feel they are living in a divided USA. Worse still the danger of riots and trouble

on the streets increases because of this. Most of all America is supposed to be a place where everyone can achieve what they want to. If we talk to black unemployed men however that is not what they will tell us. America does not help them to achieve their dreams, it is not the great place it is made out to be in movies and books.
I feel the Senator may not have been thinking about the American Dream when he made this statement but no doubt he would concur with all those who say such figures are something America has to deal with. His statement is straight to the point, accurate and a warning cry for all those prepared to listen. The fact that a man in his position says such a thing adds further weight to his words and he probably hoped to achieve something by saying it. *(475 words)*

3. *How to approach the task:*
The first thing one might like to do when answering this question is to define exactly what a dystopia is. Having done that briefly it is worth jotting down what books you are going to refer to and then setting out points regarding the role of work and education in those books. This is a question where you should not make the mistake of going on about topics in the books you have chosen which have little to do with work and education. This question is very specific – it centres on these two themes and you must stick to them. The final task is of course that you compare what you know of these themes in literary works to what Herbert says in the essay presented before you here. Establish what exactly he says and then ask yourself a few questions. Is what Herbert says in any way similar or different to what has been written in the books you have chosen. To what extent could some of the horror scenarios you will refer to also happen in the USA based on the worries expressed by Herbert? Think about this and come to a conclusion.

The word **dystopia** relates to a vision of a society that is the opposite of utopia. Therefore when we speak of a dystopian society we are describing a state in which the conditions of life are extremely bad, and there is a great deal of human misery, poverty, oppression, violence, disease, and pollution. A classic example of a dystopia would be the kind of society described in George Orwell's *Nineteen Eighty-Four,* Ray Bradbury's *Fahrenheit 451* or to a lesser degree, Margaret Atwood's *Oryx and Crake.*
In his article, gloomily titled *Danger Zone,* Bob Herbert does paint an exceedingly bleak picture of life for the jobless blacks in the USA. Not only does he refer to the breakdown in community life but he also describes how some of them turn to crime and the whole issue worries him so much that he quotes Senator Schumer who said that "these numbers should generate a sense of national alarm". For Bob Herbert work and education are vital if we are not to slip towards a desperate future. However, in *A Clockwork Orange* the protagonist, **Bev Jones**, is faced with the death of his wife, who was in hospital when it caught fire and because the firemen's union was striking, the hospital burned to the ground. Industrial unrest then is an immediate factor in the book's plot. Bev reacts badly to this, particularly because he has a history of having lost work because of other union decisions. Eventually he finds

work as a confectioner but goes to work one day despite his union being on strike. His membership is revoked, making him unemployable. He, like some of Herbert's African Americans, turns to crime and is caught, only to be sentenced to re-education. In this we see a correlation between Herbert's jobless black people and Bev.
Herbert wants "massive programs of job training". Herbert and Burgess both tell us that unemployment drives men to despair and extreme actions. At the state facility Bev revives his teaching career but things go from bad to worse and he eventually kills himself. The message is a depressing one; having had a job as a lecturer he then loses it and a series of run-ins with unions and the state cost him his wife, his job, his life. Re-education is not the solution he needed. Herbert wants young black men to be trained in order to make up for the education they did not receive at high school. One wonders what Bev Jones would say about that.

Work is present too in Ray Bradbury's *Fahrenheit 451.* At the very start of the novel Montag describes the pleasure of burning. He describes his tools, the nozzle, the kerosene, his hands working, his helmet. It gives him a sense of importance and this is something many of the black Americans Bob Herbert refers to lack. Some of them turn to crime to find this importance. Montag cleans all his clothes and boots after work, he shines his helmet. He meets the girl and describes kerosene as perfume. This is something jobless men can rarely do. However the negative side of his job soon becomes clear. The burning of books is the result of many factors but at heart it is an issue of self-education, an ability that Bradbury's society has thrown away. It is something that jobless Americans need according to Herbert.

Education, or its failure, is often at the heart of dystopian works and Margaret Atwood's *Oryx and Crake* novel is no different. For instance she describes how the two male characters pursue different educational paths: Crake goes to the famous Watson-Crick institute to study science but Jimmy ends up at the Martha Graham Academy, where he develops a love of words, now considered a waste of time. The importance and stress on education in this work relates even more closely to what Herbert says in his article. There can be no doubt but that the danger Bob Herbert is warning us about is dystopian by nature; he is afraid that society will experience a collapse similar to what we read in books like the ones we have read in class.

(691 words)

What Life is About

The novel is set in contemporary London. Nina Savani, the first-person narrator, is of Indian descent.

I turned on the computer and looked out of the window. The buildings were grey and dreary and set against a grey winter sky. So many times I had sat looking out of this window, imagining the sky to be orange, wishing that I could soak up the rays of an orange sky, fly out of the window and have the courage to do something else, something that gave me meaning.

I had been working at Whitter and Lawson for the last three and a half years, representing all kinds of artists but mostly those who had issues over copyright or needed contractual agreements with galleries drawn up. [...] I'd always wanted to be a painter and so I worked with artists. But my job wasn't really about art, it was about making money, dealing with boosting egos. Feeling increasingly cynical and secretly thinking that I could do much better. But I couldn't – it wasn't really rejection I feared, it was disappointing my father and sabotaging his investment in the *Encyclopaedia Britannica*.

I'd known I wanted to be a painter since the age of six. My brain had always had difficulty engaging with my mouth and I was unable to fully articulate any emotion except on paper. So anything I felt, I produced in a swirl of finger-painted colours that nobody could quite manage to understand. [...] My parents didn't hang the pictures on the fridge door with a magnet – they didn't know that that is what you were supposed to do with the nonsensical pictures that your children produced. They didn't even lie and tell me how good they were. Instead, the pictures were folded up and binned while my father would sit with me and read me bits from the *Encyclopaedia Britannica*, extracts that even he didn't understand. He was preparing me for a career in law, or 'love' as he mispronounced it.

His career choice for me was not based on any long-standing family tradition. He was a bus driver and I think he just wanted to give me the best possible start, and make sure I would not have to face the instability that he had suffered. That's why when the encyclopaedia man came round when I was young and sensed the aspirations my father had for me, he blatantly incorporated me into his sales pitch by saying that the books would set me on course for a high-flying career. My dad bought the whole set, which he could clearly not afford, taking on extra jobs like mending television sets so he could buy the entire set and receive the latest volume, year after year.

At sixteen, when I expressed a desire to go to art college he went ballistic[1] and didn't speak to me for weeks. When he did it was to say, "Nina, I have not sacrificed the life so you can do the hobby, the lawyer is a good profession. Not that I am pressurising[2] you, not that I came to the England to give you the good education and work every hour and make sacrifices."

Put that way I could clearly see his point. So I did an art A level without him knowing about it – just in case, by some miracle, he changed his mind. He didn't and so I went to university to study law.

Whitter and Lawson was where I did my training, and I worked incredibly hard so that they would give me a job after I had finished; at least that way I could be around artists and connect with their world. […] I pretended, pretended that I was lucky to have a job and make lots of money and be in that world. My dad always said this was what life was about – working hard, being disciplined, making money, surviving in a 'dog eating the cat' world. *(645 words)*

by Preethi Nair: The Colour of Love, London (HarperCollins) 2004, pp. 17–19

1 very mad
2 to put pressure on

Assignments

1. Summarize the text. (30 BE)
2. Analyse and comment on the father-daughter relationship, taking into account the situation of Asian immigrants in Britain. (35 BE)
3. Relate Nina's pursuit of happiness to aspects of the American Dream discussed in class. (35 BE)

Lösungsvorschläge

Teaching modules referred to:
The task here deals with a literary text and the main teaching module concerned is that of The United Kingdom *(12.2) which is part of the compulsory curriculum dealt with in Grade 12. Social structures and social change (ethnic minorities) are relevant topics in this particular area. The text used here also allows for reference to the USA (12.1). In this context the text is most suited to dealing with the theme of* The American Dream. *It also ties in with a number of other themes which are often dealt with in class such as* Work *or* Promised Lands: Dreams and realities.

1. *While this text is not a particularly difficult one from a linguistic point of view there are a number of phrases and words you may have to look up the meaning of in your dictionary. These include "a swirl of" (line 15), "nonsensical" (line 18), "sensed the aspirations" (line 26) and "blatantly" (line 27). Finally, the phrase "dog eating the cat" which appears in line 40 may also cause problems as it is not accurately reproduced by the speaker. As a guideline this text summary should be about 200 words in length. You should link your sentences well, use varied vocabulary and show the examiners that you have fully grasped what you have read. For further advice please read the instructions given with the first summary in this year's papers (GK 2008-3).*

The extract here is taken from *The Color of Love* by Nair Preethi, a book which was published by Harper Collins in 2004. In this piece we meet Nina Savani in her office at the London law firm, Whitter and Lawson, where she has been for three and a half years. Her company represents artists in copyright disputes and this compounds her unhappiness at work because she always dreamed of becoming an artist herself but never received encouragement from her parents. In particular her father, who bought a Britannica to help her education, always wanted her to be a lawyer and made financial sacrifices so that she could achieve what was in effect his dream. At the age of 16 she tried to get her father to agree to let her go to Art College but he reacted angrily. She persisted by secretly doing an A level in art but he won out in the end and made her study law. This process is what has made her the lawyer she is today, unhappy, successful and still wishing she had gone her own way. Above all, there is the sense in this piece that she does not agree with her father's definition of life and the need to be disciplined and wealthy. This explains the title of the piece "What Life is About". *(223 words)*

2. *How to approach the task:*
The main factor to be kept in mind when answering this question is that the father-daughter relationship is at the heart of the extract so it is also going to be the main part of this answer and one which you will need to find evidence of in the text. Without this evidence you will not be able to fully and satisfactorily answer the question. However, it is will also be important not to forget the second half of the question and this goes beyond the text somewhat. You need to ask yourself what the situation of Asian immigrants in Britain actually is today and to what extent this text reflects that situation. It may be a help to consider what you have done on immigrants in Britain with your teacher and also what novels you may have read that would throw light on the situation. Start by going through the text looking for evidence. After you have done that decide on the best things to use in your answer. As this is an analyse and comment question you must interpret and say what you think of the material you have read. Point out the opinions obvious in the text and feel free to express your view of them. Write a coherent and well structured piece in which you link your sentences well with one point flowing into the next. Conclude with a sentence that sums up your feelings and attitudes on this topic.

This piece has the relationship of father and daughter as its central theme. The reader learns early on that Nina has always wanted to be a painter and artist. Likewise the fact that she feels under pressure not to disappoint her father is significant and we soon discover that her father has been planning her future career for many years ever since he took on extra work to pay for an Encyclopaedia Britannica in order to get her first foot on the ladder to a legal career and wealth. Their relationship develops along these lines with her bus driver father living out his dream of a better life for him and his family via the pursuit of her better education and career. Eventually she tries to take the situation in hand and talks to him about her dream of art college but his extreme reaction shows that their relationship is at heart an unhealthy one in which he is the dominant force and she is unable to break free of his dictatorial grip and manipulative hold. Even when she secretly does an Art A level this has no effect and he refuses to budge on his decision that she should become a lawyer. This struggle, so common all over the world, is the heart of the extract and the binding force between them. Sadly it is also what keeps them from being truly close and one senses that she bitterly resents his stance on this matter. Her father's love is a real love but it is suffocating and she is not the better for it. As long as he can make plans for her future he can show his love, once she wants something important from him his love vanishes. Her father's lack of education and the blackmailing tactics he is prepared to use in order to get his way are also worthy of mention in this piece. The words: "Nina, I have not sacrificed my life so that you can do the hobby …" tell their own sorry tale. Their relationship is all about him being able to say to people back home that his daughter is a successful lawyer, that his decision to go to England was justified, that he has done well for himself and his family. In this sense he is using and abusing her in a cruel way. Their relationship is probably quite typical of many Asian families in Britain. Having arrived in the UK at a time when cheap labour was needed, the father, an uneducated man, is driven by a desire to give his daughter a better education. The father's English sounds no way near the level of the daughter's. She is educated and earns a lot of money, things he cannot say. She is aware of the fact that people nowadays tend to stress how important it is to be happy at work, something he is not. For him work is work and you need discipline if you are to achieve a goal. Arty tendencies do not belong in his narrow world. In my opinion this father is highly unkind to his daughter. *(521 words)*

3. *How to approach the task:*
Before you begin your task you must put yourself in Nina's position while at the same time recalling all you did in class on the theme of the American Dream. It is important here to show that you know how to explain the Dream itself. Make a brief list of the information gathered in class and the books studied. Ask yourself questions such as What is the American Dream? In what areas of life in America would one find it? Who best typifies a person who achieved the American Dream? The final aspect you will have to consider is the fact although this text is based in London the question refers to the American Dream. How can that come about? It may be best to begin your answer with a definition and then to move on to discussing Nina.

The **American Dream** is often defined as something that allows all citizens to achieve their goals in life through hard work. The meaning of the dream has changed over the years and people have interpreted it in their own way. However, it is the classic rags to riches scenario whereby a person, often an immigrant, manages to achieve wealth and a standard of living by means of his own ideas and hard work. Although the term "American Dream" is often linked with immigrants, native-born Americans can also be described as "pursuing the American Dream" or "living the American Dream". The term "American Dream" first appeared in a history book by James Truslow Adams entitled *The Epic of America* which was published in 1931. At first glance one would think that Nina is a typical example of someone who has achieved the American Dream albeit in the United Kingdom. She comes from an immigrant family, has received a good education and is now a wealthy, successful lawyer. However one element is missing. Nina has not found happiness. Aspects of the American Dream such as the UK as the land of plenty and the land of opportunity are quite clearly relevant here. She has found opportunity and has got a good job. She and her father are typical of the immigrants who come to the United States or any other country with hopes and aspirations that have become known as the American Dream. They both want to achieve something by means of hard work. Life and the pursuit of happiness, both enshrined in the US Constitution are present in her life, liberty however is not. Her father does not allow her the freedom she needs to achieve what she wants and this crucial element is missing. There is no doubt but that her father's pursuit of a career for her makes her wish more difficult to achieve. His attitude is as stringent as those of some of the characters in *Tortilla Curtain,* a novel we read and discussed in class. The book mentions the anti-immigrant attitudes of people who were against allowing immigrants in to America to pursue their dream. The father's extreme belief that Nina should become a lawyer reminds me of the intensity we saw in those characters, even if he is at the other end of the spectrum as an immigrant. In this sense Nina's father, by holding on to traditional values and to traditional beliefs of what success is and how it is to be achieved, differs somewhat to parents in America. In America the individual is at the centre of things. It is the individual's ideas, hard work and his singular pursuit of a dream that count for something. In this extract, however, Nina is expected to do as her father wishes. Not only that but she too must show the discipline he has shown by taking on extra work to buy books for her. She must return the favour by achieving a high salary and a good job. Nina's pursuit of happiness is tied directly to the father's. It is as important that she achieves success for his sake as for her own. This is different and is to some extent particular to her position as the daughter of an Asian immigrant in Britain.

Finally, it is worth mentioning that the fact that this whole episode takes place in London and not New York shows us the extent to which the term American Dream can now be used to talk about any immigrants or citizens seeking happiness in a new country. *(595 words)*

Abiturprüfung Hessen 2008 – Englisch Grundkurs
Vorschlag C – Genetic Engineering

You can't eat public relations *August 2000*
by Naomi Klein

"This rice could save a million kids a year." That was the arresting headline on the cover of last week's *Time* magazine. It referred to golden rice, a newly market-ready variety of genetically engineered grain that contains extra beta carotene, which helps the body produce vitamin A. All over Asia, millions of malnourished children suffer from vitamin A deficiency, which can lead to blindness and death.

To get their supposed miracle cure off the ground, AstraZeneca, the company that owns marketing rights for golden rice, has offered to donate the grains to poor farmers in countries such as India, where genetically engineered crops have so far met fierce resistance. [...]

GE[1] foods, originally greeted with rubber stamps[2] from governments and indifference from the public, have rapidly become an international repository for anxiety [...]. Opponents argue that the current testing standards fail to take into account the complex web of interrelations that exists among living things. Altered soybeans, for example, may appear safe in a controlled test environment, but how, once grown in nature, will they affect the weeds around them, the insects that feed on them and the crops that cross-pollinate with them?

What has blindsided the agribusiness companies is that the fight has been a battle of the brands as much as one of warring scientific studies. Early on, activists decided to aim their criticism not at agribusiness itself but at the brandname supermarkets and packaged-food companies that sold products containing "Frankenfoods."

Their brand images tarnished, British supermarkets began pulling products off their shelves, and companies such as Gerber and Frito-Lay went GE-free. In the United States and Canada, environmentalists have set their sights on Kellogg's and Campbell's Soup, parodying their carefully nurtured logos and costly ad campaigns.

At first, the agribusiness companies couldn't figure out how to respond. Even if they could claim that their altered foods had no harmful effects, they couldn't point to direct nutritional benefits either. So that raised the question, Why take a risk? Which is where golden rice comes in. AstraZeneca now has a benefit to point to – not to mention a powerful brand of its own to fight the brand wars with.

Golden rice has all the feel-good ingredients of a strong brand. First, it's golden, as in golden retrievers and gold cards and golden sunsets. Second, unlike other genetically engineered foods, it isn't spliced with ghastly fish genes but rather melded with sunny daffodils. [...]

There are plenty of low-tech solutions to vitamin A deficiency. Programs already exist to encourage the growth of diverse, vitamin-rich vegetables on small plots, yet the irony of these programs (which receive little international support) is that their task is not to invent a sexy new sci-fi food source. It's to undo some of the damage created the last time Western companies and governments sold an agricultural panacea[3] to the developing world.

During the so-called Green Revolution, small-scale peasant farmers, growing a wide variety of crops to feed their families and local communities, were pushed to shift to industrial, export-oriented agriculture. That meant single, high-yield crops, produced on a large scale. Many peasants, now at the mercy of volatile commodity prices and deep in debt to the seed companies, lost their farms and headed for the cities. In the countryside, meanwhile, severe malnutrition exists alongside flourishing "cash crops" such as bananas, coffee and rice. Why? Because in children's diets, as in the farm fields, diverse foods have been replaced with monotony. A bowl of white rice is lunch and dinner.

The solution being proposed by the agribusiness giants? Not to rethink mono-crop farming and fill that bowl with protein and vitamins. They want to wave another magic wand and paint the white bowl golden. *(618 words)*

by Naomi Klein: Fences and Windows, HarperCollins, London 2002, pp. 87–90

1 genetically engineered (genetic engineering)
2 gladly and speedily
3 Allheilmittel

Assignments

1 Summarize the text. (30 BE)

2 Show how Naomi Klein gets her critical attitude across to the reader. (35 BE)

3.1 You are to give a speech to 'Young Entrepreneurs', a group of young businesspeople in your community, on the relationship between profit-making and the environmental and health concerns of the population. Title: "They call it 'Frankenfood', we call it 'Healthfood': Free research and competition lead to a better future." (35 BE)

or:

3.2 You are to give a speech to the local chapter of 'Greenpeace', on the relationship between profit-making and the environmental and health concerns of the population. Title: "They call it 'Healthfood', we call it 'Frankenfood': On the dangers of the business mentality." (35 BE)

Lösungsvorschläge

Teaching modules referred to:
The tasks set here focus on the main teaching module Order, Vision, Change *(13.1) with emphasis on progress in the natural sciences. However, knowledge of the module* Work and Industrialisation *(12.1) and the themes business, industry and the environment is also required to be able to deal with the questions properly. Both years of study and the work completed therein are therefore relevant to the task in hand. The theme of the text itself is therefore one which crosses many borders and is a central aspect of study for this subject. Not only that but it is dealt with in other subjects also.*

1. *Your summary here should be between 155 and 210 words. This equals about one quarter to one third of the overall text. It is important to remember to use the present tense as well as to avoid direct speech. As this is quite a hard task there are a number of phrases and words you may have to look up the meaning of in your dictionary. These include "repository" (line 11), "blindsided" (line 17), "warring" (line 18), "Frankenfoods" (line 20) and "volatile" (line 43). For further advice please read the instructions given with the first summary in this year's papers (page 2008–3).*

   The main theme in this account taken from the book *Fences and Windows* which was published by HarperCollins in London in 2002, centres on a new type of rice, produced by a company called AstraZeneca. The author of this piece, Naomi Klein, explains how this new type of genetically-engineered rice has offered huge numbers of underfed children the hope of getting adequate supplies of vitamin A so needed to fight illnesses such as blindness. The rice, which is to be given to the poor farmers of India free of charge, is one the GE type foods that are now so controversial. These so called Frankenfoods have their supporters and opponents and those against such foods targeted the companies who produce them. British supermarkets refused to sell these products and the companies were lost for words and ideas as to how to react. This rice with the fantastic brand name does however promise real benefits and is one of their strong, positive-product answers. Most of all it holds out the possibility of replacing the diet monotony that developed as a result of the Green revolution when farmers were forced towards single crops designed for export and people had to eat the same thing for every meal, with something golden and healthy. *(210 words)*

2. *How to approach the task:*
   The clue to answering this question correctly lies in carefully reading the text again and underlining any words or phrases you find which you feel reveals something about the way the author thinks. The question itself tells you that Naomi Klein has a critical attitude and that should set you on your way. What does she say that expresses an opinion or criticism of one sort or another? Whose side is she on? By the time you have finished reading the text it should be very clear to you whose side she is actually on. Look for sarcastic comments, rhetorical questions and strongly worded statements in order to find evidence to back up your answer. Anything that tells you

what she thinks should go into your answer. Don't forget to consider and include her use of an interesting headline as well as simple facts when going about this task. Try and write at least 300 words and make sure you find some way of summing up your assessment when you are finishing your answer. Write good, straightforward English and avoid writing sentences that are too long or too complicated.

The author begins this account by immediately making the reader aware of her doubts concerning this matter and in particular her attitude towards the agribusiness. We clearly gather that she is not fully convinced by the "arresting headline" she read in the magazine. However, even before this, the title of the article shows us whose side the author is on. You can't eat public relations is another way of saying that she does not believe all the jargon that she hears in the sales talk of the company representatives pushing such products. She uses sarcasm in line 6 when she refers to the "supposed miracle cure" and then goes on to refer to the anxiety that people feel about these products. Phrases such as "marketing rights" and "packaged food companies" drop regularly and freely from her agitated pen. She is clearly upset by this topic but manages to retain her calmness in a most professional way. She refers to the tests carried out and uses words like "may appear to be safe". She links the words 'agribusiness' and 'blindsidedness' in one breath and concentrates on the successful campaign waged by the opponents of such food. As a result it becomes clear to the reader that this author is no friend of GE food. She points out that this golden rice is a strategic answer on the part of companies who were initially unable to cope with the criticism and attacks they suffered. She mocks the name chosen for this product – golden rice – and associates it with gold cars, golden sunset and daffodils. In so doing she reveals to the reader how squeaky clean this product is intended to be and raises fundamental questions about it in a very accomplished and almost subconscious fashion. Throughout her article a basic structure can clearly be seen. She refers systematically to the product, the companies that sell these products and to the mistakes of the Green Revolution in such a way that the reader can be in no doubt as to how dangerous these products are. Their makers are not to be trusted she suggests, their product is another in a dreadful line of "panacea" sold to the poorer regions of the world, the GE future is as dangerous as the agricultural past. Another factor we should refer to in the course of this answer is her clever use of questions in the text. This usage strengthens the feeling that Naomi Klein is speaking personally to each and every reader and adds weight to the answers she then provides. Miss Klein is more than adept at expressing her critical attitude be it by using sensational headlines, sarcasm, questions or plain and simple facts (which of course most readers are in no position to question). *(460 words)*

3.1 *How to approach the task:*
Writing a speech is not the easiest question you might have to answer but there are a number of golden rules you may like to follow. First of all imagine the audience before you and speak to them in a polite and measured fashion. Begin your speech with a warm hello and don't forget to say thank you for the invitation, tell a joke if you

can or simply establish the theme as soon as possible. From the very start make it clear what your position is and why you believe it is important to talk about this. Feel free to attack those who take up a different position or who – as in this case – you feel are a threat to the environment, to progress etc. Conclude your speech with what you feel is your most important point and don't forget to say thank you to your audience for listening. To avoid errors in your English choose simpler expressions rather than ones you are not sure of in order to achieve a good standard of English.

Mr Chairman, Ladies and Gentlemen, my fellow entrepreneurs,

Thank you very much for inviting me here tonight to talk to you about this most vital and urgent issue. What they call Frankenfood is of course what we entrepreneurs call health food. Now I think we all know to whom I'm referring when I say 'we'. 'We' are those business people on both sides of the Atlantic who believe and know that the new GM foods of our age are safe, healthy, and constitute a step forward for us all, a step towards a new age in the history of the human race. 'They', naturally-enough, are those who know better. They are the many people, politicians and bureaucrats among them, particularly in Brussels but also in other cobwebbed corners of the world, who have been misled on this issue. They have bought the scaremongering of a small few bandwagon activists and an ever smaller but highly influential group of scientists. By propagating falsehoods, the anti-GM activists are perpetrating the worst possible crime on humanity by denying us many well tested agricultural technology products. This is a situation we must all strive to change.

Tonight I would like to draw your attention to the need that now exists to allow further free research and competition in the area of new GM foods. We must, of course, make companies more aware of the need to act responsibly in pursuit of new profits but even more pressing is the need to convince the population at large that what we entrepreneurs wish to do is safe and for the good of man. We must make them realise that our work may help feed millions of people in India, China and other parts of the world who are currently starving. Now if we examine the situation more closely we will see that economic growth over the past 15 years has been truly impressive due to the emergence of GE foods. This has, unfortunately, placed certain strains on the environment while at the same time awaking fears among many citizens of dangers which are in fact quite minimal. The conventional approach to the environmental management problem in our world has been to focus almost entirely on the role of government. Though governments must continue to play a central role in maintaining environmental quality and in allaying people's fears about new foods, it is also clear that the food companies themselves are the agents who use natural resources and make products. We need more independence in this area and above all else we need to be able to carry out our research free of rules which are there purely to keep the people in Brussels in a job. We must not forget that there are millions of people suffering from severe and life-threatening illnesses who are depending on our ventures for a cure and a better life.

In return for offering people possibilities they have never had before, we must insist on governments placing fewer restraints on our research laboratories. Not only that but free competition and help with aids and grants should be encouraged. However,

let me be clear about our responsibilities too. Making profits from growing GM crops must go hand in hand with a new 'protecting our planet' concept. Without corporate responsibility GM foods and crops are doomed to a failure you and I and millions of others cannot afford. It is not acceptable to make money while ordinary people worry about the food they are eating. We are often accused of being out to make a great deal of money and of having no regard for those around us or for the general environment. This is something we must be prepared to listen to but it is also something we must prove untrue. My friend Naomi Klein has pointed out that altered soya beans can have an adverse effect on weeds around them. We must hold back all modified foods until we are sure they are safe. We cannot afford to have things go wrong at a time of great scientific progress simply because we smell financial gain. If we can act responsibly people will trust our products, if we do not then government and our customers will shows us no mercy.
Thank you for listening to me and good night. *(717 words)*

3.2 *How to approach the task:*
The guidelines here are much the same as those for part 1 of this question. However, do not forget to use concrete examples of instances when business let the world down. Use these to back up your argument that we must watch out or business will lead us and the world astray on this issue. Ask yourself what exactly the business mentality is and what dangers it brings with it. Think of things you know about history, economic recessions, famous scandals etc. Use the information wisely.

Mr Chairman, Ladies and Gentlemen, friends,

Thank you for your invitation to speak to you this evening. I was going to speak to you tonight on the dangers of GM foods. I had my list all prepared and had even written an opening paragraph. As you might expect I had no problem finding points I would liked to have made: The danger, for instance, that growing GM crops can lead to cross-pollination between GM crops and non-GM and organic crops thereby contaminating them, the long-term impact on human health, food safety or the environment all of which we know cannot be accurately predicted. It is simply too risky to allow the commercial growing of GM crops at this stage. I would have gone on to speak of GM crops which have additional proteins or altered genetic composition which can result in toxic and allergic reactions in certain people. However, the main threat in all this, and therefore my main theme this evening, is the mentality among bio-agricultural companies and the men who run them that now that they have developed the means to produce such food it is their right to do so. The fact of the matter is that unless we tackle this mentality head on we will soon have lost the battle.
Such men and such companies exist to make money. They are prepared to go to any ends to do and achieve this. Think of the recent Enron scandal in the States which lead to 4,000 employees losing their jobs. Were the heads of that company worried about anything other than their own future and wealth? Of course they weren't. Their way of thinking is to keep growing no matter what … keep those share prices rising … keep making profits. In this they are no different to those industrialists who

backed the fascist parties in the Europe of the 30s, no different to those who lobby American politicians, no different to any other important group we have previously known in the business world. With one exception of course: they have the power now to ruin the human race if their products are released untested on our world. And for that reason we must pull together on this one.

We must guard against the threat that the business mentality poses to our world with tighter government controls and checks and we must allow no company the right to act as a renegade in any part of our world. And as to the argument that claims it is better to give a starving man GM food rather than let him starve then I say yes of course it is as long as it will not kill him or his children and leave our environment undamaged.

Much of this is an American problem. In fact it has been an American problem for many years due to the fact that the whole GM food industry is US driven. If, however, the US again tries to impose its GM products on Europe, the attempt will backfire. Sadly, ladies and gentlemen, this does not bother Washington. In fact, US companies have let Europe slip off their radar screen. The companies know there is little demand for GM crops here. It is clear that the US now sends most of its GM exports to China, India, south-east Asia, Latin America and Africa. This is where US GM companies are desperate to have access. GM companies are now training their greedy eyes almost exclusively on developing countries. For this reason we must stand up against the business mentality of profit at all cost. If we do not we may not live to see the consequences and can only hope that our children will know how to deal with them. Thank you for listening to me and good night. *(634 words)*

Abiturprüfung Hessen 2008 – Englisch Leistungskurs
Vorschlag A – Opportunity and equality

Unreal expectations

Monty Kipps, a British professor of Jamaican origin, teaches in the USA at Wellington College where Kiki Belsey's husband is also a professor. Kiki has just seen Chantelle Williams, a young black woman, leave Monty Kipps's house in tears.

Monty sighed. "Unreal expectations," he said, looking at the ceiling and then at Kiki. "*Why* do we give these young people unreal expectations? What good can come from it?"

"Sorry, I don't …?" said Kiki.

"Here is a young African American lady," explained Monty, bringing his signet-ringed right hand down solidly on the arm of the Victorian chair, "who has no college education and no college experience, *who did not graduate from her high school,* who yet believes that somehow the academic world of Wellington owes her a place within its hallowed walls – and why? As restitution for her own – or her family's – misfortunes. Actually, the problem is larger than that. These children are being encouraged to claim reparation *for history itself.* They are being used as political pawns – they are being fed lies. It depresses me terribly."

It was strange being spoken to like this, as if in an audience of one. Kiki wasn't sure how to reply. "I don't think I … what was it she wanted from you, exactly?"

"In the simplest terms: she wants to continue taking a Wellington class[1] for which she does not pay and for which she is entirely unqualified. She wants this because she is black and poor. What a demoralizing philosophy! What message do we give to our children when we tell them that they are not fit for the same meritocracy as their white counterparts?"

In the silence that followed this rhetorical question, Monty sighed again.

"And so this girl comes to me – into my house, this morning, without warning – to ask me to recommend to the board that she be kept in a class that she is illegally attending. She thinks because she is in my church, because she has helped with our charity work, that I will bend the rules for her. Because I am, as they say here, her "brother"? I told her I was unwilling to do that. And we see the result. A tantrum!" […]

They left the house. Together they walked along the thin strip of sidewalk the neighbourhood's snow shovels had collectively unearthed.

"You know … I was interested in what you were saying, back there, about it being a "demoralizing philosophy," said Kiki, and at the same time carefully scanned the ground before her for any black ice. "I mean, I certainly wasn't done any favours in my life nor was my mother, nor was her mother … and nor were my children … I always gave them the opposite idea, you know? Like my mamma said to me: You gotta work five times as hard as the white girl sitting next to you. And that was sure as hell true. But I feel torn … because I've always been a supporter of affirmative action, even if I personally felt uncomfortable about it sometimes – I mean, obviously my husband has been heavily involved in it. But I was interested in the way you expressed that. It makes you think about it again."

"Opportunity," announced Monty, "is a right – but it is not a gift. Rights are earned. And opportunity must come through the proper channels. Otherwise the system is radically devalued."

A tree in front of them shuddered a shelf of snow from its branches on to the street. Monty held a protective arm out to stop Kiki passing. He pointed to a runnel between two ice banks, and they walked along this into the open road, only rejoining the sidewalk at the fire station.

"But," protested Kiki, "isn't the whole point that here, in America – I mean I accept the situation is different in Europe – but here, in this country, that our opportunities have been severely retarded, *backed up* or however you want to put it, by a legacy of stolen rights – and to put *that* right, some allowances, concessions and support are what's needed? It's a matter of redressing the balance – because we all know it's been unbalanced a damn long time. In my mamma's neighbourhood, you could still see a *segregated bus* in 1973. And that's true. This stuff is close, it's recent."

"As long as we encourage a culture of victimhood," said Monty, with the rhythmic smoothness of self-quotation, "we will continue to raise victims. And so the cycle of underachievement continues."

"Well," said Kiki, holding on to a fence-post so she could hop heavily over a big puddle, "I don't know … I just think it stinks of a kind of, well, a kind of *self-hatred* when we've got black folks arguing against opportunities for black folks." (785 words)

Zadie Smith: On Beauty. London (Hamish Hamilton) 2005, pp. 365–368

1 here: a poetry seminar

Assignments

1. Outline Monty's and Kiki's main arguments. (30 BE)
2. Explain their views by referring to texts read in class that deal with the situation of African Americans. (40 BE)
3. In Western societies there still is a discrepancy between ideals and reality concerning equality. Discuss whether (social) equality is an aim that should be actively pursued by the state and its institutions. (30 BE)

Lösungsvorschläge

Teaching Modules referred to:
The text and questions dealt with here relate to the main teaching module USA *(12.1) focusing in particular on the issue of living together (ethnic groups: African Americans). In this case, however, other modules are also touched on such as* Ideals and Reality *(12.1) and a further relevant theme is that of structural problems (inequality). Affirmative action is the theme at the heart of the passage and it involves a discussion between two people on the rights and wrongs of helping African Americans in this day and age. One person argues for such assistance, the other character against.*

1. *How to approach the task:*
   The first thing you must do when dealing with this task is to read the text a number of times and make sure you underline or note any points you consider important to both Monty's and Kiki's points of view. Make a list of both sets of argument and try to present them as lucidly as possible. As Monty is the first of the two to make his views clear it is probably easiest if you start with him. He is also very vehement about his beliefs and this is something you may briefly refer to. It is also the reason why Kiki responds to him later in the extract. In her case she uses practical examples which you may wish to put in to your account and argues her position from the point of view that blacks do need help to redress the imbalance that has existed for centuries. Monty will have none of this and is sick and tired of whinging African Americans expecting handouts.

   In the course of this conversation Professor Kipps shows that he is of the opinion that admission to college should only be given to those who have the proper qualifications and are in a position to pay their own way. He considers the girl unqualified and knows she is poor. He rejects the notion that black Americans should be treated differently in any way to whites, particularly regarding finances and abilities. He is especially angry that some feel this should be done to make up for the sins of the past that were committed against African Americans. He believes that blacks will contribute less for as long as they see themselves as victims. He finds all this depressing and later contends that opportunity, the chance to get on, is a right that people must earn. It may not be presented to them on a plate. Kiki on the other hand has always been behind affirmative action of one sort or another. Any programmes which help African Americans have more success are good in her eyes. She feels the time has come to help restore the balance. Blacks have suffered for too long and we must help them in any way we can. She refers to the fact that segregation only vanished in the 70s and finds it weird to have blacks arguing against aid for blacks. It strikes her almost as if blacks hate themselves when they argue this way. Monty sticks to his position however that as long as people see themselves as victims they will continue to underachieve. *(260 words)*

2. *How to approach the task:*
When dealing with this question you must begin by recalling all you learned in class about slavery and affirmative action. Can you talk briefly about both? Do you know anything of the history of affirmative action? If you do, try and include it in your answer. Particularly important would be the philosophies of philosophies of W.E.B. DuBois and Booker T. Washington. Start with a reference to the text and then go on to outline the two distinct philosophies regarding how to tackle racism against blacks in all walks of American life. Do you know any famous short quote you might include? Make a short list of important points and then begin. Try and refer to any text you read that really touches on this theme. This could be a literary one, a speech, a news article, anything that you can include.

Basically, the two views expressed in this text are that one person, Professor Kipps, does not agree with affirmative action whereas Kiki does. Kiki is in fact outraged by his attitude though she tries to keep her anger under control. In this sense they reflect people like Booker T. Washington and W.E.B. DuBois who held very opposing views as we learned when we read about them in class. Washington believed that the struggle to combat White racism had to start with the individual: to improve the moral character, personal and intellectual development of the victims of racism. His philosophy of self-help through education, personal discipline, hard work, would in the long run foster racial unity. He explained this very clearly when he wrote "Whether he will or not, a white man respects a Negro who owns a two-story brick house." To DuBois, however, this attempt to improve to race relations was doomed. DuBois, in many of his writings, like The *Souls of Black Folk* and in speeches, thought Washington was the first Uncle Tom. Here we see a clash that can be best summed up by the term rights vs. duty. To DuBois, Black civil rights were crucial. He believed in attacking white racism by political activism through every institutional possibility available – going to court or by boycotting segregated stores, or through marching and demonstrating in the streets. Agitate! was DuBois' rallying call to force fairness and equal opportunities from Whites. In other classes we dealt with Martin Luther King's speech which is also important here. In 1950's America, the equality of man which George Washington believed in was far from reality. Blacks and other groups were discriminated against in many ways. Racial barriers had begun to come down due to Supreme Court decisions, like *Brown v. Board of Education*; but segregation still ruled the day. King organized a massive march on Washington, DC, on 28 August 1963. On the steps of the Lincoln Memorial, he evoked the name of Lincoln in his "I Have a Dream" speech. To me this speech did as much as any book or policy to change views about equality in America. He began by saying one hundred years after the Civil War, "the Negro still is not free." And then he outlined his vision for America. He finished by saying that when equality comes "we will be able to speed up that day when all of God's children, black men and white men, … will be free at last! free at last! thank God Almighty, we are free at last!" That text, more than any other we read, inspired me to believe that DuBois was right and that likewise Kiki, and not Kipps, knows the correct way of going about getting justice for blacks. You cannot leave everything up to the individual, because some individuals are physically or mentally stronger than others, others are born with a golden spoon or with nothing at all. Affirmative action and protest is necessary if the state and other groups are to be made to do what is right for the common good. *(515 words)*

3. *How to approach the task:*
It is very important when answering this question that you describe and refer to real situations including those in foreign countries. Naturally a reference to German law is possible so one of the first things you have to ask yourself is whether you know of any laws which are present in Germany regarding equality for minority groups such as handicapped people. What is the situation elsewhere? Do you know what's in the Declaration of Independence or in European law, for instance? What quotas are in place? Basically in this text you have to answer the question of whether it is up to the individual to achieve equality or whether the state should help in this. You may begin by making a list of factual examples and arguments to use in the course of your answer. Then consider for a moment if there is any literary text which deals with this issue. Put together a set of points that will help you frame your answer. Once you have done this you may start. A reference to the situation in the text you have just read is also possible. Ask yourself again what Professor Kipps thinks of the whole matter. Describe his standpoint and then proceed.

All things taken into consideration, it is quite strange to find a black professor arguing against admitting a black person to a college because he or she has poor marks. One would have thought that Monty Kipps would have been a follower of affirmative action, the term used to describe state policies intended to promote access to education or employment for all non-dominant groups. However he is not. He believes the individual must work hard to counteract any disadvantages life has put before him or her. This in fact is what this question is all about. Should the state and its institutions try and achieve equality or should this be left to the individual? Well, to be honest, I'm surprised the question is asked at all in view of the fact that history shows man to be a beast who will always want to come out on top at the expense of those less fortunate or weaker individuals.
If we believe this last statement of mine to be true, the next question is what should the state do? The state actually already does a great deal. Think for a moment about all the quotos that are in place in Germany and other countries. Companies here for example have to have a certain number of handicapped people working for them or they face fines. There are legal requirements for minority groups of many different sorts in all walks of life now. State and local offices have to keep this mind when looking for new workers and it is only right that they have to do so. When jobs are advertised one often sees a line or two in the advertisement expressly pointing out that female candidates are more than welcome to apply.
There are many countries all over the world where attempts have repeatedly been made to achieve equality in this area. The Declaration of Independence was one document that strove to achieve this. However such attempts are usually not as neutral as they are made out to be. In the case of the Declaration of Independence for in-

stance women and blacks were not foremost in the minds of those men who sat down to write about equality. These problems continue to haunt modern America although there is now an equal employment law as well as a commission whose job it is to see this law is implemented. Modern Singaporean society on the other hand has been more successful in this area and has achieved a sense of equality that few societies have achieved. It is demanded of companies and state offices there that they be completely neutral in their outlook and this policy has been quite successful. In our school we also have proof that the state can achieve a great deal with such policies. We have two people working there who are both mildly handicapped but who do great work which would not have been possible had the state not insisted that schools also implement such quotas.

There is no doubt in my mind that affirmative action of one sort or another is valuable and worth pursuing. For that reason I agree with Kiki in the text who says we must put right any "legacy of stolen rights". *(539 words)*

Abiturprüfung Hessen 2008 – Englisch Leistungskurs
Vorschlag B – The Shakespearean Tragedy

Paul O'Flinn: William Shakespeare and More Original Sin

If you read one of Shakespeare's tragedies at school, the odds are you were asked to spend a lot of time in class talking about what they call the hero's tragic flaw – that fault in his character which brings about his downfall. The immaturity of Romeo, the procrastination of Hamlet, the jealousy of Othello, the ambition of Macbeth – these are the weaknesses, so the story goes, which in the end draw these people to their deaths. Interpretation of this kind is very common. There are two other things that need saying about it: it's extremely reactionary and it has nothing to do with Shakespeare. [...]

When the religious mind is confronted with a mess – especially the kind of mess we find at the end of Shakespearean tragedy with the stage covered with dead bodies – its natural reaction is not to look for structural causes but rather to beat our breast and cry: "Let us root out the evil in our own hearts!" In literary terms this means blaming the mess at the end of Shakespearean tragedy not on some sort of clash between the hero and his world but rather on the evil in the hero's heart, his tragic flaw. Thus the notion of tragic flaw becomes a kind of literary equivalent of our old favourite, original sin. [...]

What the Marxist tries to do is avoid lumbering the work with dogmatic categories like tragic flaw. Instead he attempts to make sense of it with analysis that is in the first place sociological. By this I mean that he tries to understand the work not in the light of someone's bright – or highly slanted – idea but by placing the work in that actual society where it belongs and where it developed. [...]

About Shakespeare's world we need to say three things, however briefly. First, he lived in an age of sharp transition when feudalism was finally falling apart – the Rising of the Northern Earls in 1569 when Shakespeare was 5 is normally described by historians as feudalism's last bid for power – and in an age when the pre-conditions for capitalist society were being laid. Secondly, out of the decay of feudalism and the possibilities that opened up, there was an explosive growth of confidence in human abilities and in the capacities of the human mind that expressed itself in literature as the Elizabethan Renaissance. That literature is full of delight in men and women, in their qualities and liberated individualities. Hamlet's famous lines "What a piece of work is a man! How noble in reason! how infinite in faculties!, in form and moving, how express and admirable! in action, how like an angel! in apprehension, how like a god! the beauty of the world! the paragon of animals!" could not have been imagined by the medieval mind, obsessed as it was by a sense of man's fallen nature. Shakespeare's three dozen plays with their armies of rich characters are together an impressive celebration of human potential freed, or apparently beginning to be freed, by the struggles of sixteenth and seventeenth century history.

Thirdly, the theatre Shakespeare wrote for was a new, capitalist theatre. In other words it worked by charging people for admission and making a profit. Capitalism at first means an immense expansion of the possible. Before the 1570s dramatic performances were infrequent, usually put on for a small elite in one of the great houses. The dramatist was dependent for his livelihood on pleasing aristocratic patrons – which often meant producing what Orwell calls "revolting flatteries". With the building of commercial theatres a dozen or so years before Shakespeare started his career, plays could now be aimed at a much wider public – at the penny-a-timers in the pit as well as at the seated gentry. This meant new prospects, much wider horizons, and was another liberating force.

What does all this mean for Shakespeare's tragedies? First, it means massive, highly individualised characters, the first of their kind in literature. Into these characters Shakespeare projects contemporary dreams of total self-realisation. His characters exploit the possibilities that the newly glimpsed freedoms seem to offer. But tragedy in Shakespeare springs again and again from the clash between men and women awakened, men and women battling to fulfil themselves, and Shakespeare's sense, shaped by his times, of the very tiny room for genuine self-realisation that the world actually offers. […]

Tragedy in Shakespeare therefore springs not from the hero's flaw or sin but from his dislocation, his attempt to live in ways that his society suggests but does not yet accept. So, for example, Macbeth and his wife are desperate to climb a rung higher on the social ladder, a desire which capitalist society has since come to insist on as the motor of all human progress. But they do not live in a socially mobile world; theirs is a feudal one where you are born into a certain station and stay there. Out of that contradiction grows their tragedy. […]

Schools aren't in business to teach subversive literature so they stand Shakespeare on his head. You can begin by putting him the right way up. *(853 words)*

Paul O'Flinn: Them and Us in Literature. London: Pluto Press 1975

Assignments

1. Give an outline of O'Flinn's theses. (30 BE)
2. Analyse to what extent O'Flinn's idea of the conflict between the old order and the new order ("the decay of feudalism and the possibilities that opened up" (l. 25 f.) is reflected in the Shakespeare tragedy read in class. (35 BE)
3. Not only the Elizabethan world was full of potential for the individual and society. Where do you see, today, "in a socially mobile world" (l. 58), possibilities of self-realisation and fulfilment – and their limitations? Discuss. (35 BE)

Lösungsvorschläge

Teaching Modules referred to:
The text and questions dealt with here relate to the main teaching module Extreme Situations *(12.2) focusing in particular on the idea of the tragic dilemma. As a module* Extreme Situations *centres on individuals facing challenges such as war or disaster. Books such as* Catch 22 *or* White Teeth *are among the main literary focal points for this module. In this case however other modules are also touched on such as* Them and Us *(12.1) and a further relevant theme is that of values.*

1. *How to approach the task:*
   The first thing you must do when dealing with this task is to read the text a number of times and make sure you underline or note any points you consider important to O'Flinn's theses. One of the crucial things you will have to grasp is that O'Flinn is arguing from a Marxist point of view and this obviously colours his theme. It is not your job to comment on this but only to outline exactly what he says. Take a close look at what he is saying. Make sure you understand the points he is making and look up any difficult words in the dictionary. Write a thorough answer which starts by summarizing his first main point. Then go on to explain his theses as well as you can. Above all else you should concentrate on O'Flinn's definition of tragedy which comes later in the text and which he then relates to the role of Shakespeare in schools.

   In this passage by Paul O'Flinn, a Marxist commentator, the author begins by debunking the myth of Shakespeare's tragedies as taught in school. He maintains that the tragic hero's flaw is usually linked to the mess that the play ends in and is a sort of literary original sin which brings about the hero's downfall. The Marxist, he says, sees this differently as a result of placing the work in the time it was published. This was a time which marked the end of feudalism and the rise of a new belief in the individual and the mind's abilities but which also saw the growth of capitalist theatres such as the Globe. The theatrical world was opening up and this lead to the creation of new individualised characters with new possibilities who were fighting to fulfil themselves. Tragedy, the author goes on to suggest, is therefore not the result of any great flaw in man or woman but is the result of the hero's attempt to live in a world that does not yet accept the changes about to win the day. He quotes Macbeth as an example of someone keen to progress up a ladder in a world which does not allow social mobility. You belong where you are and this is the root of tragedy. The author's final comment is to plead to the reader to consider a reassessment of Shakespearean tragedy within the context of how it is presented in school. *(244 words)*

2. *How to approach the task:*
   It is important when attempting to answer this question to keep O'Flinn's Marxist analysis in mind. The Marxist assesses Shakespeare in quite a different way to the humanist for example and your task is to judge to what extent there is evidence to

back up O'Flinn's thesis in the play you read in class. Begin by noting a few short quotations you might like to use in the course of your answer. Don't overdo your use of quotations. Select two or three really effective ones to use. Then list, on a piece of paper, the points, incidents or other patterns in the play that you want to refer to. These can be very brief but are important if your answer is to have a good structure. Keep in mind the historical context in which the play was written and you may like to use it as an introduction to your answer. In this question the whole issue of conflict and the differences in the old and new order must be addressed.

The play we read in class was *Hamlet* by William Shakespeare. It was written in 1601 and remains his greatest work in my opinion. It is probably the most talked about play in the English language. The sixteenth century was the era of the Renaissance in England, a time that also witnessed an upheaval in all areas of economic and social life, in particular the decline of the old feudal order. Serfdom vanished and social mobility became a possibility that Shakespeare for one was to avail of. Hamlet is very much a play where the audience experiences a clash between the old world and the new as well as a clash between the hero and his own world. This is something that gives weight to O'Flinn's belief in the clash of an old order and a new order. Written just before Queen Elizabeth's death, the play opens with Hamlet returning to a Denmark he does not recognize, to a mother who has wed his uncle and a court that is almost unknown to him. He expresses his sadness at what his mother has done by saying "Let me not think on't – Frailty, thy name is woman!" The whole change he experiences, the fickleness that is life, is obvious for all to see. And, to reinforce this tumult, he has returned to a Denmark where his father's death must be avenged. When the ghostly father and son meet it is true to say that not merely two types, but two ages come face to face. The Hamlet we experience is a man of the new age and as proof of this, Shakespeare introduces the theme of ancestral revenge on more than one occasion; Fortinbras, for instance, unlike Laertes, has no belief in ancestral revenge. He uses revenge like a politician or a wealthy trader; as a way to political advancement. Hamlet suffers because he is far ahead of his time and because, in Hamlet, the king's murder has created an unsteady world in Denmark and all life reacts to the imbalance by moving towards a new order which is finally achieved when Hamlet and Claudius die and Fortinbras comes to power. Hamlet represents a powerful force in Denmark whose birth coincides with conflict abroad and whose death is associated with conflict and destruction at home. The way Shakespeare has written it, Hamlet is aware that he himself lives in a world and time foreign to his nature. As he says himself "The time is out of joint: O cursed spite, That ever I was born to set it right!" There is no doubt but that by writing the play in this fashion, Shakespeare is also passing comment on the English world he lived in and has done this by simply transferring the scene to Denmark. It is almost with delight that he helps change his own world by changing Hamlet's. Much of O'Flinn's thesis is spot on. Other conflicts exist too. There is the conflict of Hamlet's and other characters' dreams of self-realisation and what they actually achieve. Likewise there is a sense of dislocation throughout the play. Hamlet is a man who was born much too early for the period he lives in. As a person he is in a world where loyalty and traditions count for a great deal. He however is such a strong individual with concrete aims that he is bound to clash with these factors. The resulting conflict is what makes it such a good piece of literature. *(582 words)*

3. *How to approach the task:*
For this answer begin by asking yourself how people have achieved social mobility in the past. Use examples to show how men and women have moved upward in society. However, you must keep the limitations side of the question in mind all the time and make frequent reference to it. Use as varied a vocabulary as possible and keep your sentences short, if long constructions cause you trouble. You may want to pose one or two questions in the course of your answer which help reinforce the points you are making.

Today, we live in a world in which social mobility is much easier than it was in Elizabethan society. The barriers that once stopped people of the working class rising above their station have been removed to a large extent. The word mobile comes from the Latin 'mobilis' which means easy to move, pliable, loose and finally, able to change one's social position. So where then can the individual find possibilities of self-realisation and fulfilment? How does one do this? How can the individual make progress nowadays? The most obvious way is by means of a career.
We have all heard of the stories of the American Dream, of the young immigrant arriving in America, working hard and making his or her fortune. In this way poor people can climb the social ladder quickly. All they need is an idea, hard work and a bit of luck. However, you don't have to achieve the American Dream to make a move beyond the class you were born into. In Germany in any of the professions where people are civil servants there is a set number of steps to promotion. Once you have achieved this promotion a sense of self-realisation and fulfilment is undoubtedly present. My grandparents for example both became teachers and in doing so were people of some importance in the village they lived in. They far surpassed the position their small-farmer parents had and they enjoyed this process too. It is clear then that our work and career can provide us with the possibility of fulfilment. By the same token, however, we are limited in the amount of fulfilment we can get from our careers. For many people careers lead to frustration and burn-out even for those who achieve initial success. Many then find that at some stage, either because they do not go as far as they would like or because work takes a great toll, their hopes of fulfilment are only partially realised. Another possibility is that one marries and hopes to gain fulfilment that way. This is often the case for women. Nowadays, however, women have discovered that marriage is not always what it promises to be and this is particularly true in an age when women are holding down, and sometimes are overloaded with, a full-time or part-time job.
I personally believe that it is the option of travel which so sets our socially-mobile world apart from those eras that preceded ours. We have the option of moving from one country to the next and from one society to the next in search of fulfilment and self-realisation. Many Germans who went to countries like Ireland in the 1970s and

1980s were doing just that. Unhappy with the society they saw developing in their homeland they chose to try their luck elsewhere. This, of course, is nothing new – we have had emigration for centuries. However the easiness by which it can be done today means that it is a far more realistic option for a far greater part of our population. This explains the advent of the Gap Year for instance. Students take a year off university or school and go to a different country either to achieve a different type of education or to do something completely different. More and more people are turning to this option. For many it proves to be a short-lived experience, for others it changes the course of their lives. Each situation is different to the one that went before and the amount of social mobility and fulfilment possible depends largely on the person and his or her will and vision. *(601 words)*

Shadow of death lingers over land by Anna Lisle

The Sydney Morning Herald October 29, 2006

I remember the way dad was before the drought. The image of him riding his motorbike at sunset after a hard day's work defined my childhood. His posture was always perfect, an absolute contrast to his rugged and dirty clothing. The wind would flicker through his thick brown hair, disintegrating any trace of his routine morning side parting.

But my most vivid image is his facial expression. A photograph couldn't capture it. He had no wrinkles, only a contentment shown by his subtle smile and piercing blue eyes. My dad was a man of few words but I could read him like a book: he was happy. Drought came and he went. He shared intimately all his deepest, darkest thoughts with his Tooheys New[1]. But one day I remember as clear as day. It was when he tried to explain himself to me. In his always honest tone he said: "You know what, Anna? After the first drought, it's really difficult. And then the second hits you and, by the third, you just want to destroy yourself."

Every day, five Australian men commit suicide; in rural Australia alone, 20 people commit suicide each week. That's more than 1 000 deaths a year. Inland rural towns with populations of fewer than 4 000 have experienced the most significant increase in male youth suicide.

My family is one of thousands across Australia who are reminded daily of the reality of these statistics.

The road death toll is lower than the rate of suicide. The Government has spent countless millions of dollars implementing programs designed to reduce motor vehicle accidents. Would suicide statistics be the same if similar resources were directed to suicide prevention?

Earlier this year, in his 10th budget, Peter Costello[2] announced $ 170 million for health and medical research and a paltry $ 1.9 billion over five years for the mental health system. This money will never be enough. The reality of life on the land is in bleak contrast to the version so often romanticised by Australia's great writers. [...]

Attempting to explain the honest effects of drought on rural society to those who have not experienced it is almost impossible. Nothing does it justice. My dad tried to explain: "Every time you feel like you're going in the right direction, you get slapped in the face. You get marginally ahead one year with good lambing percentages and, the next, you'll have to slaughter your entire mob because you simply can't feed them."

NSW[3] Farmers Association president Jock Laurie says the 2002-03 drought was seen as the worst in 100 years; 2006 is shaping up to be more devastating.

The attitude of the rural men is not geared to ask for assistance. A 1997 Australian Bureau of Statistics report into mental health showed that only one in four people believed to be suffering from depression was receiving adequate treatment.

Dr Michael Dudley, chairman of Suicide Prevention Australia, says: "Farmers tend to have the attitude of just toughing it out. People fail to realise the extreme conditions that farmers have to endure. It's a typical ethos for rural blokes to be action orientated, and being emotional is seen as a sign of weakness. And, more so, mental health is seen as a moral problem."

Economic difficulty is often seen as one of the dominant factors in depression and suicide. National farm debt has doubled in five years to $ 40.3 billion as farmers are forced to continue borrowing money in an often futile attempt to make an income. With 60 per cent of rural centres in decline, communities are suffering. Farmers become isolated and find it difficult to become involved in the limited social events. During a drought, they often have no respite from their desperate situation. Many essential community services have been wound back when these towns are in most need of help. It has become widely accepted that small communities, with populations of less than 10,000 are no longer economically viable because of the disintegration of basic infrastructure.

There seems to be no lack of organisations willing to address suicide and depression rates in rural areas. The problem appears to lie in the absence of knowledge regarding the most effective way to implement change. "There is very little information on specifically men and depression and this is a huge factor in the problem of increasing rates," Sellick says. […]

"When rural males do feel either depressed or even suicidal they tend to partake in risk-taking behaviour such as drinking and drugs. These men end up in a jail cell instead of a doctor's surgery, or in a courtroom instead of a clinic." (786 words)

http://www.smh.com.au/news/scorchedearth/shadow-of-death-lingers-over-land/2006/10/29/1162056857953.html

1 Australian beer
2 Treasurer of the Commonwealth of Australia
3 New South Wales

Assignments

1. Summarize the text. (30 BE)
2. Compare Anna's father and his difficult situation with other examples of confrontation with adverse circumstances. Refer to a text or texts read in class 12. (35 BE)
3. Explain the following quotation and comment on it. (35 BE)
The Prime Minister yesterday announced an extra $ 350 million to help farmers cover the costs of the drought. […] "It is part of the psyche of this country, it is part of the essence of Australia to have a rural community," Mr Howard said. "We would lose something of our identification as Australians if we ever allowed the number of farms in our nation to fall below a critical mass."

http://www.smh.com.au/news/national/ill-never-shut-failing-farms/2006/10/16/1160850872586.html#

Lösungsvorschläge

Teaching Modules referred to:
The tasks you have to complete here centre on the main teaching module Promised Lands *(13.1) with particular focus on Australia. However, knowledge of the module* USA *(12.1) and the American Dream in particular is also required as is* Extreme Situations *(12.2) which is part of the compulsory curriculum dealt with in Grade 12. Joseph Heller's* Catch 22 *is a book often studied in this context.*

1. *How to approach the task: Your summary should be between 200 and 280 words. It is important to remember to use the present tense. While this text is not particularly difficult from a linguistic point of view there are a number of phrases and words you may have to look up in your dictionary. These include "posture" (line 2), "vivid" (line 5), "piercing" (line 6), "not geared to ask" (line 34) and "viable" (line 50). Finally, the phrase "have been wound back" (line 48) may also cause problems. For further advice have a look at the instructions given on page GK 2008-3.*

   In this article published on 29 October 2006, Anna Lisle of the Sydney Morning Herald recalls her father who was a hard-working but happy man. However the droughts he experienced changed him as a man and he became an alcoholic. One day while drinking a beer he had told his daughter that the third drought is the one that makes you want to kill yourself. The author then introduces a number of statistics to show the high rate of suicide among Australian men. Five men a day kill themselves and it is mainly men in rural Australia who are in danger. Unfortunately, although the government has tried to stop road deaths it has done practically nothing to help mental illness and depression. Farmers in particular are victims and when drought comes they often have to kill their animals because they cannot feed them. Farmers are the kind of people who are prepared to tough things out rather than to go and ask for help. It remains unclear whether farmers can be helped and they are very much isolated with this problem. There are very few organisations who can help and they have little knowledge of how to change the situation. In fact small towns of less than 10,000 people are now seen as unviable. This problem is reflected by the fact that many farmers who become depressed now turn to drugs and drink rather than looking for medical assistance. *(239 words)*

2. *The best way to tackle this question is to pick one or two texts you have read and to write about them with Anna's father in mind. To what extent can you compare them with his situation? Make a number of points which you can use to form your answer with. Explain the differences and similarities you see. Use examples from the pieces you chose to back up your general comments. Keep the original text in mind while you are writing. What aspects of the situation that Anna's father found himself in can you comment on or relate to?*

There is little doubt about the difficult situation Anna's father found himself in. The circumstances he faced when drought struck were highly depressing and probably contributed to his death. Drought on any farm anywhere in the world is not something one would wish on one's worst enemy. Nature is never an easy or predictable part of life and living and when nature strikes the consequences can be severe. Such adverse circumstances were seldom as severe in the texts we read but nonetheless there were certain similarities to be noticed. In *A Raisin in the Sun* by Lorraine Hansberry we got a picture of a few weeks in the life of the Youngers, an African-American family living on the South Side of Chicago in the 1950s. The play opens with the Youngers being about to receive an insurance check for $ 10,000. Each of the adult members of the family has an idea what he or she would like to do with this money. The mother for instance wants to buy a house, the son would rather use the money to invest in a liquor store with his friends. Beneatha, Mama's daughter, wants to use the money for her medical school tuition. As the play progresses, the adverse circumstances the Youngers face clash with their hopes and dreams much the way drought ruins Anna's father's life and hopes. Life, like the Australian weather, intervenes in the Youngers' plans. One daughter becomes pregnant and eventually much of the money is lost to a friend who runs off with the cash. When Benetha turns her suitor down it seems as if nothing can ever get better for them. In this play it is not the weather but poverty and fate which they have to contend with. However things improve in the course of the play and they eventually move out of their apartment and fulfil their dream. In this sense there is a happier ending than the text here presents us with. *A Raisin in the Sun* is a play about human beings who want to keep their family pride and hope to break out of the poverty that surrounds them.

The Crucible, another play we read is also one where adverse circumstances present themselves in a most unusual fashion. John Proctor and his wife are a couple whose life is not an easy one. In recent times Proctor has made the mistake of giving a young girl, who is infatuated with him, more attention than she deserves. Set in a rural area where superstition and fear of the Bible and the Devil runs high, the play is about a man coping with difficult circumstances which are not all of his own making. Crucial to Proctor's fate and his eventual death are his independence and the fact that he is not as religious a person as some leading lights in the community would like him to be. This is Puritan America at its worst, at a time when the land was being farmed to eke out an existence and the nation was in the early stages of taking shape. Such circumstances remind one a little of the hard times Anna's father faced in the dry Australian wilderness where man is at the mercy of circumstances beyond his control. In Proctor we have a man who, like Anna's father, has set himself the task of working the fields and finding a better life. Unlike *A Raisin in the Sun* there is no happy side to Miller's Crucible – it shows man and life's brutal side and how unable we are to overcome certain situations if luck goes against us. *(604 words)*

3. *How to approach the task:*
The first thing to keep in mind here is that you must explain the quotation in your own words. That is the first part of the task and you should deal with it as quickly as possible, leaving yourself time to comment on it and express your opinions. It is vital to explain the comment yourself and not to quote in any way. Find a way of saying the same thing as the Prime Minister said but do so as simply and directly as possible. Once you have done that you can move on to comment on it. When commenting on it do not forget that there are two sides to this topic. One is the idea that Australian identity is rural by nature and the other is that spending money to help drought-struck farmers is a waste of taxpayers' money. Present both in a clear and lucid manner. Finally, it is your task to say what you think of the issue. Do you agree with the Prime Minister? Or are you someone who believes that there are other ways of effectively spending such funds? Give reasons to back up your opinion.

The Prime Minister is in effect saying that the farming community is a central part of the Australian identity and something which must be protected from drought by giving the farmers financial assistance during hard times. As we discovered in class, the number of farming foreclosures is currently very high in Australia and this is the background to the Prime Minister's action. However, not everybody would agree with this policy. There are places in Australia that have not seen a drop of rain in 7 years. At a time of global warming this problem is likely to get better not worse. As many opponents of this use of taxpayers' money would point out, it is sometimes not viable to farm land in such dry areas and this reality has to be faced up to. Instead of paying farmers to help them cope with drought, it would be better to invest the money in tree planting and this is something I agree with. Is it really fair to the rest of the population to keep farming communities and their services in remote areas alive? I'm not so sure it is. However, there are those who claim that Australia has always been rural and that rural communities contribute, and have always contributed to, a sense of being Australian, of battling against the odds, of extending the word Australian to mean tough, resilient and strong. Not only that but there are many who feel that the type of life on offer in a rural community gives young people a sense of belonging, roots that are vital for a healthy life. What I cannot understand then is the high rate of suicide in a place like rural Australia. The text we have just read points out how high it is. If rural communities are such fantastic places to live in and so important to Australian identity why then are so many people killing themselves? This seems like a horrible contradiction. Would Australia not be better off letting these people live in the city? I am all for helping people in difficult times but does the country not need a more sensible approach to this issue? Should they not examine each area, rural town and community and decide which places are worth retaining and which should be let die out? I would prefer to see this money being spent on measures to combat global warming and drought rather than paying people to remain living there. I think Australia has a strong enough identity anyway and should spend its money more wisely. Drip-feeding money to keep communities alive strikes me as silly to be honest about it! Rather keep those communities alive where it is practical to farm the land and let them communicate daily with many people in other rural communities across Australia. After all distance is no longer a barrier because of communications technology. But put those townships where life is dry and barren and unproductive out of their misery and use the money saved to strengthen other aspects of Australian life.

(508 words)

Abiturprüfung Hessen 2009 – Englisch Grundkurs
Vorschlag A – The American Dream

Remarks of Senator Barack Obama: Iowa Caucus Night

Des Moines, IA, January 03, 2008

Thank you, Iowa. […]

This was the moment when the improbable beat what Washington always said was inevitable.

This was the moment when we tore down barriers that have divided us for too long – when we rallied people of all parties and ages to a common cause; when we finally gave Americans who'd never participated in politics a reason to stand up and to do so.

This was the moment when we finally beat back the policies of fear, and doubt, and cynicism; the politics where we tear each other down instead of lifting this country up. This was the moment.

Years from now, you'll look back and you'll say that this was the moment – this was the place – where America remembered what it means to hope.

For many months, we've been teased, even derided for talking about hope.

But we always knew that hope is not blind optimism. It's not ignoring the enormity of the task ahead or the roadblocks that stand in our path. It's not sitting on the sidelines or shirking from a fight. Hope is that thing inside us that insists, despite all evidence to the contrary, that something better awaits us if we have the courage to reach for it, and to work for it, and to fight for it.

Hope is what I saw in the eyes of the young woman in Cedar Rapids who works the night shift after a full day of college and still can't afford health care for a sister who's ill; a young woman who still believes that this country will give her the chance to live out her dreams.

Hope is what I heard in the voice of the New Hampshire woman who told me that she hasn't been able to breathe since her nephew left for Iraq; who still goes to bed each night praying for his safe return.

Hope is what led a band of colonists to rise up against an empire; what led the greatest of generations to free a continent and heal a nation; what led young women and young men to sit at lunch counters and brave[1] fire hoses and march through Selma and Montgomery for freedom's cause.

Hope – hope – is what led me here today – with a father from Kenya; a mother from Kansas; and a story that could only happen in the United States of America. Hope is the bedrock of this nation; the belief that our destiny will not be written for us, but by us; by all those men and women who are not content to settle for the world as it is; who have the courage to remake the world as it should be.

That is what we started here in Iowa, and that is the message we can now carry to New Hampshire and beyond; the same message we had when we were up and when we were down; the one that can change this country brick by brick, block by block, calloused hand by calloused hand – that together, ordinary people can do extraordinary things; because we are not a collection of Red States and Blue States[2], we are the United States of America; and at this moment, in this election, we are ready to believe again. Thank you, Iowa. *(543 words)*

http://www.barackobama.com/2008/01/03/remarks_of_senator_barack_obam_39.php

1 trotzen
2 states with a Democratic or Republican majority

Assignments

1. Summarize the speech Barack Obama gave after winning the Iowa primary in January 2008. (30 BE)
2. Analyse the rhetorical means Obama uses and their intended effects on his audience. (35 BE)
3. Comment on Obama's view of the American Dream, relating it to a text/texts read in class about the dreams of immigrants to Great Britain or Australia. (35 BE)

Lösungsvorschläge

Teaching modules referred to:
The material here focuses on the main teaching module The USA *(12.1) with particular emphasis on the American Dream. In fact the American Dream is a central part of the text which takes the form of a speech by the president of America, Barack Obama, on the night of winning the Iowa Caucus. In this case the material also touches on other modules e. g.* Promised Lands *or* The United Kingdom, *and, in particular, aspects such as social issues and social structures. In the context of the* Promised Lands *module the theme of social change may also be of interest.*

1. *How to approach the task:*
   Read the text thoroughly and underline the main points. Do this a number of times before answering the question because main points may only become clear to you after a number of readings. Remember that your opening sentence here is very important and you should take the opportunity to write a general, introductory sentence which introduces the reader to important facts about the extract, source and author. Keep in mind that you should use the Present Tense when writing your summary and don't make the mistake of quoting directly from the text. Comments are likewise unnecessary. However, the most important rule of all is to use your own words throughout the summary. Your summary in this case should not go beyond 220 words. Be precise, original and avoid long-winded statements.

   The text here is a speech which is to be found at www.barackobama.com and which was held by Barack Obama in January, 2008 after his victory at the Iowa Caucus. According to Obama this victory proves his ability to get people of all groups and ages to come together to fight for a common goal. This moment will be seen as significant in years to come as the time when the United States started to hope again. Hope, Obama says in this speech, is not the same as simply being stupidly optimistic. Hope is something he has been laughed at for believing in but often sees in the people he meets from day to day or in the colonists who challenged an empire or the Blacks who marched for civil rights. It is the basis for change and is the fundamental ingredient that makes America strong. It is also what brings Obama to Iowa today as the son of an immigrant. This victory is also proof that brave people now believe they can form a new future and a new world because they are not happy with the way the world is. This belief and hope shows that the man in the street can be great too and do great things and all because America is united once more in the belief that change can come. *(226 words)*

2. *How to approach the task:*
   Step 1 *This question is a question about a political speech so you will be expected to spot the rhetorical means by which Obama works an audience. Everything from analogy to anaphora, from sarcasm to simile, from irony to personification is important here. These are just six of the devices that might appear in a political speech. Like-*

wise watch out for examples of alliteration and metaphor. This is one question where knowledge of stylistic and rhetorical devices is necessary if you are going to answer the question properly. Also concentrate on matters such as how often he uses personal pronouns like 'we' and pay attention to the balance and style of the speech as well as the structure of the start and finish of the piece. Read the speech carefully a number of times to get yourself started. Underline anything you do not understand or that you think important.

Step 2 *Ask yourself what reason Obama might have for saying things in a particular way. He does this very deliberately and for an intended effect so you will have to come up with the effect he desires to achieve and an explanation for how or why he does it. Watch out for the use of emotion, history, examples from everyday life. How is he playing on the beliefs, hopes and dreams of his listeners? What effect does it have if he quotes people or mentions places? Does he make use of symbols in his speech? What role does his past or the USA play in the oration? The answer to all these questions will help you come to a conclusion and will provide the material for your assessment. Keep in mind that unlike your answer to the summary question your answer here will need a small number of quotations from the speech.*

The first thing of note is that when he begins, Obama uses the words "Thank you Iowa" instead of "Thank you everybody". This he does to give the people a sense of identity, of belonging to one place and of having something in common with one another and with him. Although we do not know it for certain one imagines the crowd responding with loud cheering and applause when they hear the word Iowa. This is what he wants. A feel-good, exciting start to the speech. Throughout the speech he achieves a sense of common identity – be it Iowa or America or immigrant. Obama also uses verbs very deliberately to stress the struggle involved in achieving freedom and change; e. g. "tore down, beat back, rise up against" (line 25) etc. After saying hello he then does something that has become a trademark of his speeches: He uses an anaphora. In this case it consists of the words "This was the moment ..." An anaphora is a device whereby a speaker repeats a word or phrase at the start of a succession of sentences to achieve a heightened rhetorical effect. Obama makes it a special moment for them, a special moment for him, a special moment in history. Repetition also features shortly afterwards when he says "This was the moment, this was the place". Other anaphoras he uses in this speech include "It's not ..." and "Hope is ..." (lines 13–29). All these anaphoras have the effect that his audience listens closely to what he says, and from the speaker's point of view, they reinforce what he is saying. Hope, in fact, is the central theme of the text. Obama like others before him dared hope and his followers should now continue to do so.

There are other examples of highly eloquent language in his speech such as in lines 36 and 37 when he says "can change this country brick by brick, block by block, calloused hand by calloused hand". Likewise, he uses contrast/opposites to great effect when very cleverly saying "ordinary people can do extraordinary things" (line 37). Alliteration features, too, when Obama presses home a point on his audience by saying "It's not sitting on the sidelines or shirking from a fight." Each of these devices has a double effect on his listeners: on the one hand the speaker is seeking to stress the importance and validity of everything he says in order to convince the people that change can come, on the other he wants to hold their attention and entertain them with good rhetoric. It is also interesting to note that Obama rounds off his speech by using the same words to finish it as he started with "Thank you, Iowa". All in all it is a very good thank you speech which has something for the ordinary person, "the young woman in Cedar Rapids" (line 18), but also draws on US history "a band of colonists". Finally, it would not be an American speech without Obama making clear to everyone that the American Dream is alive and well in the form of his own personal success story. He wants to make people believe they can achieve something so he quotes his own example. His conclusion falls back on the device of repetition again when he says "we are the United States and .... we are ready to believe again" (line 39). All in all the intended effects in this speech are those of motivation, unity, celebration, holding attention and hammering home his philosophies – and Obama succeeds in this brilliantly. *(597 words)*

3. *How to approach the task:*
A good answer here would briefly (one sentence) explain or refer to the dream itself before going on to show where it is referred to in the speech itself. After that you should comment on his view of the dream, what it means to him, to other listeners, what he wants the dream to be for his voters. As the American Dream is at the heart of the whole rise of Barack Obama you need to talk about it in this context. Finally, but most importantly, choose a text or texts where the Dream is also referred to. The question demands you deal with Australia or Great Britain. While you do not have to mention a number of texts it shows a wide knowledge of the topic if you do so. It is also good if you can quote texts which show differing views of the dream to that of Barack Obama's. So, for instance, it would be good to be able to quote from a book where the dream is the same or different and where the level of success is not as high.

A freedom that allows Americans to pursue their goals in life by means of hard work and free choice and the opportunity for immigrants to achieve greater wealth are at the heart of the American dream. In this context Barack Obama's achievements, which saw the son of a Kenyan father and a mother from Kansas run for the White House are the classic rags to riches success story. Obama sees hope as what helped him do this, in other words the dream of achievement propelled him to do greater things than he would otherwise have done. The American Dream made it all possible, only the American Dream could allow him this freedom and that is America's great strength. He believes that the dream can help every voter change his or her life if they want to. He reiterates that "ordinary people can do extraordinary things" and that all this "can only happen in America"
The book we read in class which reflects the same sentiments in a British context was *Small Island* by Andrea Levy. This book tells the story of Queenie, a black woman in Jamaica, who has a dream of getting to England. At the same time she meets Gilbert, who likewise wants to get to England. His many plans for raising the money founder

until one day Queenie suggests that she give him the passage money she has saved in return for marriage. She does this because she knows a young unmarried woman cannot travel alone. Gilbert is taken aback by this but agrees and travels ahead to England. It is in her description of what England means to her that Queenie shows that the dream of getting to England was at heart identical to Barack Obama's dream. It's the same desire to make it in a bigger, better country. England is all tea and polite conversation for Queenie, as well as proper behaviour and rows of neat houses, it's proper English ("How do you do?") and above all else life is better than it used to be back in Jamaica.

Of course Obama says that this could only happen in America, a theory Queenie clearly disproves. Queenie's experience differs to Obama's in that her life in England is not everything she hoped it would be particularly at the start. She arrives, expecting to be met by her husband and new house. He is nowhere to be seen as he is holed up in small accommodation. This experience of limited success is something she shares with another character we read about, Nina Savani in *The Colour of Love*. She is of Indian descent and working in a job she does not want to be in. In doing so she fulfils her father's dream against her own and adheres to his discipline and work ethic. That I think is where the texts we read differ to Obama's view. The characters, like Ellen and Jock McIvor, in the Australian novel *Remebering Babylon* by David Malouf, are very ordinary and everyday and they typify what happens to many immigrants in a new country. These people all reflect the reality far more than Obama and all have a more down-to-earth view of the dream than he has. Success is possible but to varying degrees and for some people there is no improvement at all. Queenie has a huge dream of England and achieves a considerable amount in the course of *Small Island*, Nina Savani is also successful but it's her father's definition of success not her own and Jock is ashamed of how little he has achieved for Ellen. This is the real experience of the American Dream and for every rags to riches Obama story there are millions of people whose success is very limited and they have similar experiences to the characters I have referred to here. *(634 words)*

Teil A: Aufgabe zur Sprachmittlung

Die Bienen und der Gen-Mais

Florian Rötzer, 01. 06. 2008.

Das Verwaltungsgericht[1] Augsburg hatte einen schwierigen Fall zu entscheiden. Ein Imker[2] aus Kaisheim bei Donauwörth hatte gegen den Anbau von gentechnisch verändertem[3] Mais (MON 810) vom Konzern Monsanto auf einem staatlichen Versuchsgut[4] geklagt, nachdem 4 Prozent gentechnisch veränderte Pollen bei seinen Bienenvölkern[5] gefunden wurden. Seine Bienenvölker standen 200 Meter entfernt von dem Maisfeld, eine Entfernung, die nach dem Gentechnikgesetz zwischen den 150 Metern für ein konventionelles Maisfeld und den 300 Metern für ein Feld mit Öko-Mais liegt.

Die Bienen halten sich aber nicht an die Sicherheitsabstände, die das – erst nach der Klage verabschiedete – Gentechnikgesetz festlegt, zumal dabei nicht Bienen, sondern nur der Pollenflug[6] berücksichtigt wird. Bienen fliegen auch schon einmal ein paar Kilometer, um Pollen zu sammeln. Maisfelder sind da, wo sie sind. Es handelt sich, würde man die dem Gesetz zugrunde liegenden Einschätzungen hinsichtlich des Pollenflugs zustimmen, um eine juristische Leerstelle[7], an die man nicht gedacht hat oder nicht denken wollte. Schließlich werden Sicherheitsabstände zur Farce, wenn man den Insektenflug, der ja nicht nur Bienen betrifft, mit einbeziehen würde.

Was also tun, wenn ein Imker einen Honig anbieten will, der nicht mit Pollen von gentechnisch verändertem Mais verunreinigt[8] und naturrein sein soll? Letztes Jahr hatte der Imker Karl-Heinz Bablok vor dem Gericht noch einen Erfolg erzielen können. MON 810 ist nämlich ein Mais, der in der EU nicht für den menschlichen Verzehr zugelassen ist. […] Das wollten [der Hersteller] und [der] Freistaat Bayern aufgrund der ernsten Konsequenzen für den Anbau von gentechnisch veränderten Pflanzen nicht auf sich sitzen lassen, man legte Widerspruch ein und am Freitag entschied die 7. Kammer des Verwaltungsgerichts erneut über die mobilen Insekten, das ruhende Feld und die widerstreitenden Interessen des Anbaus von gentechnisch veränderten Pflanzen und der Gewinnung eines naturreinen, nicht verunreinigten Honigs.

Dass das nicht im Sinne des Imkers ausgehen würde, hat man schon erwarten dürfen. Das Verwaltungsgericht hält zwar aufrecht, dass Pollen der MON 810-Maissorte auch nicht in geringsten Mengen in den Honig gelangen darf, damit dieser noch als Lebensmittel verkauft werden kann, aber die Richterin drehte, wie die Augsburger Allgemeine berichtet, die Verantwortlichkeit um. Nun muss nicht mehr der Anbauer dafür sorgen, dass die Bienen keinen Pollen von dem gentechnisch veränderten Mais aufnehmen können, sondern der Imker. Der soll die Bienenstöcke, die jetzt von 1500 Meter von dem Maisfeld stehen, einfach während der Blütezeit[9] woanders hinbringen, schließlich sind die mobil, das Feld aber nicht. […] *(394 words)*

http://www.heise.de/tp/r4/artikel/28/28034/1.html (Stand 04. 02. 2009)

1 administrative court
2 beekeeper
3 genetically manipulated
4 state-run agricultural research station
5 bee colony
6 pollen flight
7 legal void
8 contaminated
9 bloom

Assignment

Your school takes part in an international project on the benefits/dangers of the cultivation of genetically manipulated crops. To keep your international partners informed about the situation in Germany you identify and mediate relevant press articles. Summarize the internet-article at hand.

Teil B: Verkürzte Textaufgabe

The Middle Ground

Jones, a young manager straight out of college, has a conversation with Eve, a high-ranking manager at his company. He has found out that this 'utopian' company uses its employees as guinea pigs for research into efficient management principles.

Jones grimaces. "Didn't your parents teach you to share?"

"Oh, they did." Eve walks to the bar area and studies the rows of bottles. Jones can see her face reflected in the mirror behind them. "In fact, Mom forbid my sisters and I to have individual possessions. Everything was everyone's." She reaches up to grab a dark, squat bottle of something Jones doesn't recognize and two delicate, bulbous glasses. "What do you think, is my whole life a rebellion against hippie parents?"

"That would explain a lot."

"The thing is," she says, sliding onto the sofa and patting the space beside her, "possessions are fun. […] There's nothing wrong with enjoying life. In the end, what else can you do." She raises her glass and takes a gulp.

He sits beside her. "Well, I don't want to get too radical, but what about helping other people leaving the world a better place?"

Eve coughs explosively. She puts her glass on the table, which takes two attempts, and digs in her bag for a tissue. She dabs at her eyes. "Jesus, you nearly killed me." She takes a deep breath. "Whoo. Okay. Tell me how you justify buying a new pair of shoes."

"What?"

"When there are starving people in Africa, what kind of person spends two hundred bucks on shoes? See, once you buy that paradigm, it's a bottomless pit. You can never feel good about yourself while there's anybody in the world poor or hungry, which there always is, Jones, and has been since the dawn of time, so you feel guilty and hypocritical all the time. *I'm* consistent. I admit I don't care. […] Ethics is bullshit. It's the spin we put on our lives to justify what we do. I say, be big enough to live without rationalizations."

Jones sips at his drink. It's Scotch, and heats him all the way down. "Just because I believe in ethics doesn't mean I have to be Mother Teresa. There's a middle ground."

"Ah, the famous *middle ground.*" He gets the feeling that Eve is enjoying this, but then, if he's honest, so is he. "Jones, you're one of those people who's never had to make a decision between ethics and results. You went to college and learned that companies with satisfied employees tend to be more profitable, and you went, 'Oh good.' Because that let you off the hook; you didn't have to decide what you'd do if it was a choice between one or the other. You won't work for a tobacco or gun manufacturer because those are bad companies; you'll only work for good ones, helping them to improve customer satisfaction and produce better products and – oh hey! – just by coincidence, those things increase company profits and get you promoted. Well, you're in the real world now, and soon enough you'll realize that sometimes you do have to choose between morals and results, that companies do it every day, even the ones you thought were good – and it's the managers who choose results who get the promotions." *(510 words)*

Max Barry: Company, *Vintage, New York 2007 (Copyright 2006), pp. 147–151*

Assignments

1. Outline Eve's business principles. (25 BE)
2. Analyse these principles against the background of a text/texts read in class dealing with aspects of utopia/dystopia. (40 BE)
3. At one point, Eve analyses the reason why people give to the third world: "because you feel guilty about having a six-figure salary and a current-year car, you'll sponsor a child in the Sudan [...]." Comment. (35 BE)

In der kombinierten Aufgabe wird die Textaufgabe im Verhältnis zur sprachpraktischen wie 3:1 gewertet.

Lösungsvorschläge

Teaching modules referred to:
The language task set here focuses on the main teaching module Science and Technology *(12.1) with particular emphasis on the theme of ecology. The text however refers to the module* Work and Industrialisation *(12.2) with particular stress on themes such as business, industry and the environment. In the context of the module* Order, Vision, Change *(13.1) the theme of models of the future is also to be taken into consideration.*

Teil A: Aufgabe zur Sprachmittlung

How to approach the task:
For instructions on how to write a good summary please turn to the chapter "Hinweise und Tipps" at the beginning of the book.

In this on line article, written and published by Florian Rötzer in 2008 and available at http://www.heise.de/tp/r4/artikel/28/28034/1.html, a difficult court case is described. At the heart of the case is a clash of interests between a beekeeper and a concern that produces genetically manipulated maize. Due to the proximity of maize fields containing genetically manipulated maize the beekeeper had found pollen which had been manipulated among his bees and therefore the honey was not allowed for sale in supermarkets. The German beekeeper protested successfully against the planting of genetically manipulated maize but of course bees often fly a number of miles to collect honey. However, appeals against this decision by Bavaria and the producer saw the decision overturned. The reason given was that bees are mobile and can be moved. The problem with the whole matter is that safety standards are defined according to the distance of the pollen's flight not according to the distance bees fly … This lead to a legal problem which has resulted in the beekeeper being made responsible for his bees and the companies planting maize can no longer be held responsible for the fact that bees should not get at genetically manipulated maize. It is the beekeeper's task to do so. In the time when plants are blooming it is the beekeeper's responsibility to move his bees. The field cannot by moved! *(227 words)*

Teil B: Verkürzte Textaufgabe

1. *How to approach the task:*
   The task here is to read the text and gather information from parts of the text that tell us what Eve's business principles are. Listen to what she says and study her reactions to comments and events. Ask yourself what does she, as a woman working in the business world, believe in? You can further consider a moment what the principles are which drive the business world and see if she adheres to these principles. How is she similar to Jones who is straight out of college?

Inequality is something that Eve considers unavoidable. To a hard-nosed, successful business woman with a lot of experience, matters such as ethics are "bullshit". Eve has been around too long to have much time for principles and explains that each manager is faced with the choice between morals or results. Ethics are a means of fooling oneself that the world is alright and they are based on stupidity. Eve considers herself to be a realistic person who has a grasp of reality. She is not affected by the disparity of wealth in the world and as far as she is concerned as long as one makes profit for the company one is doing okay and it is those managers who make the right choices that get promoted. She makes clear to Jones that it doesn't matter for which company you are working – a good or bad one – this choice still has to be made in business. Eve also believes that it's nice to own things. She shared a lot with her sisters when she was young, "everything was everyone's" (line 3) she remarks, but now she seems to be a full-blown capitalist who has fully conformed to what work and the market has instilled in her. Her principles shine through when she asks Jones how, in view of his moral high-ground position, can he even contemplate buying a pair of shoes. Whereas Jones is all for a better world in which people share things, Eve believes it is a case of understanding the world and making the right choices which then lead to increased profits, possessions, promotion and so on. Basically, she is everything a business manager should be. *(279 words)*

2. *How to approach the task:*
Explain your understanding of the word "dystopia" and then refer to a work or works you have read which you can relate to Eve's principles.

A dystopia is of course the opposite to a utopia, a concept Thomas More came up with, and contains a vision of the world which is entirely depressing and gloomy. Dystopias are negative and undesirable societies, where the condition of life suffers from deprivation, oppression or terror. The work we read in this area was *1984* by George Orwell, a book written in a hut on a lonely Scottish island at a time when Orwell was ill and depressed about the world he saw around him. Probably the definitive novel of the 20th century, it is a story that remains eternally fresh and contemporary, and whose terms such as "Big Brother", "doublethink" and "newspeak" have become part of everyday currency. A look at our corporate business world today and the world that Eve inhabits provides a startling contrast to *1984*'s world of control and power plays. Nothing could be more unlike Eve's principles than *1984*. Whereas Eve believes in choices that have to be made to get promotion and to make profit, the principle of capitalism poses a severe threat to the Party in *1984* as the vehicle moving toward a meritocracy and a technological paradise. Eve is clearly a supporter of the world she works in. She sees "nothing wrong with enjoying life" (line 9) and would (n)ever be heard making negative comments against financial giants of the past and lies concerning the "improvements" brought about by the regulations of the bureaucrats. This we find in *1984*. *1984* also refers to the confiscation of property earned through the effort and innovation of superlative individuals. This is something Eve would find very hard to stomach for although she has been brought up by her parents to share, she actually believes strongly in possessions. Property for Eve is a right, something nice and something she fully supports on principle. This places her at odds with a great deal of *1984* and all it conveys to the reader. In order to halt the advance of industry, the Party seeks to bring industry under control. Regulation seems to me to be the opposite of what Eve stands for. She believes in companies and managers having free choices, the freedom to do business the way they choose and want to. The whole *1984* concept of dismantling private enterprise with its coercive violence against entrepreneurs is not something she would ever support. Big Brother is no friend of the economy, which Eve clearly is. *(409 words)*

3. *How to approach the task:*
This question poses the problem that you must come up with reasons why well-off people give aid to the Third World. In this context you should be aware that there is a little helpful information in the text but not a great deal. Hence your first step will be to make a brief list of points or reasons that you can think of for giving to the Third World. Then go back to the text and see what you can find in it. Consider the opposing stances Jones and Eve take on this issue. That may also help you come up with ideas. Start from a wide, general point of view and then hone in on the text itself. You should be able to come up with at least four points for such actions. Don't finish the piece without relating Eve's position to the overall reasons for donations. You may wish to say which reason you feel is most important.

Eve's comment does, of course, touch an interesting point and one which people differ greatly on. Many people never donate, some donate a lot. Why is this? What are the reasons for such diverse actions and opinions? As far as I can see there are many reasons why people might donate money or services to the Third World, to people living there or to organisations working there. In my opinion these vary greatly from person to person and Eve's comment is one aspect of a more complicated picture. The first reason I would point to might be personal experience. For instance a person might go on holiday to India or Africa and witness great scenes of hunger malnutrition or poverty. The effect of this might be life changing to such an extent that the person gives up his or her profession to go and help poor people. Alternatively, the person might just decide to sponsor a child or donate to Goal or some other organisation in Africa. Either way these are examples which all result from personal experience. This sometimes involves personal loss such as a death that one hears of in the family or among friends and which moves a person to action. A second reason might be a genuine need on some people's part, people who may never have been in the Third World, to want to make a difference. One way of doing this would be to donate money to charities. Some people want to make an impact in the lives of an individual person. They would like to see a lasting and tangible change as the result of their contribution. They may not even be concerned with how long this change takes, just so long as it does take place. Other people want to see an immediate impact, for example food distributed to those who are hungry and other types of emergency aid. Others may be politically motivated and want to take a stand on a particular issue such as poverty or the plight of children. A further reason could be that people are motivated by personal recognition and benefits and can be swayed by advertising to give money. Advertising, in particular, can be very harrowing when it is a question of poverty or death and some organisations adopt an aggressive policy in this area. This results in members of the public, often parents of schoolchildren for instance, deciding to donate. There are also people who will donate because it allows them to rub shoulders with famous people. The traditional black tie gala is one example of instances where socialites may buy a ticket or table just to "see and be seen." In the case of Eve she puts this donating down to guilt. Donation to the Third World she argues is the result of guilt about how much people earn and how little their counterparts in Africa have. She mentions the company car and the big salary. People such as Jones, she feels, will want to do something about a troublesome conscience. Therefore they contribute to a charity or a cause. I think this is probably a valid reason but I don't think it's the most common reason. Undoubtedly individuals and companies sometimes buy a clear conscience but more often than not I think people donate because they care and feel that giving is a good thing to do. Either way the one thing that is certain is that we live in an unfair, unfriendly and divided world and donations are badly needed to help people in poor countries. *(594 words)*

Abiturprüfung Hessen 2009 – Englisch Grundkurs
Vorschlag C – Drought in Australia

Australia suffers worst drought in 1,000 years
John Vidal, environment editor

Australia's blistering summer has only just begun but reservoir levels are dropping fast, crop forecasts have been slashed, and great swaths of the continent are entering what scientists yesterday called a "one in a thousand years drought".

With many regions in their fifth year of drought, the government yesterday called an emergency water summit in Canberra. The meeting between the prime minister, John Howard, and the leaders of New South Wales, Victoria, South Australia, and Queensland was told that more than half of Australia's farmland was experiencing drought.

David Dreverman, head of the Murray-Darling river basin commission, said: "This is more typical of a one in a 1,000-year drought, or possibly even drier, than it is of a one in 100-year event." He added that the Murray-Darling river system, which receives 4 % of Australia's water, but provides three-quarters of the water consumed nationally, was already 54 % below the previous record minimum. Last month it recorded its lowest ever October flows. Inflow this year was just 5 % of the average.

The drought is likely to affect drinking water supplies to many areas. Sydney's largest reservoir is now 40 % full and many rural towns in east Australia face shortages within a month.

It is also expected to have a serious impact on crops. Last week, the government forecast its lowest wheat crop for 12 years, a 62 % decrease on last year. Yesterday the agriculture minister Peter McGauran announced the allocation of more than A$ 200 m (£ 80 m) to help businesses which service drought-stricken farmers, in addition last month to the A$ 910 m in payments for 72,000 farmers affected by drought.

The drought has set off a fierce political debate in Australia about climate change. The country has maintained, with the US, a sceptical stance on the issue, and Mr Howard has refused to sign Australia up to the Kyoto agreement. However, polls suggest he is increasingly out of step with public and scientific opinion and the drought has forced him to demonstrate concern.

With an election due within a year and the environment emerging as a big political issue, Mr Howard last month announced several "green energy" projects. He now concedes that climate change is taking place but argues that the Kyoto process is flawed because it does not include the big polluters – India, China and the US. But last week new UN figures showed that Australia's emissions of greenhouse gases were the highest per capita in the west, apart from Luxembourg, and that they had grown by 1.5 tonnes a head since 1990.

Australia now emits almost as much carbon and other greenhouse gases as France and Italy, which each have three times its population. […]

Adding to the government's embarrassment, the leading scientific body in Australia – the Commonwealth Scientific and Industrial Research Organisation – this week predicted that rainfall in parts of eastern Australia could drop by 40 % by 2070, along with a 7°C rise in temperature. It said that by 2030 the risk of bush fires would be higher, that droughts would be more severe and that rainfall and stream run-off would be lower.

Mike Young, a water management expert at the University of Adelaide, told Reuters this week that Australia's long-term climate was changing. "When the drought breaks we will not return to cooler, wetter conditions. It is the worst type of drought because we are not expecting to return back to the old regime. The last half of last century was much wetter. What we seem to have done is … built Australia on the assumption that it was going to be wetter, and we haven't been prepared to make the change back to a much drier regime."

South Australia's premier, Mike Rann, said yesterday: "What we're seeing with this drought is a frightening glimpse of the future with global warming."

But Mr Howard played down the assessment that the drought was the worst in 1,000 years, saying he doubted if anybody really knew. *(665 words)*

The Guardian, Wednesday November 8, 2006

Assignments

1. Summarize the text. (30 BE)
2. Relate the information about Australia given in the text at hand to what you know about global warming. (40 BE)
3. "But Mr Howard played down the assessment that the drought was the worst in 1,000 years, saying he doubted if anybody really knew." (l. 50 f.)."
   Write a letter to the editor of *The Guardian* in which you state your point of view regarding Mr Howard's attitude. (30 BE)

Lösungsvorschläge

Teaching modules referred to:
The focus here is on the main teaching module Promised Lands *(13.1) As far as content is concerned knowledge of Science and Technology, a theme usually covered in Year 12 and which concentrates on issues such as science fiction, energy, ecology and electronic media, is also relevant. In this case special emphasis is placed on the topic of ecology. The text demands both a knowledge of climate change and energy issues but also of the problems Australia has in this area. Likewise, knowledge of the Australian political situation would be helpful.*

1. *How to approach the task:*
   For general tips regarding how to summarize a text (Present Tense, no quotes, etc.) see the "Hinweise und Tipps" chapter. One particular point to watch out for here is that there are a lot of statistics and examples given. Try and avoid using them exactly as they are given here but find your own way of mentioning them. In other words refer to the information, but in your own words.

   The terrible drought in Australia is the main theme of the opening section of this extract. We learn that many places have had drought year after year over the past while. This has lead to rivers that are lower than ever before and to half of Australian agricultural land needing water desperately. The drinking water supply is also badly affected and Australians have also had the lowest wheat returns in years. Government reaction to this has varied from emergency governmental meetings to the granting of large amounts of financial aid. The most important consequence of the drought has been the political storm that has erupted regarding climate and environmental issues. Prime Minister John Howard who failed to sign the Kyoto agreement is seen as not being in line with public and scientific opinion on this matter. He claims there is little point because the big powers have not signed it. With an eye on upcoming election Howard recently started a number of green projects. The government has been embarrassed by figures showing that Australia has a carbon emission level as high as France or Italy. Figures showing that Australia will get warmer, drier and more susceptible to bush fires have not helped the situation. Opinion is that Australia has been built for a wetter climate when in fact it is getting drier. Many including some politicians are frightened by the threat the future holds but Mr Howard does not believe anyone can tell how bad this drought really is. *(249 words)*

2. *How to approach the task:*
   Before you begin make a short list of all the points you learned when dealing with the topic of climate change in class. Think about the books you read, the articles you studied and the vocabulary you managed to learn. This is a theme which demands a very specialised command of English so make sure you know how to handle difficult concepts. All these factors should provide you with enough information to answer the question. You can, however, try and list climate change accidents, disaster and cat-

astrophes if you need more material. Finally, what connections can you see between the information on Australia and the material you have gathered? Link the two as best you can. You are expected to present what you know already in the context of what you have read here. Structure your answer carefully and refer to material covered in class. Any facts, statistics, or quotations will support your answer well, so stop and think for a moment if there is any aspect of the text you can back up with such material. Can you refer to some aspect of Kyoto? Or maybe you know something about current administration policies in the UK, USA or Australia. Think carefully and you will find many more examples than you realize at first.

Much of the information regarding climate change which is to be found in this text fits in with elements of the process which we studied in class. The first point I would like to make is that one is struck by the similar extremes that the text here and our studies showed. For instance we have read texts in which the melting polar caps was referred to as well as the problems this process causes. This is something which is causing ocean levels to rise and causing real threats to life in Britain and other places. The effect of climate change is also a real threat in Australia where livelihoods are under fire, where people's health and lives are endangered by bushfires and where the economy is also suffering. We read in English class of entire English villages which are being eaten up by the sea as the coast shrinks. The cost of dealing with this problem is immense. The only difference is that climate change in this instance (i.e. in Britain) has lead to more water due to melting ice, in Australia the problem is not one of too much water, rather too little.
For me, however, I think that a more interesting piece of information given about Australia in the text is not that climate change has lead to drought but that it has now caused heated political discussion. This reflects quite keenly the material we studied in class when it came to the political reaction to climate change. I know for a fact from an article which we read in the Guardian that the approaches of the Bush and Obama administrations to climate change, Kyoto and the energy crisis have differed greatly. Obama has mentioned the need for a new approach to energy problems and to climate change. The Obama-Biden New Energy for America plan seeks to provide short-term relief to American families at the gas pump and create five million new jobs by strategically investing $150 billion over the next ten years towards efforts to build a clean energy future. They also hope to put 1 million Plug-In Hybrid cars on the road by 2015. Obama also wants to ensure 10 percent of our electricity comes from renewable sources by 2012. Some of these measures are extremely unpopular with those Americans who supported the Bush stance or were in the Bush administration. The Australian reaction and debate is very similar in that the text clearly tells us that many Australians are divided on climate change at a political level. As is often the case the ordinary people are a step ahead of their politicians on this matter.
It is also noteworthy that the scientists in Australia, according to the text, are leading the way when it comes to warning people about climate change. This was the case worldwide in the past and it is still the case today. Another text we read outlined the harrowing consequences climate change is already having on employment and the economy. While it is true that some jobs are being created in the "green" sector, if

climate change continues at current levels it will cost us money and jobs. The text mirrors this when it says the Australian drought will hit crops in a catastrophic way and it will cost the government huge amounts of money in payments to farmers. This can all be related to the developments elsewhere though one must say that the Australian experience of drought brought on by climate change is an upsetting and very real indication of huge problems to come rather than a carbon copy of current problems. The Australian situation is a good deal worse and more immediate than the shrinking British coastline. *(621 words)*

3. *How to approach the task:*
Step 1 *It is vital to remember when attempting this question that this is a formal letter and you must have formal aspects to it. These include formal English, a reference to the text, proper salutation, date, sensible address, a proper and formal conclusion, correct expression of opinion and so on. The actual nature of what you say is very much up to you. You may be very down-to-earth and factual or alternatively you could express anger, surprise, and astonishment at the statement in a polemic fashion. That's up to you to decide but you must structure your answer properly and state your opinion regarding Mr Howard's stance.*
Step 2 *Before you start concentrate on what Howard said, consider its meaning and implications and decide to tackle the matter directly. Ask yourself about the context in which it was said. Make a list of arguments you could use to challenge or support what he has said. Do this quickly and in note form. Try and use as many effective and strong adjectives as possible and place yourself in the position of a person who supports or does not support Mr Howard. Also, don't forget to come up with some constructive ideas about policy changes on climate or energy problems which Mr Howard might introduce over the next while. Keep the long-term consequences of drought in mind. Consider the conclusion you wish to reach before you start the letter. How do you want to bring your letter to a head: quotation, question, statistic, strongest argument?*

Letter to the Editor

3, Daisy Drive
Canberra
Australia

12th April 2009

Dear Sir or Madam,
I am writing to you today in response to a quote you published last week by the Australian Prime Minister. I do this in order to express my sadness, anger and astonishment that a prime minister should behave as irresponsibly, selfishly, arrogantly and stupidly as John Howard has done in recent times. His doubting "if anybody really knew" how bad this drought may be is not in itself a huge problem or one which is worthy of a letter to the newspaper. He may, Lord knows, even be right in what he

says. Things could easily get worse. However, this statement, when seen in the light of other statements he has made such as “Kyoto isn't the answer” and in the light of the government’s shocking stance on climate change means that he can no longer be trusted to take a sensible attitude on this matter and should step down before he harms Australia further. Knowing John Howard, I imagine he will not be brave enough to do this but will continue to reject the weight of scientific opinion on climate change, even as we approach the next election. At the same time he will be well aware that concern about global warming, as reflected in recent polls, is becoming a matter of major importance among the population. Am I the only person who thinks that the issue of global warming could be an election winner, if only Howard could make it a central plank in his election platform? All the signs are there that the public is not relaxed and comfortable about current climate trends. This suggests there are many looking for strong political leadership to address this rapidly developing problem. In so doing, the Liberal Party might not only win the next election but it would give many of us hope that Australia will avoid looming catastrophes such as drought and bush fires. Before I conclude may I suggest a number of measures which, if introduced by Mr Howard and his party, would help convince the electorate that he is serious about climate change: 1. Raise the bar for the Mandatory Renewable Energy Targets. 2. Bring in a national carbon-trading scheme. Unlike a carbon tax, carbon trading rewards those who do good. It only penalises those who cause harm. Then let the market decide whether they want to cause pollution or make profit. Nothing could help the carbon problem more than this one simple measure. 3. Get your own backyard in order. Federal Government departments waste large amounts of energy across Canberra. Finally, may I remind Mr Howard that Australia needs water more than most countries in the world. Does he want to go down in history as a prime minister who worsened the drought problem we have rather than tackled it?

Yours sincerely,
Dominic Green *(470 words)*

Abiturprüfung Hessen 2009 – Englisch Leistungskurs
Vorschlag A – The American Dream

New York

The protagonist of the novel is a writer who has been allowed to leave the German Democratic Republic and now, in the 1980s, lives in New York. Friends have set him up as a caretaker in a shelter for the homeless.

That, after all, was how I experienced those first years: as a time of total division from the past. Hadn't we come to the New World in order to build new lives for ourselves? Were we not entitled – even by a certain logic *required* – to leave all the fault and failure of our old lives behind us? What had happened in our prior lives no longer concerned us, I told myself. […]

Both sides of [New York] fascinated me: the ruin and the glamour. I came at them with an undiscriminating hunger that each aspect seemed to satisfy equally. I liked the grime and the grunge, the filthy subway cars lurching by in a fluorescent lichen[1] of graffiti, the street-cleaning vehicles whirling their medieval-looking brooms over the crack vials[2] and sodden porn mags[3] of the East Village[4] gutters. […]

And meanwhile there was the other side of the picture: those visions of pure, dripping gold. Furred models, stepping from limos to shop for diamond ankle bracelets; tanning parlours where gold-like bodies revolved under ultraviolet lamps … Even just the food stores: to behold for the first time those illuminated tiers of fruits and vegetables, the forests of flowers spilling out their scent and colour from the East Village bodegas[5]; to walk on and to be confronted, on the same block, by another, then yet another such *Wunderkammer;* to go inside and fill a basket with delicacies you had never bothered to distinguish in your mind from the nectars and ambrosias of myth, so little had you ever expected to taste them; […] all of this of course entirely commonplace to other shoppers, but to us as startling as if a New Yorker should walk into a shop and find delicacies from Jupiter and Venus casually on display. And then the buildings themselves, the skyscrapers, my childhood fetishes, rising south and north over the humbler rooftops of the Village: the Empire State like a great syringe with some fiery elixir of the city vatted inside it, the Helmsley[6] in its gold tiara[7], the Twin Towers[8] reading each other's paragraphs of light …

How I loved this place! Having spent my teenage years dreaming of being reborn as an American, I should not have been surprised, but the reality of the country so exceeded my wildest imaginings that I would sometimes find myself in a state of almost painfully overfulfilled expectation. Even the shelter we supervised on the floor below us was a source of unexpected joy. I had imagined it was going to be a place of pungent squalor and criminality; that to pass muster there I was going to have to find the resources of a prison guard somewhere inside me. But I was mistaken: the men who lived there, far from being the brutal or broken spirits my anxiety had conjured, seemed to me to embody, in a peculiarly pure form, precisely the qualities I had always most desired for myself: vitality, innocence, hope. Their stripped-bare lives, even the undeniable craziness of one or two of them, elevated them in my eyes, giving them an almost heroic air. […]

In the evenings, as they drifted in from the streets after we unlocked the door (our principal duty, along with keeping the store-cupboard stocked with laundry soap and toilet paper), I would sit with them in the communal room, spellbound. Their conversation revolved around two themes: their eager willingness to take responsibility for their own predicament, and their unquenchable optimism for the future. They were homeless, they believed, simply as a result of what they called their 'bad choices'. But they also believed that the good life was attainable to anyone in this great country of theirs, themselves included, and that all it required was for them to make, instead of bad choices, the 'right' choices, which they would make as soon as they were 'ready'. As simple as that! No talk of bad luck or the inherent injustices of the social order; nothing between themselves and their destiny: an apocalyptic nakedness! Every one of them, it seemed, was a millionaire-in-waiting: right now they were just going through their shelter phase, as the heroes of legend go through their obligatory spells in the desert or the pauper's hovel. Absurd as it may sound. I wanted to be as they were: emptied out of everything but faith and hope! Their glamour extended from themselves to the physical space they inhabited. Dingy as it was, with its soiled woollen curtains, calcium-bearded radiators, narrow beds and bits of old carpet remnant, the place had a rock-bottom sufficiency that I found strangely appealing. The hot water worked; the kitchen always had plenty of store-donated food in it; there was company if you wanted it, but no one imposed on you. I remember thinking that if we failed to make a go of things in this city, I, for one, would be content to end up in such quarters.

But there was no reason to believe we would not make a go of things. *(839 words)*

James Lasdun: Seven Lies, *Vintage Books, London 2007, pp. 149–154*

1 flechtenartiger Überzug
2 very small bottles used for medicine, perfume etc.
3 pornographic magazines
4 part of New York
5 *here:* convenience store
6 skyscraper: famous hotel
7 crown (the pope's crown)
8 skyscraper (fell victim to the terrorist attacks of 9/11)

Assignments

1. Describe the narrator's impressions of New York. (25 BE)
2. Point out the main aspects of the American Dream and relate them to the text at hand. (40 BE)
3. "They were homeless, they believed, simply as a result of what they called their 'bad choices'. […] No talk of bad luck or the inherent injustices of the social order." (ll. 41–46)
   Comment on this statement taken from the text. (35 BE)

Lösungsvorschläge

Teaching Modules referred to:
The text to be dealt with here centres on the main teaching module The USA *(12.1). The content places particular emphasis on the American Dream and an immigrant's impressions of New York. In this case the material is relevant to other modules such as* Ideals and Reality *(13.1), in particular to aspects such as structural problems and inequality. These manifest themselves in the description of the poor and rich, the positive and negative aspects of life in the New York which the narrator describes in this extract.*

1. *How to approach the task:*
   This is a question which demands quite a substantial answer as there is a lot of information on the topic in the extract. Above all else, your description should portray the positive and negative sides of life in New York. Look at the text carefully and underline everything that reflects the author's impressions of the city. In this context there is a lot of material so to get good marks here you must compress a lot of facts and information into your answer. Having underlined the important points ask yourself how best to say it in your own words. Give a picture of New York that summarises what the narrator says. How did it impress him? What are his reactions to the city, to the world, he has arrived in?

   From the very first it is clear to the reader that the narrator is entirely captivated by New York. He is totally taken up with the two contrasting sides of life there; firstly he loves the glamour, the money and wealth, the shops, the lovely fruit, vegetables and flowers, the startling freshness of everything, the buildings and skyscrapers. He mentions those buildings he loved and he says that he could never have expected what he experienced in New York. He notices the beautiful models, girls with fantastic bodies, with lovely jewellery. The downside of life is also present as he notices the filth and dirt, the graffiti, the homeless people, the porn magazines and so on. He even likes the machines which are used to clean the streets. He found the men he met very lively and full of innocence and dreams. His impressions of New York are those of a man who arrives in a new world and is totally and entirely overwhelmed by it in a positive sense. He refers to the fact that as a teenager who liked America without having ever been there he should have been ready for this but he is not. He has never seen anything like this before, he is flabbergasted and enthusiastic. His impressions are those of a man whose teenage dreams have come true in a way he could never have expected. *(232 words)*

2. *How to approach the task:*
   This question requires an understanding of the American Dream and an ability to relate it to aspects of the text. In particular one should ask oneself what the dream consists of and how both the narrator's impressions of America – in this case of New York –can be related to this dream. Again it is a question which should not illicit a short answer. This demands analysis of the text so you should look carefully for in-

formation that highlights points you wish to make. You should start with a definition of the dream but don't make it too long. It should be precise and accurate. Above all else do not write off the point. Your job is clear from the straightforward question, define the dream, relate it to the text. Back up each aspect of the dream with evidence you have found in the text.

A freedom that allows Americans to pursue their goals in life through hard work and freedom of choice (coupled with the opportunity for immigrants to achieve greater wealth) forms the heart of the American dream. It also includes a promise that says the market should reward drive and innovation and generate growth, but that businesses should live up to their responsibilities to create American jobs and look out for American workers. It involves little government intervention and encourages the idea that we are responsible for ourselves. There are many of these aspects of the American dream present in the text. Individual success, for instance, can be seen in the narrator's description of the beautiful models. He says they wore fur coats, drove round in limos and also owned expensive diamond ankle bracelets. These are people who have made it in America. Further collective success is evident in the wealth of the city, the buildings and so on. All this is part of a place that is unbelievably rich in his eyes, "dripping with gold". It is also clear that business and the market rule the roost. Shops that he sees are brimming with wonderful fresh food and products. This reflects one of the central aspects of the Dream – it is something which has its roots primarily in trade and the desire to be free to do what one wants with one's life. Furthermore, the American Dream and it's "a-fair-chance-for-every-man-to-make-a-fortune" is clear from the description that is given in the text of the poor, homeless men in the shelter who all believe in the dream and who live in squalor but it is a squalor that functions quite well according to the author. These men all have a certain glamour of their own, especially in their belief in a good life if they make the right choices. The idea of social injustice does not exist for these men they are rather willing to take responsibility for their own difficulties. Yet another side to the dream! This is a fact that also reflects the side of the American Dream which does not believe in government intervention. These men all believe in an American future and it is clear that the author does too. In this sense he reflects the immigrant side of the dream, a man who has come to New York, is fascinated by it and believes he, too, will make it. Life, as he experiences it, is a complete "division from the past" a new life, a new world. The final words of the extract sum that up when he says that there was no reason to believe "we would not make a go of things". Of course the rags aspect of the American dream is also evident in the poverty described in this piece but somehow that does not bother the narrator, he has been infected by the hope that he will also experience the riches side of things. In this sense he is very typical of immigrants to New York because he sees his old life as all "fault and failure" and believes things can only get better. What I also find interesting is the way he describes things being exactly as he imagined them as a teenager. He has arrived in the land of his dreams and fantasies and it is everything it promised to be. Nothing could be more central to the American dream than this. *(570 words)*

3. *How to approach the task:*
A brief explanation of the statement in your own words would be a possible starting point. In particular you should mention that the statement reveals the issue of individual responsibility as a part of the American Dream. In other words people are responsible for what happens to them. Another angle on this is that social injustice or the disadvantages people experience cannot be seen as an excuse for failure. People have to make their choices. In your answer you should possibly include the contrast which is obvious from the fact that the narrator comes from East Germany. Finally, your own opinion is necessary here so do not shy away from giving it. You have to take a position on this so begin by noting a few points about it. These points should form the concluding part of your comment where you explain your attitude to the statement.

The narrator in this extract sets out an explanation for the situation the homeless people in New York find themselves in. They had simply chosen the wrong options in life and he never heard them mention social injustice as a possible reason for their misfortune. To anyone not used to the American Dream or to life in America this is of course astonishing. Yet, at the end of the day, it reveals a part of the Dream that has long been unquestioned. This belief states that is not the task of the government to help you, you must help yourself and those around you. If untold riches are possible, indeed dangled in front of you, you must stand up yourself and reach out to grab them. The statement here makes this clear and in the eyes of the narrator, who has just come from East Germany, nothing could be in starker contrast to his homeland than the USA. He has met people who put their own failure down to the choices they made – having come from the socialist GDR where the state played a huge role in people's lives this is a shock to him. Now to non-Americans this is an aspect of the Dream which I cannot accept. It is all very well to say we make bad choices but education, background and money are significant factors in whether or not people get on in life. The man who is born poor or illiterate has a far longer way to go than his well-heeled rival who lives in a mansion at the top of the hill and dreams of earning more money than his father. I do feel the state has a role to play in helping people realize their dreams. Hence, I would argue that a dream, which makes people believe that the choices they make explain the mess they find themselves in, is a dream that is pulling the wool over its citizens' eyes. The state or the system behind this dream is avoiding the responsibility it should be taking. I agree that governments can stifle individual initiative but programmes such as affirmative action are necessary if we are all to start from the same position in the race to attain our goals. The American dream, or one aspect of it, is crystallised in this statement here, but by the same token a major weakness within it is also revealed. The great irony of the current situation in America is that the president, Barack Obama, a great supporter and beneficiary of the American dream, has introduced a lot of measures which increase government spending and involvement in people's lives. It would be interesting to hear what the narrator would say about that. I, for my part, favour social justice over some long-shot, overrated attempt to become a millionaire which ends in failure of one sort or another for most people. *(483 words)*

Abiturprüfung Hessen 2009 – Englisch Leistungskurs
Vorschlag B – Dehumanization

Working on the line

In his novel 'Middlesex' J. Eugenides gives us an idea concerning the working situation at Ford Motor Company in the 1920s by depicting the life of an immigrant family.

Historical fact: people stopped being human in 1913. That was the year Henry Ford put his cars on rollers and made the workers adopt the speed of the assembly line. At first, workers rebelled. They quit in droves, unable to accustom their bodies to the new pace of the age. Since then, however, the adaptation has been passed down: we've all inherited it to some degree, so that we plug right into joy sticks and remotes, to repetitive motions of a hundred kinds.

But in 1922 it was still a new thing to be a machine.

On the factory floor, my grandfather was trained for his job in seventeen minutes. Part of the new production method's genius was its division of labor into unskilled tasks. That way you could hire anyone. And fire anyone. The foreman showed Lefty how to take a bearing[1] from the conveyor[2], grind[3] it on a lathe[4], and replace it. Holding a stop-watch, he timed the new employee's attempts. Then nodding once, he led Lefty to his position on the Line. On the left stood a man named Wierzbicki; on the right a man called O'Malley. For a moment, they are three men, waiting together. Then the whistle blows.

Every fourteen seconds Wierzbicki reams[5] a bearing and Stephanides grinds a bearing and O'Malley attaches a bearing to a camshaft[6]. This camshaft travels away on a conveyor, curling around the factory, through its clouds of metal dust, its acid fogs, until another worker fifty yards on reaches up and removes the camshaft, fitting it onto the engine block (twenty seconds). Simultaneously, other men are unhooking parts from adjacent conveyors – the carburettor[7], the distributor[8], the intake manifold[9] – and connecting them to the engine block. Above their heads, huge spindles pound steam-powered fists. No one says a word. Wierzbicki reams a bearing and Stephanides grinds a bearing and O'Malley attaches a bearing to a cramshaft. While other workers screw in the air filter (seventeen seconds) and attach the starter motor (twenty-six seconds) and put on the flywheel[10]. At which point the engine is finished and the last man sends it soaring away …

Except that he isn't the last man. […] A man sends it dropping down onto a chassis rolling out to meet it, as three other workers remove a car body from the oven, its black finish baked to a shine in which they can see their own faces, and they recognize themselves momentarily, before they drop the body onto the chassis rolling out to meet it. There are other men below, hauling the engine in, as a chassis rolls out to meet it. These men attach the engine to the transmission (twenty-five seconds). Wierzbicki reams a bearing and Stephanides grinds a bearing and O'Malley attaches a bearing to a camshaft. My grandfather only sees the bearing in front of him, his hands removing it, grinding it, and putting it back as another appears. The conveyor over his head extends back to the men who stamp out the bearings and load ingots into the furnaces; it goes back to the

Foundry where the Negroes work. […] The Foundry is the deepest recess of the Rouge[11], its molten core, but the Line goes back farther than that. It extends outside to the hills of coal and coke, it goes to the river where freighters dock to unload the ore, at which point the line becomes the river itself, snaking up to the north woods until it reaches its source, which is the earth itself, the limestone and sandstone therein, and then the Line leads back again, out of substrata to river to freighters and finally to the cranes, shovels, and furnaces where it is turned into molten steel and poured into molds, cooling and hardening into car parts – the gears, drive shafts[12], and fuel tanks of 1922 Model T's. […]

By day, no words, by night, hundreds. Every evening at quitting time my exhausted grandfather would come out of the factory and tramp to an adjacent building housing the English school. He sat in a desk with his workbook in front of him. The desk felt as though it were vibrating across the floor at the Line's 1.2 miles per hour. He looked up at the English alphabet in a frieze on the classroom walls. In rows around him, men sat over identical workbooks. Hair stiff from dried sweat, eyes red from metal dust, hands raw, they recited with the obedience of choirboys:

"Employees should use plenty of soap and water in the home."

"Nothing makes for right living so much as cleanliness."

"Do not spit on the floor of the home."

"Do not allow any flies in the house."

"The most advanced people are the cleanest."

Sometimes the English lessons continued on the job. One week, after a lecture by the foreman on increasing productivity, Lefty speeded up his work, grinding a bearing every twelve seconds instead of fourteen. Returning from the lavatory later, he found the word "RAT" written on the side of his lathe. The belt was cut. *(843 words)*

Jeffrey Eugenides: Middlesex, *New York. 2002, pp. 109–112*

1 Kugellager
2 Förderband
3 schleifen
4 Drehbank
5 (aus-)fräsen
6 Nockenwelle
7 Vergaser
8 Verteiler
9 Ansaugrohr
10 Schwungrad
11 the name of the Ford plant at the river Rouge, a few miles south of Detroit
12 Getriebewelle

Assignments

1. Summarize the text. (30 BE)
2. Point out literary techniques used by the author and analyse their function. (35 BE)
3. Comment on the statement that "people stopped being human in 1913" (l. 1). Take into account that Ford's assembly line has often been considered one of the most important steps towards the realization of the American Dream for the masses. (35 BE)

Lösungsvorschläge

Teaching Modules referred to:
The text to be dealt with here refers to the main teaching module Extreme Situations *(12.2) with particular emphasis on the theme entitled "the troubled mind". In this case the material is relevant to other modules such as* USA *and* Them and Us *(13.1) in particular with regard to aspects such as the American Dream and values (human and civil rights). The text itself deals with the introduction of Henry Ford's assembly line and the extent to which this dehumanised people.*

1. *How to approach the task:*
   For general tips regarding how to summarize a text turn to the "Tipps und Hinweise" chapter. The following framework may be of interest, however, as a guideline to how you should structure this particular answer: Introduction of assembly line – work process divided up – workers easily replaced and exchanged – description of production process – narrator's grandfather – assembly line – silence at work – English classes and classes in values – grandfather's relationship with fellow workers – mistake grandfather makes in working too fast and pressurizing fellow workers by doing so. These are the kind of notes you should jot down while you are reading a text and when you come to important points.

   The year 1913 saw people cease to be human and become machines with the introduction of Henry Ford's assembly line, a line which many workers were unable for at the time but which has lasted right down to the present day. The narrator's grandfather learned his trade in seventeen minutes as part of a new process, one which divided work into separate jobs. This meant anyone could be hired, fired, replaced or quickly trained. The actual work in the factory followed a pattern which involved many men doing different tasks. His grandfather joined the line like many other men and they all had a certain amount of time to complete their task. The product is an engine and the assembly line feeds all the parts that will go into the engine. Finally, when it is finished the last person sends it off. This engine is matched to a chassis. The narrator's grandfather only sees a bearing and he is part of a line that stretches out to the hills, to the rivers, across the countryside, eventually becoming a steel part for the model T. After work the narrator's grandfather went to English classes just as many other men did. They learned English and values, values such as cleanliness. His grandfather takes the values he learns and speeds up at work. One day he is punished by his fellow workers for working too fast and putting them under pressure. Someone calls him a rat. Finally, his belt is cut to make sure he gets the message. The other workers don't want him working too fast. *(265 words)*

2. *How to approach the task:*
The author uses many, many different devices and it is up to you to pick them out, identify them and analyse their function within the piece. Read the text slowly and underline or mark any part which you feel shows the usage of a literary technique. Ask yourself how the technique is used and why the author has done this. Consider the exact themes of the piece you are looking at. How could certain devices emphasize these themes? In this particular extract devices you might be searching for include metaphors, similes, irony, specific vocabulary, alliteration and so on. Consult the glossary at the start of the book if you are unsure about any technique.

Of all the literary techniques present in this extract the use of highly specific vocabulary is perhaps the most interesting and unusual. Though normally not a technique in itself, its usage achieves an effect whereby we can say the author is applying such vocabulary for a definite purpose and it does fulfil the role of a literary device. The list of words we find in the extract which refer to parts of an engine or parts of the assembly line is almost endless. The author talks of "camshafts, conveyors, chassis, molten core, lathe, carburettor, bearings, distributor, transmission, intake manifold" and so on. These words are highly technical and refer to parts of the assembly line or the product that is being produced. The intended effect is to recreate the assembly line effect by using words which conjure up the feeling of actually being on it and working as part of it. In this sense we experience the monotony of the work, the extreme pressure to deliver, the accurate depiction of the new economy and its needs. Without these words the piece would lack authenticity. Another approach is to use time to give the whole piece a certain pattern. Hence the author uses fourteen seconds, seventeen seconds, twenty-six seconds, twenty-five seconds and twelve seconds at one stage or another in the extract in a manner that mimics the device of parallelism. What then is the effect of this? Well, if we consider that there is also a reference in line 49 to the Line's "1.2 miles per hour" we see that the constant reference to time makes the reader feel that he too, and the passage itself, is a part of the Assembly Line. The reader senses the pressure on workers, the Line's obsession with time, the startling change the Line brought to factory work. The use the author makes of names is also revealing in that the author introduces and blandly repeats certain names during the piece thus stressing that it was not the person but the work he did that had become important. The use of repetition and alliteration is limited in this piece though we do find an example of it in line 17 when the author writes "This camshaft travels away on a conveyor, curling around the factory, through its clouds of metal dust, its acid fogs." The impact here is to stress the movement of the conveyor and stress the automated nature of work now.
The Line itself, of course, is a metaphor, cleverly created by the author to stand for a number of different things, above all for the human race and its changing nature. There is, of course, a sense of contrast present in the clash of the two opposites of "people/stopped being human", which is established by the author in line 1. This brilliant use of contrast reappears later on in line 46 when the author writes "By day, no words, by night hundreds". There is an ironic touch at the end when the author says that the English lessons often went on at work or as he puts it "on the job" (line 58).

However irony is present in a stronger form as the piece draws to a close. The description of the workers who attend English classes is so strong "Hair stiff from dried sweat, eyes red from metal dust, hands raw" (line 51) that the rules which then follow regarding cleanliness are quite ironic. Not only that but the contrast is made even stronger and more ironic by the placing of the words "the obedience of choirboys" (line 52) at the end of sentence. It is these obedient choirboys who also are probably behind the highly disobedient act of cutting his belt and getting the message across to him that he should not work too fast. *(639 words)*

3. *How to approach the task:*
   Step 1 *This question presumes that you will keep the text you have just read very much in mind. The relevant aspects of the text include the changes the assembly line brought with it and in particular the way in which, according to the extract, it lead to the dehumanisation of ordinary workers. As the question suggests however the assembly line helped people get work and realize their (American) Dreams. It lead to improved wages and a better standard of living. Wasn't it therefore a good thing even if it meant people stopped being human? Consider all this before you attempt the answer. Find arguments to support your view of this statement in the context of the American Dream.*
   Step 2 *When answering this question you should also remember that this is a statement and you must judge it and comment on it. Your own opinion is necessary here so do not shy away from giving it. You have to take a position on this so begin by noting a few points about it. The suggestion is that the introduction of the assembly line turned people into machines. Do you agree with this? Why? Why not? These points should form the part of your comment where you explain your stand on the statement. Use as many examples from history before 1913 or since as you can think of. They should, of course, be related to your thesis so choose carefully. If you come up with good examples you will find that they will improve the content of your essay and the strength of your argument. Above all else, however, structure your answer well so that you can accommodate your view of the statement in the context of the American Dream.*

There can be no doubt that the advent of the assembly line was a major step in the history of economics and of mass production in particular. It is clear from the extract we have just read that the author belongs to that group of people who see the development as one which dehumanised the work force and changed it and humans forever. This change, according to the author's extract, was not for the good of man as people either refused temporarily to continue doing this work or became alienated from the working world as they had known it. People stopped being human, he contends. There are, however, a number of points to be made in defence of the assembly line. There can be no disputing the fact that it did play an enormous role in modernizing work and creating a richer society. This is particularly relevant in the context of this question because many immigrants to America, or Americans themselves, managed to turn dreams into reality thanks to the money they earned from working in

Ford's factories. They achieved the American Dream in one way or another. Their earnings increased. Such earnings allowed people at a later date to actually buy the cars they were helping to produce, to save for a home of their own, or to invest in the wide range of products the assembly line economy was now producing. This was a positive development but as the question indicates it came at a price. The new assembly line altered work in a way that few could have imagined and undoubtedly was a factor in the growing sense of alienation that many people felt as the twentieth century stretched its wings. It was left to poets such as T. S. Eliot to sum up this feeling in works such as *Prufrock* and *The Waste Land*.
This comment is of course one that can only be understood in the context of economic development. To answer the question posed by the comment I think we must state clearly that it wasn't people who stopped being human but work itself. People may have been altered by the new system but they were still human in the stories they told each other, in the attitudes they had to their fellow workers, in the hobbies they pursued during their spare time. There is little doubt that prior to the arrival of the assembly line, work itself was far more human. Men went out into fields and worked hard but they talked, chatted or laughed while they did so. Others went to factories where they were given the task of completing one job consisting of many tasks and skills but after which they could take pleasure from the fact that they had built or assembled something. After 1913 workers did the same boring thing day in day out in order to save time and to produce more. This I would say proves my point that it was the nature of work, not people themselves that changed. People certainly may have had the feeling that they were now being treated like machines or parts of a big wheel and the author sums this up when he says that "in 1922 it was still a new thing to be a machine" (line 7). However, for me that does not mean a dehumanisation of man, merely an alienation of people from the work and the past they had known. I also wonder if it is fair to blame Henry Ford and in particular the ear 1913 for people becoming less human. I would have thought the year after, 1914, the year of the First World War, would be a far more appropriate year to label as the year people stopped being human because it was then that man turned the new machinery on his fellow man. To conclude then I believe the writer is spot on when he says a change occurred and we started doing repetitive things when we work. Work did change but although this had bad and good consequences for many people I do not feel it is justified to say man became less human – he simply started to work in a different way. *(701 words)*

Abiturprüfung Hessen 2009 – Englisch Leistungskurs
Vorschlag C – Kombinierte Aufgabe: Equality / Problems of Identity

Teil A: Aufgabe zur Sprachmittlung

„Auf kein Talent verzichten"

Merkel dringt auf bessere Bildungschancen für Einwanderer / Symposion

oll. BERLIN, 16. Oktober. Bundeskanzlerin Merkel (CDU) hat es als wichtigste bildungspolitische Aufgabe bezeichnet, die Abhängigkeit des Bildungserfolges von der sozialen Herkunft in Deutschland zu durchbrechen. Zum Auftakt des Symposions „Integration durch Bildung im 21. Jahrhundert – eine Herausforderung für Public-Private Partnerships" sagte die Kanzlerin in Berlin, alle Kinder und Jugendlichen, gleich welcher Herkunft, müssten die besten Chancen haben. „Bildung ist der Schlüssel für die Integration der Menschen aus Einwandererfamilien", sagte Frau Merkel zu Beginn der Veranstaltung, die von der Integrationsbeauftragten der Bundesregierung, Böhmer (CDU), in Zusammenarbeit mit der Vodafone-Stiftung in Berlin initiiert worden war.

Besonders deutlich zeigte sich in internationalen Schulleistungsstudien[1] der Zusammenhang zwischen sozialer Herkunft und Bildungserfolg[2] bei ausländischen Schülern, die häufig keinen Abschluss erreichen oder weit unterhalb des Durchschnitts abschneiden. In Ländern, die ihre Einwanderer gezielt nach Qualifikationen und Sprachfähigkeit auswählen (in Kanada, Australien und Neuseeland), sind die Unterschiede zwischen dem Bildungserfolg einheimischer und ausländischer Schüler kaum ausgeprägt.

Fast ein Drittel der unter fünf Jahre alten Kinder kommt in Deutschland aus ausländischen Familien. Fünfzehn Millionen Menschen kommen aus zweihundert Staaten. Sie müssten in jedem Fall die deutsche Sprache beherrschen, forderte Frau Merkel. Die Grundlage für jegliche gesellschaftliche Teilhabe bleibe die Integration in den Arbeitsmarkt. Denn Deutschland könne auf kein Talent verzichten. Eine der größten Aufgaben sieht die Bundeskanzlerin darin, die Möglichkeiten und Stärken der hier lebenden Ausländer besser zu erschließen. Deshalb müsse in den Ausbau der Kindertageseinrichtungen investiert werden, in die Sprachförderung in den Tageseinrichtungen und in die Forschung zur Sprachstandsfeststellung[3]. Vor allem Stiftungen leisteten bei der Integration durch Bildung Pionierarbeit, sagte Frau Merkel und nannte die Begabtenförderung der Vodafone-Stiftung und die schulische Förderung ausländischer Schüler der Hertie-Stiftung. […] Der in einer Videokonferenz zugeschaltete Bill Gates, der eine Privatstiftung[4] aus einem Unternehmen heraus gegründet hat, verwies darauf, dass selbst in einem klassischen Einwanderungsland[5] wie den Vereinigten Staaten das Problem des unterschiedlichen Bildungsniveaus der Einwanderer nicht gelöst sei.

Der Präsident der EU-Kommission José Manuel Barroso sagte, Integration sei nur möglich, wenn die Bürger die Verschiedenheit[6] in der Gesellschaft akzeptierten und die Einwanderer die Integration selbst wollten. Es sei ein europäisches Phänomen, dass die zweite und dritte Einwanderergeneration häufig weniger integriert sei als die erste, das sei nicht hinzunehmen. Die Vereinigten Staaten zögen 55 Prozent begabter und gebildeter Einwanderer an, die EU nur fünf Prozent. Deshalb gehe es darum, eine effizientere Einwanderungspolitik voranzubringen. Umso mehr müssten die Lehrer besser auf ihre neue Aufgabe mit ausländischen Schülern vorbereitet werden. […] *(399 words)*

Frankfurter Allgemeine Zeitung, 17. 10. 2007, Nr. 241, S. 6

1 international student assessment studies
2 educational achievement
3 assessment of language competence
4 foundation
5 immigration country
6 diversity

Assignment

Your partner school's student paper is running a series on trends in education in Europe. To keep them informed about recent developments in Germany you summarize the FAZ article at hand.

Teil B: Verkürzte Textaufgabe

Sally Morgan: Pretending

This excerpt from Australian writer Sally Morgan's autobiography "My Place" is about the time when she was 10 years old. Her grandmother, referred to as Nan, is the daughter of an Aboriginal woman and an English farmer. She became a house maid and had a relationship with an English engineer. She had a daughter at the age of 16 – Sally's mother – who was raised in an orphanage.

In April that year, my youngest sister, Helen, was born. I found myself taking an interest in her because at least she had the good sense not to be born on my birthday. There were five of us now; I wondered how many more kids Mum was going to try and squeeze into the house. Someone at school had told me that babies were found under cabbage leaves. I was glad we never grew cabbage.

Each year our house seemed to get smaller, in my room we had two single beds lashed together with a bit of rope and a big, double kapok mattress plonked on top. Jill, Billy and I slept in there, sometimes David too and, more often than not, Nan as well. I loved that mattress. Whenever I lay on it, I imagined I was sinking into a bed of feathers, just like a fairy princess.

The kids at school were amazed to hear that I shared a bed with my brother and sister. I never told them about the times we'd squeezed five in that bed. All my class-mates had their own beds, some of them even had their own rooms. I considered them disadvantaged, I couldn't explain the happy feeling of warm security I felt when we all snuggled in together.

Also, I found some of their attitudes to their brothers and sisters hard to understand. They didn't seem to really like one another, and you never caught them together at school. We were just the opposite. Billy, Jill and I always spoke in the playground and we often walked home together, too. We felt our family was the most important thing in the world. One of the girls in my class said, accusingly, one day, "Aah, you lot stick like glue". You're right, I thought, we do.

The kids at school had also begun asking us what country we came from. This puzzled me because, up until then, I'd thought we were the same as them. If we insisted that we came from Australia, they'd reply, "Yeah, but what about your parents, bet they didn't come from Australia."

One day, I tackled Mum about it as she washed the dishes.

"What do you mean, 'Where do we come from?'"

"I mean, what country. The kids at school want to know what country we come from. They reckon we're not Aussies. Are we Aussies, Mum?"

Mum was silent. Nan grunted in a cross sort of way, then got up from the table and walked outside.

"Come on, Mum, what are we?"

"What do the kids at school say?"

"Anything. Italian, Greek, Indian."

"Tell them you're Indian."

I got really excited, then. "Are we really? Indian!" It sounded so exotic. "When did we come here?" I added.

"A long time ago", Mum replied. "Now, no more questions. You just tell them you're Indian."

It was good to finally have an answer and it satisfied our playmates. They could quite believe we were Indian, they just didn't want us pretending we were Aussies when we weren't. *(509 words)*

Morgan, Sally: My Place. London (Virago) 1988; pp. 38–39

Assignments

1. Describe the living conditions of the family and their relationship with each other. (25 BE)
2. Explain how the limited awareness of a ten-year-old is reflected in the text. (35 BE)
3. Comment on the mother's attitude concerning her background. Relate it to problems of identity encountered by African Americans. (40 BE)

In das Gesamtergebnis gehen die Bewertungen der Teilaufgaben A und B im Verhältnis 1 : 3 ein.

Lösungsvorschläge

Teaching Modules referred to:
The texts to be dealt with here centre on the main teaching module Ideals and Reality *(12.2). The content places particular emphasis on the issue of equality and inequality. In this case the material is also relevant to other modules such as* Promised Lands: dreams and realities *(13.1), in particular to aspects such as cultural traditions, political and social issues. The country of reference chosen here is Australia. In the shorter text the* USA *(12.1) is also touched on particularly in the area of living together (the ethnic group in question: African Americans)*

Teil A: Aufgabe zur Sprachmittlung

How to approach the task:
In this task you have to make sure that you choose well from the vast amount of information given to you. Select the important things for your summary and leave out unimportant details. Think carefully about how you phrase the points and avoid word for word translation. Say things simply rather than trying to make complicated sentences which may be faulty. Read the text a number of times underlining the main points as you go. Structure your answer well and keep your sentences fairly short.

The provision of improved opportunities for children of all educational backgrounds regardless of social class were important tasks according to German chancellor Merkel recently. Education is the key to integration, Mrs Merkel said and this could be seen in particular when looking at students from a foreign background who achieve lower qualifications than their German peers. With one third of all children under 5 years of age being from foreign families it was vital that such children had a good command of German and integration in labour market was crucial for participation in society in general. Mrs Merkel pointed out that in certain English-speaking countries there was little difference between the educational success of native-born and foreign students. In Germany, a country that needed to use all the talent available, investment in kindergartens and language improvement were important and the work of foundations was vital. Germany therefore needs a more efficient immigration policy as well as teachers that are well prepared to face new educational challenges. Bill Gates, who joined the discussion by video conference pointed out that even in a country like the USA the problem of the differences in educational achievement has not been solved. Integration could only be achieved according to the EU Commissioner José Manuel Barroso if acceptance of diversity among people was present. The aim had to be to make the EU as attractive for foreign people as America was. *(238 words)*

Teil B: Verkürzte Textaufgabe

1. *How to approach the task:*
Look through the text and find those parts which in your opinion refer to the living conditions of the family and their relationship with each other. Gather this information together and recount it in your own words. Keep an eye out for what the information about the other children's lives and attitudes tells you about the family in question. Ask yourself how Sally's family differ from these other children's families. Were they richer, happier, more comfortable, more united? The answers to such questions will help you write a good answer to the question. Use English you know to be correct to say the things you want to say but avoid word for word transcription of the text.

Sally lived in a house which she felt was contracting with each new brother or sister she got. Her own room had two single beds and a single double mattress on which up to as many as five people slept. This, of course, was different to her classmates who all had a bed of their own and in some cases even a room of their own. From the description we get Sally's room sounds very rudimentary and plain. This would lead us to believe that the family was not that well off. It was a family of five children, a mother and a grandmother, all living in impoverished conditions. All the other children at school classified themselves as Australian and wondered what to call Sally's family. However, unlike these kids, Sally got on very well with her family and brother and sister. She loved the mattress she slept on and the people who shared it with her. She felt like a princess, warm and secure in the bed. She spent all her time with her family and even at school she was in the company of her brother and sister. For them the family they were part of was the most important thing in the world. They supported each other in a way other children and families did not do and this may have been because they were poor. This helped Sally deal with the fact that the others thought of her as non-Australian. The relationship of the children to the mother and grandmother is close and warm but the mother does not go into the troubling details of what kind of people they actually were. She tells the child to say they are Indian rather than part Aborigine. This pleases the daughter but, of course, it reveals a side to her existence which her mother may not be that proud of. *(312 words)*

2. *How to approach the task:*
The one thing to ask yourself here is what evidence can we find in this extract of a young child describing things as she sees them. It is there you will find the actual information you need to refer to. One would expect immaturity and a child's perspective to be obvious in any material ot this type. Keep an eye open for such material. Underline the important parts of the text and structure your answer accordingly.

The first interesting thing here is that the child wonders how many more brothers and sisters her mother intends to fill the house with. The fact that she sees the babies as filling the small house shows us a child's view of things. This continues when she reveals that someone had told her where babies come from and she believed the "from under a cabbage leaf" theory. She clearly is ignorant of how children are created and this is a typical ten-year-old attitude. There are other things, however, that show us how young she is. Sally is not in the least aware why her friends are amazed about the conditions in her house. She does not fully comprehend the social consequences of living in poverty. This is further confirmed by the fact that she thinks and feels like a princess while the others recognize she is poor. In particular, she does not grasp that her grandmother and mother are hiding something from her and accepts their explanations of who and what she is quite naively. The fact that she thought "we were the same as them" (line 23) shows she really has no grasp of her situation and this again is very typical of many ten-year-olds. Finally, the fact it has not yet sunk in with her that she is different to her classmates, is not Australian is shown by the fact that she does not ask difficult questions and is content with implausible answers. The search for more likely explanations will come later one imagines. For now it reveals that her awareness of life, her family situation and her social position is indeed limited and that of a ten-year-old. *(280 words)*

3. *How to approach the task:*
In answering this question it is expected that you identify the theme behind this story. Therefore it would be important that you recognize the mother as a member of the Stolen Generation. It would be good to explain what is meant in Australian terms by the phrase "Stolen Generation". Why is that such a controversial issue in Australia? What do you know about the political stance taken by Australians in recent times on this issue? The woman here, Sally Morgan, is a woman whose mother has a problem with being an Aborigine and you should investigate this aspect of the extract. Support your statements with evidence from the text if necessary but remember it is your task to comment on the attitude and to relate it the problems of identity in Black America.

The Stolen Generation or 'stolen children' as they are sometimes referred to is a term used to describe those Aboriginal children who were removed from their families by successive Australian governments and church groups under acts of parliament. There has since been a detailed historical examination of this and in 2008 the Australian government issued an apology to all Aboriginal familes who suffered under these laws. This apology was controversial in the sense that major politicians disagreed on it. This was illustrated by the former Prime Minister Howard refusing to apologise for it. In this extract the mother's attitude is very much that of a person who was brought up to feel inferior and to be ashamed of her background. She shows this especially when she invents a background for her daughter. It is very interesting that when the daughter asks "what are we" (line 32) the mother answers this question with one of her own, namely, "What do the kids at school say?" (line 33). In other words she waits to see what the children say before choosing an answer which she feels will help her daughter fit in and avoid her true identity. She is not deciding herself what kind of a family they are but is taking into consideration what Australians think they are and want them to be. "Tell them you're Indian" she says, thus rejecting who and what she is. However, this is not something which only women such as the mother in this Australian tale experience. There are examples of this to be found all over the world. There are Germans who are ashamed of their identity as much as speakers of Irish in Ireland, who reject their language and their past in favour of a more English identity. This is very much a worldwide problem. There are immigrants who forbid their children to use any other language but the language of the land they are in. Each family makes its own choice to a certain extent though one has to say that the pressure they are often under, as in the case of the Stolen Generation in Australia, can be immense. As a rule then, if there is something in a family's history which is painful or considered inferior or shameful, it is often hidden away. One example of a group of people who had similar difficulties are African Americans. Many African Americans grew up with the feeling that there was stigma attached to belonging to their group. It wasn't just the poverty they lived in that caused this but their history in slavery. It has therefore taken a long, long time for African Americans in America to both come to terms with who they are and the history their people have had to put up with. Thanks to programmes such as affirmative action and, prior to that, the civil rights movement and the writings of authors like Langston Hughes *(I, too, am America)* African Americans have forged a new freer identity for themselves. This process has culminated in the election of Barack Obama as president of the United States of America. When we compare Australians of the Stolen Generations with African Americans we see that it is much harder for them to achieve justice and a new identity. This is mainly because they are a smaller group of people with less political and economic power and because Australia is far more off the beaten track than America. The attitude is now different and improved but Aboriginal people in Australia still have someway to go to being treated equally. *(595 words)*

Abiturprüfung Hessen 2010 – Englisch Grundkurs
Vorschlag A – Kombinierte Aufgabe: Ecological awareness/African Americans

Teil A: Aufgabe zur Sprachmittlung

Mehr Mut

Jürgen Schultheis, 20. 09. 2008.

Die Europäische Woche der Mobilität hat in Frankfurt niemanden ge- oder verstört. Sie hat, soviel darf man hoffen, im Einzelfall dazu geführt, über das eigene Mobilitätsverhalten nachzudenken.

Wenigstens das, mag man sagen. Aber reicht das aus angesichts der Herausforderungen, denen wir uns täglich gegenübersehen, wenn Autos im Stau stehen, wenn wir verpestete Luft atmen und den Lärm der Verbrennungsmotoren ertragen müssen?

Nein, bei weitem nicht. Frankfurt hätte deshalb mutiger in diese Woche gehen sollen, hätte beispielsweise, wie in Rom oder Ljubljana geschehen, für einen Tag die Innenstadt sperren sollen für den Autoverkehr. Frankfurt hätte zeigen können, wie angenehm es sein kann, eine Innenstadt ohne Auto zu erleben.

Zu langsam, zu teuer, zu umweltschädlich
Man muss nicht der Fraktion der Öko-Fundamentalisten angehören, wenn man feststellt, dass die Zeit des Autos als Allverkehrsmittel in den Innenstädten abläuft. Zu langsam, zu teuer, zu umweltschädlich – so lautet die Bilanz eines Verkehrsmittels, das wir häufig viel zu unbedacht nutzen und uns dabei ebenso häufig über die angeblichen Vorteile selbst betrügen, was gewonnene Zeit und Bequemlichkeit angeht.

Dazu gehört aber auch das Faktum, dass die gesellschaftlichen Kosten, die der automobile Verkehr verursacht, noch immer nicht internalisiert sind, also der Schaden, der durch das Autofahren entsteht, bislang nur dort gezahlt wird, wo sich der Verkehr ereignet. Um diesen Missstand zu ändern, hat die EU-Kommission in diesem Sommer – weitgehend unbeachtet von der Öffentlichkeit – ein klares Plädoyer für die Maut im Straßenverkehr gehalten – und dabei auch an London erinnert. Denn bislang werden den Nutzern des Straßennetzes „keine wirksamen Anreize zur Nutzung umweltfreundlicherer Fahrzeuge und zur Änderung ihres Mobilitätsverhaltens geboten", heißt es im EU-Papier.

Darum geht es bei der Woche der Mobilität: Lokale Behörden zu ermutigen, über unterschiedliche Aktionen das alltägliche Mobilitätsverhalten der Bürger zu verändern, um die CO_2-Emissionen zu reduzieren. Man muss daran erinnern, dass 40 Prozent des CO_2-Ausstoßes und 70 Prozent anderer verkehrsbedingter Schadstoffe im städtischen Nahverkehr aus den Auspuffrohren von Autos und Lastwagen kommen. Zudem verbrennen Lkws und Autos fast zwei Drittel des gesamten Ölverbrauchs der EU.

Gute Gründe also, offensiver mit diesem Thema bei der Woche der Mobilität umzugehen. Und wenn der Preis individueller Mobilität aus guten Gründen steigen wird, weil etwa die Maut für Innenstädte eingeführt ist, dann schlägt die Stunde des Umweltverbundes, des Gehens und Radfahrens, die Stunde von Bus und Bahn. Den Nutzen hätten alle davon, auch jene, die über vermeintliche Einschränkungen am Anfang maulen mögen.

www.fr-online.de/frankfurt_und_hessen/meinung/?em_cnt=1597662&em_loc=3289 *(406 Wörter)*

Assignment

Your school is e-twinned with an Australian school in Perth. This year's course project is about various aspects of ecology and includes organizing an ecological-awareness week. To inform your partners about developments in Germany summarize the article from the Frankfurter Rundschau.

Teil B: Verkürzte Textaufgabe

On the Death of Martin Luther King, Jr.

by Robert F. Kennedy[1], April 4, 1968

I have sad news for you, for all of our fellow citizens, and people who love peace all over the world, and that is that Martin Luther King was shot and killed tonight.

Martin Luther King dedicated his life to love and to justice for his fellow human beings, and he died because of that effort.

In this difficult day, in this difficult time for the United States, it is perhaps well to ask what kind of a nation we are and what direction we want to move in. For those of you who are black – considering the evidence there evidently is that there were white people who were responsible – you can be filled with bitterness, with hatred, and with a desire for revenge. We can move in that direction as a country, in great polarization – black people amongst black, white people amongst white, filled with hatred toward one another.

Or we can make an effort, as Martin Luther King did, to understand and to comprehend, and to replace that violence, that stain of bloodshed that has spread across our land, with an effort to understand with compassion and love.

For those of you who are black and are tempted to be filled with hatred and mistrust at the injustice of such an act, against all white people, I can only say that I feel in my own heart the same kind of feeling. I had a member of my family killed, but he was killed by a white man. But we have to make an effort in the United States, we have to make an effort to understand, to go beyond these rather difficult times. […]

What we need in the United States is not division; what we need in the United States is not hatred; what we need in the United States is not violence and lawlessness, but love and wisdom, compassion toward one another, and a feeling of justice toward those who still suffer within our country, whether they be white or black.

So I ask you tonight to return home, to say a prayer for the family of Martin Luther King, that's true, but more importantly to say a prayer for our own country, which all of us love – a prayer for understanding and that compassion of which I spoke.

We can do well in this country. We will have difficult times. We've had difficult times in the past. We will have difficult times in the future. It is not the end of violence; it is not the end of lawlessness; it is not the end of disorder.

But the vast majority of white people and the vast majority of black people in this country want to live together, want to improve the quality of our life, and want justice for all human beings who abide in our land.

Let us dedicate ourselves to what the Greeks wrote so many years ago: to tame the savageness of man and to make gentle the life of this world.

Let us dedicate ourselves to that, and say a prayer for our country and for our people.

Robert F. Kennedy, On the Death of Martin Luther King, Jr., April 4, 1968, *(518 words)*
www.historyplace.com/speeches/rfk-mlk.htm (adapted), retrieved on 3rd of January 2010

1 brother of President John F. Kennedy, who was assassinated in 1963; Robert Kennedy was assassinated in June 1968

Assignments

1. Summarize the text. (30 BE)
2. Analyse the speech, pointing out the historical background and identifying the stylistic means used. (40 BE)
3. Discuss to what extent the principle of non-violence as advocated by Martin Luther King is a viable problem-solving strategy, taking other strategies into account. (30 BE)

In der kombinierten Aufgabe wird die Textaufgabe im Verhältnis zur sprachpraktischen wie 3:1 gewertet.

Lösungsvorschläge

Teaching modules referred to:
In the case of the language exercise the material focuses on the main teaching module Science and technology *(12.1) with particular emphasis on the theme of* ecology. *In the context of the module* Order, vision, change *(13.1) the theme of* models of the future *is also to be taken into consideration. The text is from a German newspaper and has to be summarised. In the case of the exercise on the text the* USA *(12.1) is the focus of attention with particular reference to the theme of* living together.

Teil A: Aufgabe zur Sprachmittlung

For the purposes of this summary you should concentrate on the Mobility Week and in particular on the points of criticisms the author raises concerning the way it was organised and what it failed to do. Your text should be between one third and one quarter of the total word count in length (in this case 100–135 words). There is no need for you to comment in any way on the text.

In this article published by the *Frankfurter Rundschau* in September 2008, the author criticises the failure of the organisers of the European Mobility Week to go on the offensive in Frankfurt and raise the event's profile. Initiative was not shown and ideas such as car free days were never suggested. A great chance was missed to raise public awareness of the negative effects of cars. The Mobility Week aims to provide information about wastefulness and costs of traditional transport, so that local authorities start encouraging changes in people's attitudes towards transport. Considering that motor vehicles use up almost two thirds of Europe's oil and produce nearly half of its CO_2 emissions, the author supports the EU campaign for vehicle charges within cities and argues for the use of public transport and bikes. *(132 words)*

Teil B: Verkürzte Textaufgabe

1. *This question is a question about a political speech, but it is still a summary that is required of you, so you must approach it the way you did the* Sprachmittlung *task. Again you should shorten the text to roughly a third of the text, allowing you to use 170 words to summarise the main points in your own words. Start by introducing the reader to the date and occasion of Kennedy's speech. Concentrate on the link between King's work and the USA, which is a major theme here.*

   In this speech, which was held on April 4th, 1968, Robert F. Kennedy informs everybody that Martin Luther King has been shot and killed.
   He then asks what type of country the USA is and where it is going. He openly says to the black people that they have every reason to be bitter and want vengeance. This is one option, but the USA, he argues, can also move towards love and empathy. He

identifies with their pain by referring to the murder of his own brother, but points out that shedding more blood is not the solution. America can do without separation, violence and crime. Instead, black and white people should follow King's example and strive for love, wisdom and equality. He then continues to say that everyone should pray for King's family and for America at this difficult time, and everyone should try to free themselves from human anger to make life better for blacks and whites and to improve the world we live in. *(169 words)*

2. *In order to properly answer this question you must both refer to the historical context in which the speech was held, as well as provide an analysis of it.*
   Step 1 *Ask yourself a number of questions: what can I say about King and Kennedy? What did we learn in class about these men? What was the USA like at the time? What issues dominated the election of 1968?*
   Step 2 *To analyse the oration again consider a number of things that are quite easy to answer: how does this extract begin? What is the style used at the start, considering he is about to tell the audience a piece of very bad news? You should then analyse the way Kennedy gets his message across: can you identify any stylistic devices in the extract? Ask yourself what devices are most frequently used by political speakers. Are any of these present in this speech? Keep your sentences short and support your statements with some examples from the speech itself.*

   The background to this speech is vital to an understanding of its content. Both Kennedy and King were famous politicians in 1968. Kennedy was the younger brother of assassinated President John F. Kennedy. He had been attorney general and was now campaigning for presidency. To this purpose he was travelling the country seeking people's votes on the night King died. Kennedy held the speech in front of an audience that contained many black people for whom King, a civil rights activist, was a hero. King had always advocated non-violence and came to world prominence during the March on Washington. Others, like Malcolm X for example, advocated violent protest if necessary. Relations between blacks and whites were very tense and this was a dangerous situation for Kennedy. He insisted on speaking, however, and held a speech that helped keep America calm.
   The speech opens with the bare, matter of fact statement regarding King's death. Kennedy's tone in the opening lines is solemn. This is very appropriate and the repetition "In this difficult day, in this difficult time" (l. 5) reinforces the importance of what he is telling people. When talking about black people's anger he continues to stress what he is saying by acknowledging that they "can be filled with bitterness, with hatred, with a desire for revenge" (ll. 8/9). The sombre tone is also very effective as it automatically allows the audience to share these words rather than just receive them. The speaker then cleverly refers to the loss of his own brother, thus establishing a bond and connection between his own personal loss and the loss that black people have just suffered. Later, Kennedy focuses on social injustice, equality, and national division – all topics relevant to the life of King and Kennedy's own work. Above all he appeals to people's understanding and sense of justice.

He then addresses his audience directly by calling on them to go home and pray. The use of the repetition "we" ("We can do well … we will have … we've had … we will have …") (ll 27/28) as well as the anaphora "It is not the end" (l. 28) unite his listeners around the hope he is offering them, in spite of the often mentioned "difficult times" (l. 5, ll. 27/28). Anaphora and repetition are the devices which Kennedy most frequently uses in the speech, and this continues towards the end with two further examples, "the vast majority" (l. 30) and "Let us dedicate" (ll. 33, 35).
Overall, Kennedy structures his arguments around a rising series of contrasting human emotions. The juxtaposition of hatred and revenge with understanding and love add to the power of the speech. Historians recognise the important role it played in keeping the city quiet on a night when police refused to accompany Kennedy to the event for fear of their lives. The effective use of stylistic devices, the personal touch of the reference to the dead president and the reference to the Greeks give the speech a solemnity, a warmth and a kindness that make it a fitting tribute to Martin Luther King. *(521 words)*

3. *A good answer here would briefly explain the options people have when seeking political or social change. Essentially, this issue offers two choices: violence or non-violence. An explanation of Martin Luther King's non-violent strategy would be a good place to start your answer to this question. Step two might be to give examples of other non-violent strategies which brought success, but remember that you have to decide whether non-violence is a viable strategy or not. The final task is to contrast this with its opposite, the option of violent revolt. You might contrast King and Malcolm X in this context. The more examples you can find in history the better. Be generous with the references you make and show that you can think of many examples of violent and non-violent strategies. Ask yourself which strategy is the best; which strategy has been proven better over the years.*

The idea of non-violence is a philosophy and strategy for social or political change which rejects the use of armed struggle and provides an alternative to it. Practitioners of non-violence may use diverse methods in their campaigns for social change, including critical forms of education and persuasion, civil disobedience and direct action via clever use of the mass media.
There have been many examples of politicians and leaders who have used non-violence in modern times. Perhaps the best known are Gandhi and Martin Luther King. Gandhi lead India to independence in 1947 and King won civil rights for African Americans. Gandhi proved against all the odds that non-violence can work. He took on the might of the British Empire and won. However, although he himself died a violent death, his movement was a peaceful one. Likewise, the 1989 Velvet Revolution in Czechoslovakia saw the overthrow of the Communist governments. These victories without firing a shot all show that non-violence is a viable alternative, and that if people are well-organised, they can achieve a great deal peacefully.
It is worth mentioning, however, that sometimes non-violence is seen as insufficient to achieve change from the oppressed group's point of view. If we look at history, we

can find many examples where violence was needed to force the hand of oppressive nations. An alternative approach using violence already existed in the USA in King's era in the form of the teachings of Malcolm X. Many people like him believed that real change could only be brought about using violence. They drew on examples from history to support this idea. It was, for instance, only after the War of Independence in Ireland in 1920 that the British government at last admitted that it was impossible to defeat the IRA, and entered into negotiations with them, which lead in the long run to the establishment of the Irish Republic. Likewise, it is questionable whether the French monarchy, the Russian Tsar or the Shah of Iran would ever have been removed had their enemies not resorted to violence.

Violent campaigns do lead to change, often quickly. This makes them attractive. The question is not really whether the use of non-violence is a viable alternative – we know it can succeed. The crucial question is whether or not the end justifies the means. As the Irish parliamentarian and constitutionalist Daniel O'Connell said, "The freedom of Ireland is not worth the spilling of a single drop of blood." Not everybody holds this view, of course, and often people are not prepared to wait for peaceful change, which is why revolutions occur so frequently.

Finally, the ANC in South Africa provides us with one of the most interesting examples. Although the ANC did use violence of one sort or another, it mixed peaceful protest with sporadic violence to achieve its goals and, in fact, was far more successful with the non-violent approach when it came to ending white rule in South Africa. To conclude then, I feel that such an approach is perhaps the wisest; use non-violent methods but have a strong hand in the background should everything else fail.

(520 words)

Abiturprüfung Hessen 2010 – Englisch Grundkurs
Vorschlag B – Work and Industrialization

The Metro-Centre at Brooklands[1]

In J. G. Ballard's novel "Kingdom Come" the protagonist Richard Pearson, an unemployed advertising executive, has travelled to Brooklands to speak with Geoffrey Fairfax, his father's solicitor.

Beyond the leafy square and a modest town hall was the illuminated shell of the Metro-Centre. [...]

The interior of the dome glowed like a reactor core. [...]

'You may not know that the place is open twenty-four hours a day. [...] Can I ask you what business you're in? Your father didn't tell me.'

'Advertising. I'm thinking of a career change.'

'Thank God for that. Still, you're probably sympathetic to these so-called super-malls. But enjoy the luxury of not living here.'

'You make it sound like hell.'

'It is hell ...' Fairfax hunched over a whisky decanter and replaced the stopper, a signal that our appointment was over. When I stood up, he turned aggressively to face me, as if about to knock me to the floor. A confused pride made him struggle with his words.

'You're from London, Mr Pearson. It's a huge flea market and always has been. Cheap goods and cheaper dreams. Here in Brooklands we had a real community, not just a population of cash tills. Now it's gone, vanished overnight when that money-factory opened. We're swamped by outsiders, thousands of them with nothing larger on their minds than the next bargain sale. For them, Brooklands is little more than a car park. Our schools are plagued by truancy[2], hundreds of children haunting the Metro-Centre every day. The one hospital which should be caring for local residents is overwhelmed by driving accidents caused by visitors. Never fall ill near the M25[3]. Evening classes were popular here – conversational French, local history, contract bridge[4]. They've all closed. People prefer to stroll around the mall. No one attends church. Why bother? They find spiritual fulfilment at the New Age[5] centre, first left after the burger bar. We had a dozen societies and clubs – music, amateur dramatics, archaeology. They shut down long ago. Charities, political parties? No one turns up. At Christmas the Metro-Centre hires a fleet of motorized Santas. They cruise the streets, blaring out tapes of Disney carols. Checkout girls[6] dressed up as Tinkerbell[7] flashing their thighs. A Panzer army putting on its cutest show ...'

'It all sounds terrible.' I was thinking about the quickest route back to London. 'Rather like the rest of England. Does it matter?'

'It matters!' Fairfax stepped around his desk, opened a glass cabinet behind the curtains and drew out a shotgun. Expertly, he snapped the breech, checking whether it was loaded. His face flashed with more than rage, a deep tribal loathing of the people of the plain who had settled around him. 'It matters ...'

'Mr Fairfax …' I felt sorry for him, still holding his red flag in front of the first motor vehicle, but I needed to leave. 'Can we call a taxi – I have to get back to my car.'

'Your car?' Fairfax waved this aside. He lowered his voice as if the shadows in the deserted square might hear him. 'Look around you, Mr Pearson. We are facing a new kind of man and woman – narrow-eyed, passive, clutching their store cards. They believe anything that people like you care to tell them. They want to be tricked, they want to be deluded into buying the latest rubbish. They've been educated by TV commercials. They know the only things with any value are those they can put in a carrier bag. This is a plague area, Mr Pearson. A plague called consumerism.'

Still carrying the shotgun, he remembered that I was waiting by the door. He paused, mentally ticking off the last bead in his rosary, then led me into the corridor. The offices were empty, but voices came from a conference room across the hall.

'A plague area,' I repeated. 'Can I ask what the cure is? I take it you plan to fight back?'

'Believe me, yes. We'll fight back, I can assure you, we've already started …'

J. G. Ballard: Kingdom Come, Fourth Estate, HarperCollins 2006, pp. 32/33 *(644 words)*

1 a town close to London
2 unauthorized absence from school
3 motorway 25
4 card game
5 modern-day "lifestyle-religion"
6 cashiers
7 a fairy in Walt Disney's productions

Assignments

1. Point out the characteristics of the "new kind of man and woman" (ll. 39/40) and describe their consequences on people's lives. (30 BE)

2. Relate the passage to a text/to texts read in class dealing with utopian/dystopian societies. (40 BE)

3. A group of English and American investors wants to build a super-mall near your hometown. They meet with a lot of local opposition, but you think that the project is a brilliant idea and beneficial to your community. Write a formal letter to them, assuring them of your support. (30 BE)

Lösungsvorschläge

Teaching modules referred to:
The text and tasks set here relate to the main teaching module The United Kingdom *(12.2) with particular emphasis on the themes of* social structures *and* social change. *The text content also relates to the module* Order, vision, change *(13.1.), considering the theme of* models of the future *in particular.*

1. *This question is divided into two parts: first, you have to find the characteristics and then say how these have influenced people's lives.*
   Step 1 *You should read the text, underlining any relevant points as you go. Look for adjectives or single pieces of information that will help you form a picture of such people. Then use your own words to describe these people. If you quote directly from the text do so sparingly.*
   Step 2 *To consider how these characteristics have had an influence on people's lives ask yourself what changes the text refers to. Compile a few notes that allow you to get your evidence together. Again try and write your answer in your own words as far as possible.*

   Fairfax goes into some detail on these new people. He makes it very clear that they are to be seen as consumers interested in a good bargain. In fact consumerism lies at the very heart of their existence. People play music loudly in their cars and are not well-educated. They prefer going shopping to going to church services or evening classes. Any education they do get is received from commercials on TV rather than in school. They are in fact very superficial people who are gullible and naïve. They have little interest in things that are worthwhile.
   The consequences of this are enormous for people's lives. The city is flooded by visitors of the mall who see the city as a car park only and cause accidents so that the hospital is overflowing. Education and culture are of little value and children skip school to go to the Metro-Centre. Once upon a time there were many evening classes for people to attend – these are now gone. One never finds things like drama groups at local level anymore. Religion has practically no value for people any longer, and charity organisations and political meetings find it hard to get people interested in helping. These new people are only interested in selfish pursuits like having a good time and going shopping, so that nowadays society has suffered and the quality of life one once had is gone. *(234 words)*

2. *It is perhaps a good idea to define the terms before you begin. Having done that you may begin to relate the text to other material you have read. Before you start writing anything, you should make a list of novels, short stories, articles or poems which you dealt with in class and which you may be able to refer to in the course of your answer. The more examples you have the better. Keep your sentences short; devise a structure for your answer. You may, for instance, like to choose to write your answer point by point and support each argument with other literary texts. You can also*

structure your arguments according to the literary texts you want to mention. This means you deal with one literary example in detail, mentioning all the relevant points that relate it to the issue of utopia or dystopia, and then move on to the next literary example. Regardless of which approach you decide on, it is important to relate everything you say to the text in question and the other literary examples you choose.

A dystopia is the opposite of a utopia, a concept Thomas More came up with, and contains a vision of the world which is entirely depressing and gloomy. Dystopias are negative and undesirable societies characterised by circumstances such as repressive forces, constant terror and violence, or lack of personal freedom. Margaret Atwood's *Oryx and Crake* is a good example of the type of society we are talking about when we speak of a dystopian society. A utopia on the other hand is an ideal place or state. The text we have here from J. G. Ballard's novel *Kingdom Come* is certainly not a description of a utopia. Fairfax talks aggressively about a world which is not the way he wants it to be. Consumerism has taken over, and culture, education and creativity have lost out. People are more interested in the contents of a carrier bag than in a book or library. This is a highly depressing, stark and startling picture and one which shows a society in a sort of meltdown. People have lost their way, and like in Atwood's *Oryx and Crake*, education and its failure are aspects at the heart of this dystopian work. Although this is of course depressing, it is in no way as dark a picture as one gets in a book we read from called *In the Country of Last Things* by Paul Auster. The novel is written in the form of a letter from a young woman named Anna Blume to a childhood friend. Anna has travelled into a city that has collapsed into chaos and disorder. In this bleak environment there is no work going on and most of the population search through garbage for things to use or sell. Governments are no longer stable and life is close to total breakdown. When one compares Ballard's extract it seems far less dark a society than Auster's. In fact, the extract is simply describing western society as we know it, which could hardly be termed dystopian.

Likewise, the picture one gets in another book we read, Kazuo Ishiguro's *Never Let Me Go,* is far bleaker than in Ballard's, though there are certain similarities. Once again society is depressed, people are not as important as they were and they are not interested in former values either. The difference in *Never Let Me Go,* however, is that the story takes place in a dystopian Britain which allows cloning of humans to provide donor organs for transplants. In that sense then, both works we read which bear similarities to this extract, do so at a superficial level. The theme of the extract by Ballard is basically the evils of consumerism and unemployment. In the works cited so far, problems and issues are far more serious and on a more serious moral plane. In some ways this extract here has more in common with Ray Bradbury's *Fahrenheit 451* than any other novel I have read, because education, books and the perilous situation literature finds itself in lie at the heart of Bradbury's work, and from what I can judge from this extract that is also a major aspect in Ballard's.

(524 words)

3. *For this letter you must keep the formal aspects of letter-writing in mind and put forward your points of view regarding the plan at the same time. Before you start lay out your main ideas in the form of short notes. Consider for a moment why such a project would be good for your own town and then use these ideas in the letter. You must also make sure that the investors know they can count on you and it would be a good idea to mention how you will support them. Be positive in tone and ask yourself what you would like to hear if you were one of the investors. Phrase such as "let me assure you" or "I want you to know you can rely on" are useful here. Do not forget to address the person you are writing to and sign off properly.*

Dear Mr Johnson, Dear Sir/madame,

It was a great pleasure to meet you recently during your trip to our town. The idea that you have put forward for the shopping centre has certainly caught people's attention. The presence of environmental and other local groups was, I hope, not too upsetting. Their opposition to your idea is difficult to understand and rather narrow-minded, so I am writing to you to express my firm support for the project. Not only do I see it as a unique chance for our town to progress into the 21st century, but it is also something we badly need.

As you will have already seen we have no main shopping area but must go from small shop to smaller shop doing our daily shopping. That has a certain charm, of course, but does not make shopping faster or cheaper. Your idea would also have other positive effects for our community. The construction industry has suffered greatly in the past two years of economic downturn, and we were thrilled to hear of your intention to use local workers in the building of the mall. This would lower our unemployment rate. Likewise, I feel that this mall would attract customers from smaller towns in our area, and make us a more attractive tourist centre as well. Furthermore, your development plan would rejuvenate an area affected by years of town planning slumber. Our local officials in the past were not very imaginative as to what could be done.

As a town councillor I can assure you I would gladly work with and support you every step of the way, presuming the project goes ahead. It is vital that we attract investors, and you certainly made a good impression on me. The fact that the development plan includes road and freeway realignments, as well as the creation of banking and retail facilities makes great sense. I think we would all benefit from this plan, and I know that many people in town agree with me. Let me conclude by repeating my offer to work with you. Please do not hesitate to get in touch with me if you feel I can be of help.

Yours sincerely
John O'Connor

(366 words)

Abiturprüfung Hessen 2010 – Englisch Grundkurs
Vorschlag C – Human Cloning

White House address on cloning, April 10, 2002
by President George W. Bush

We live in a time of tremendous medical progress. A little more than a year ago, scientists first cracked the human genetic code – one of the most important advances in scientific history. Already, scientists are developing new diagnostic tools so that each of us can know our risk of disease and act to prevent them.

One day soon, precise therapies will be custom-made for our own genetic makeup. We're on the threshold of historic breakthroughs against AIDS and Alzheimer's disease and cancer and diabetes and heart disease and Parkinson's disease. And that's incredibly positive.

Our age may be known to history as the age of genetic medicine, a time when many of the most feared illnesses were overcome.

Our age must also be defined by the care and restraint and responsibility with which we take up these new scientific powers.

Advances in biomedical technology must never come at the expense of human conscience. As we seek what is possible, we must always ask what is right, and we must not forget that even the most noble ends do not justify any means.

Science has set before us decisions of immense consequence. We can pursue medical research with a clear sense of moral purpose or we can travel without an ethical compass into a world we could live to regret. Science now presses forward the issue of human cloning. How we answer the question of human cloning will place us on one path or the other. […]

Human cloning is deeply troubling to me, and to most Americans. Life is a creation, not a commodity. Our children are gifts to be loved and protected, not products to be designed and manufactured. Allowing cloning would be taking a significant step toward a society in which human beings are grown for spare body parts, and children are engineered to custom specifications; and that's not acceptable.

In the current debate over human cloning, two terms are being used: reproductive cloning and research cloning. Reproductive cloning involves creating a cloned embryo and implanting it into a woman with the goal of creating a child. Fortunately, nearly every American agrees that this practice should be banned. Research cloning, on the other hand, involves the creation of cloned human embryos which are then destroyed to derive stem cells.

I believe all human cloning is wrong, and both forms of cloning ought to be banned, for the following reasons. First, anything other than a total ban on human cloning would be unethical. Research cloning would contradict the most fundamental principle of medical ethics, that no human life should be exploited or extinguished for the benefit of another.

Yet a law permitting research cloning, while forbidding the birth of a cloned child, would require the destruction of nascent human life. Secondly, anything other than a total ban on human cloning would be virtually impossible to enforce. Cloned human embryos created for research would be widely available in laboratories and embryo farms. Once cloned embryos were available, implantation would take place. Even the tightest regulations and strict policing would not prevent or detect the birth of cloned babies.

Third, the benefits of research cloning are highly speculative. Advocates of research cloning argue that stem cells obtained from cloned embryos would be injected into a genetically identical individual without risk of tissue rejection[1]. But there is evidence, based on animal studies, that cells derived from cloned embryos may indeed be rejected.

I stand firm in my opposition to human cloning. And at the same time, we will pursue other promising and ethical ways to relieve suffering through biotechnology. [...]

We can make the world more peaceful, we can become a more compassionate nation. We can push the limits of medical science. I truly believe that we're going to bring hope and healing to countless lives across the country. And as we do, I will insist that we always maintain the highest of ethical standards. *(652 words)*

http://www.lifeissues.org/cloningstemcell/bush.html [retrieved on 17/8/2008]

1 Abstoßungsreaktion

Assignments

1. Summarize the text. (30 BE)
2. Compare Bush's attitude towards human cloning with attitudes towards progress in technology and in the natural sciences dealt with in class. (40 BE)
3. "Our age must also be defined by the care and restraint and responsibility with which we take up these new scientific powers." (ll. 11/12)
   Comment on Bush's statement in the light of business interests involved. (30 BE)

Lösungsvorschläge

Teaching modules referred to:
The tasks relate to the main teaching module Order, vision, change *(13.1) with particular reference to the theme* progress in the natural sciences. *The text content also refers to the module* Work and industrialisation *(12.2) with particular stress on themes such as* business, industry and the environment.

1. *Remember to create an introductory sentence that includes the name of the author, the title and the publication date. State what you think is the underlying theme of the extract and then concentrate on the important points. Omit whatever you think is not crucial to your summary. Keep in mind that this text is mainly about medical progress and the specific issue of human cloning. Therefore, your summary should refer to medical breakthroughs, Bush's doubts and the alternative he offers. Use your own words, use the present tense and avoid quotations.*

   In this speech held at the White House in April 2002, George W. Bush talks about the benefits and risks of human cloning. He opens by referring to the discovery of the human genetic code, a breakthrough in medicine which will help in stopping diseases such as Aids. He is, however, deeply troubled by the issue of human cloning. It is a matter of conscience and in this area of science, care and responsibility must be taken. He bluntly states that no matter how good the intended result is, you cannot use any means you like to achieve it. He thinks human cloning is not acceptable either for reproductive or for research purposes. Apart from ethical reasons he points out the difficulty of controlling such experiments, and reinforces his point by saying that the advantages of research cloning are not at all certain. As an alternative he says that biotechnology offers a different and more morally acceptable route. He is happy to push science to the very limit in the hope of breakthroughs, but in order to make the world a peaceful place, proper standards must be adhered to. *(189 words)*

2. *In this question you must first of all ask yourself what exactly George Bush's attitude to cloning is. Is he in favour or against? Having answered the first question you should now know this. Only when you are clear about the exact details of his opinion can you compare it to other attitudes you have learnt about. Summarise his attitude in note form before you write anything. Then, think of examples of different or similar attitudes you know of from other fields of study and human endeavour. Select the ones you know the most about and gather details. Then write your comparison.*

   In this text George W. Bush makes his stance on human cloning very obvious. He is worried that scientists might use any means available in order to achieve their goals and disregard questions of conscience, morality, care and responsibility. Even though medical breakthroughs are worthwhile, he thinks that human cloning for reproductive or research purposes is inacceptable. He also says that the advantages of research cloning are not at all clear at this stage in history. This viewpoint seems to be very

conservative and religious in certain respects. It is almost as if he is afraid of science and technical progress. He stresses its darker side more than the advantages it offers.
In science and in English lessons, we read about the many advantages cloning may bring mankind. These include solutions to infertility, providing organs for transplantation, providing treatments for a variety of diseases, enabling genetic modification/engineering, increasing the healthiness of infants and, finally, finding better treatment for genetic diseases.
In general, Bush follows a far more conservative approach, and in expressing this he places himself opposite some of the greatest inventors, researchers and scientists of the modern era. There is no doubt that we should question things, but when looking at current debates in the press, it becomes clear that cloning is a technique that will not be given up easily and should be used for the benefit of man. Not only newspaper articles we read in class, but also films we saw such as *I, Robot* stressed these technological and scientific possibilities and gains.
To conclude, then, these comparisons show that Bush's attitude is out of step with the progress being made today. My reading and lessons I have attended have taught me what cloning can do and what possibilities it offers for healing sick people. The scientific community seems to agree that Bush is behind the times. As a politician who can channel funds into projects, it would be good if Bush could enable further research into cloning. *(332 words)*

3. *Apart from a good style of writing, the most important aspect of this task will be how many good arguments you can find. Begin by considering possible business interests. What would investors gain from cloning? Think of big business nowadays. In what medical or scientific fields is there a lot of money to be made? Do such issues matter at all? Draw up a list of ideas and select the best ones. Work your way through them as you write the answer. Keep your sentences short, stick to the point and try and have a conclusion that rounds off your essay.*

As the saying goes, "there are always two sides to the story," and it should not surprise us if the business world positions itself opposite those calling for restraint in the area of cloning, people like George W. Bush. I find his statement very hypocritical though.
In the days after Bush's election to the White House in 2002, the share prices and values of oil, cigarette and alcohol companies in America soared. This fact alone should tell us that Bush had links to all the wrong sorts of industries in America. It is very likely that lobby groups petitioned him for favours and in return subscribed to the Republican Party. The fact that the war in Iraq went on for so long also seems to me to suggest that Bush was supporting weapons manufacturers and the military.
I have no proof for all of this, of course, but if only a fraction of what I read in the newspapers is true, then I cannot understand why Bush's statement should trouble us in the slightest. What does it matter if business interests get involved in cloning? They are already massively involved in medicine and science. Think for a moment of the pharmaceutical companies. Such companies make a fortune thanks to their prod-

ucts, which are all set out to cure illness. Certainly there are rogues among them, but they also do good work. Would it really make a difference if companies got involved in cloning? I know we have all heard the scary stories about creating a whole world of clones and the threat to man of doing this, but to be frank, I do not really buy this argument. I think cloning would not be any different to what we have already experienced. If government places the right regulations in the field of cloning and checks that the laws are being followed, then I see no problem.
I do accept, however, that we need to keep an eye on things and make sure that companies do not go outside the law for profit but act responsibly. There are always scientists who are prepared to do anything for science and businessmen who want to make fast money, but that is something that we already have to restrain in many walks of life, so it would be nothing new for government agencies. They already have experience in monitoring big business. If that is done, I cannot see why this area of scientific research should be any different to those we already know. As far as I am concerned, we need to see Bush's statement rather as an example of his playing to the conservative voters of America than anything else. After all, he was a politician and a US president, and few politicians or US presidents can be trusted.

(466 words)

Abiturprüfung Hessen 2010 – Englisch Leistungskurs
Vorschlag A – Immigration

The Immigration Problem

by Philip Greenspan, September 24, 2007

From colonial days and for hundreds of years thereafter, labor was desperately craved in North America. Immigrants who could work were wanted and needed. Slaves taken from foreign lands brought handsome prices. The doors of the U.S. remained wide open into the twentieth century. In 1883, long after the land had been settled, Emma Lazarus' famous poem encouraging immigration remained timely.

Give me your tired, your poor,
Your huddled[1] masses yearning[2] to breathe free […][3]

That compassionate welcoming message that greeted the lowly immigrants will be replaced with a "Keep Out" sign if the sizable numbers of protectionists have their way. Although immigration to the U.S. was promoted for a long time, immigrants have always been rejected by those already established in the country – *former immigrants themselves, or descendants of immigrants.* It is sad that ethnic groups that suffered as immigrants would, upon social acceptance, become conservative and prejudiced against new arrivals.

Every month my wife and I drive over fifty miles to attend a meeting of the Caribbean and Latin American Support Project (CLASP) where a lecture on some country or issue that affects our neighbors to the south is presented. In September, the topic was the undocumented immigrants. Omar Henriquez, a strong advocate for fair treatment of those unfortunate individuals, passionately addressed the issue. He has travelled their agonizing road, having arrived in the U.S. from El Salvador with his family over thirty-five years ago. His forceful presentation of facts and arguments captivated most of those who attended and led to an interesting discussion.

Survival, yes, survival! That's why they become immigrants. Leaving his homeland, a country in which he and his ancestors lived for perhaps hundreds of years, is a very emotionally painful but extremely necessary decision. Harsh economic and/or political conditions force him to take up residence in a foreign land where he knows he is not wanted. He is demeaned, shunned, abused, and must live clandestinely so that he is not discovered by the authorities who will return him to the hell he fled. Jobs no one else will consider – jobs that are dirty, dangerous, and difficult – are jobs he must take to earn substandard wages so that he can send some meagre savings to his destitute wife and children back home.

Extremely depressing is how he is designated – "illegal." An ILLEGAL alien! "ILLEGAL"? Can a human being be illegal? The term implies a non-entity, an untermensch without any rights!

Because his very survival is at stake no legislation, walls, or other impediments will prevent the resolute immigrant from breaching its borders. He leaves his homeland where he is unable to make a living and seeks out one where he can. Why can he no longer make a living in his own country? Because globalization – NAFTA[4], CAFTA[5], SHMAFTA[6], and all the other globalization schemes that the U.S. has conjured up and forced onto many Latin American countries – have pauperized the peasants who had been able to eke out a living before the Gringos' subsidized agricultural products undercut his prices. Yes, the U.S. caused the problem. Why shouldn't the U.S. be targeted for relief? Resolve the immigrants' survival fears and the immigration problems should be alleviated.

Immigrants have much to contribute to American society. Treat them fairly, grant them rights, and they are extremely grateful. Upon acquiring the brass ring, citizenship, they become loyal, obedient, hard-working citizens. Many have joined the military to show their devotion to the U.S. with hopes of gaining that citizenship. José Gutierrez, the first GI killed in the Iraq War, entered the country illegally when he was 14 years old. Army Private Armando Soriano, 20, who died fighting in Haditha, Iraq, is now buried in Houston, Texas, his hometown, where his parents, undocumented workers from Mexico, are currently living. Three years after his death his father is facing deportation. Official statistics show that more than 68,000 foreign-born individuals are serving in the military forces of the U.S. Figures from the National Center for Immigration Law show that one in 10 US soldiers who have died in Iraq were immigrants. Five percent of those serving are illegal immigrants who joined with false papers. *(691 words)*

Originally published on September 24, 2007 at: http://www.swans.com/library/art13/pgreen121.html [internet journal]; more on Philip Greenspan: http://www.swans.com/library/art14/ga248.html

1 zusammengepfercht
2 sich sehnen
3 lines engraved on the Statue of Liberty (from a poem by Emma Lazarus)
4 NAFTA – North American Free Trade Agreement
5 CAFTA – Central American Free Trade Agreement
6 SHMAFTA – acronym, ironic on NAFTA and CAFTA

Assignments

1. Summarize the text. (30 BE)
2. Point out the stylistic means used by Greenspan and analyse their function. (40 BE)
3. Greenspan claims that immigrants "have much to contribute to American society" (l. 45).
   Discuss to what extent this is also true for British society. (30 BE)

Lösungsvorschläge

Teaching Modules referred to:
The text relates to the theme of the USA *with particular reference to* The American Dream *(12.1). The tasks also tie in with a number of other themes often dealt with in class such as the* United Kingdom *(12.2), especially* social structures *and* social change.

1. *Focus on the main points. What is the text about? What are the vital points you have to include? For this summary you should write between 175 and 230 words.*

   In this article, which was published in an internet journal in September 2007, the author Philip Greenspan discusses the issue of immigration in the U.S.
   He starts by mentioning that immigrants have always been needed as workers in the USA and that from the time of the first slaves to the 20th century they were welcome there. Nowadays, however, there are those who would prefer to tell them to stay away instead of welcoming them. In addition, former immigrants, now socially accepted and established, often show bias against new arrivals. At a lecture recently, listening to a former illegal immigrant tell his story, the author was able to learn more about immigrants and their situation. Globalisation and free trade regulations make these people leave their homeland to find work elsewhere, but they are abused, insulted, treated terribly and forced to live a secret, hidden life in their new land. To be able to send money home to their families they do all sorts of work that local people refuse to do. Termed illegal, many of them are treated as second-class citizens. Nevertheless, immigrants are usually positive and grateful towards their new land. They are loyal to America and contribute their share to society in exchange for being respected. Hoping to be granted citizenship, many of them join the army and die for their new country. *(225 words)*

2. *Go through the text and study the language used very carefully. If you find an example of a stylistic device, you should underline it and write the word in question e. g. metaphor, alliteration beside it. Continue doing this throughout the text. When you have finished, ask yourself which of these are the most important for your answer and what use does the author make of the devices. It may also be of help to define one or two of your devices to show your knowledge on this.*

   In this text the author uses a wide range of stylistic means to support his critical point of view. Apart from typical features like metaphors ("The doors of the U.S. remained wide open", l. 3), these include the frequent use of rhetorical questions, e. g. "Can a human being be illegal?" (l. 33), and this is followed by "Why can he no longer make a living in his own country?" (ll. 37/38). Further on we find the question "Why shouldn't the U.S. be targeted for relief?" (ll. 42/43). The use of these questions is designed to get the reader thinking about the issues raised here. It does this successfully while also making the text more lively and interesting to read. This is supported by punctuation and the types of script he uses, for example the capital letters in

"ILLEGAL" (ll. 32/33). On one occasion he goes so far as to shout the words "Survival, yes, survival!" (l. 23) at the reader to indicate what it is that drives people to immigrate. His play on words does this also. NAFTA, CAFTA, SHMAFTA (ll. 38/39) all go together one after the other and would be quite funny if it was not somewhat sad.

As is often the case in such articles, alliteration is a device used by the author to stress the point he is making. Alliteration refers to the repetition of initial sounds, usually consonants, within sentences or lines of poetry or fiction. Examples include "dirty, dangerous, difficult" (l. 29), "breaching its borders" (l. 36) and "pauperized the peasants" (l. 40). All three examples emphasise the importance and significance of what is being referred to. Sometimes Greenspan runs adjectives together or uses them in a short space of text to achieve the same effect, e. g. "substandard [...] meagre [...] destitute" (l. 30). In general his use of adjectives is very skilful. The manner in which, after describing the jobs the immigrant does as "dirty, dangerous and difficult" (l. 29), he goes on to refer to the immigrant's wife and children as "destitute" (l. 30) is quite convincing.

At the start of the text, Greenspan quotes from a poem by Emma Lazarus, which is very apt considering the theme of the essay. This quotation is partly an emotional appeal to the reader who is asked to recall the time when immigrants truly were welcome in America. This emotional side to the author's relationship with the reader is further reinforced by the use of personal stories. Therefore we are told of a trip he makes with his wife and of people he meets. These stories show us how difficult the position of immigrants sometimes is. The use of very negative vocabulary (e. g. "alien", "non-entity", "untermensch", ll. 32–34) and the use of hyperboles like "extremely depressing" (l. 32) or "his very survival" (l. 35) are other means of showing this. Greenspan adds to this with the very effective, climactic "He is demeaned, shunned, abused" (l. 27).

A final device worth mentioning is the manner in which Greenspan coldly and calmly appeals to the reader's sense of judgement and rationale. This is particularly the case at the end, where statistics are used to show how many illegal immigrants die fighting for their country. This is the author's final shot in a well-written article that sets out to convince the reader of the worth and value of immigrants to the USA.

(575 words)

3. ***Step 1*** *Ask yourself if there is any quotation or statistic you know of which you could use to start or finish your essay.*
   Step 2 *Write down all the main points you wish to include in your answer. If you agree with Greenspan, then you need to make a list of all the positive contributions that foreigners make to British society. How do they help? What jobs do they do? What skills do they bring with them?*
   Step 3 *Write your discussion. Make sure you have a good opening sentence. This sentence might be a direct statement of disagreement or agreement with Greenspan, or alternatively a simple introduction in which you do not reveal your opinion. When you conclued, be sure to make clear what your own personal stance on this matter is.*

In my opinion, there is little doubt that immigrants, like most British citizens, contribute greatly to British society today and will continue to do so. As we know, large numbers of people living in Britain have come from India, Pakistan, Ireland, Eastern Europe, Africa or the Caribbean. In this essay it will not be possible to refer to all these groups, so immigrants from Africa will serve as an example.

First of all, like all other groups in employment, African immigrants in Britain pay taxes, and in doing so pay towards the upkeep of British society. Africans contribute in the form of their work and also their culture, e. g. their own music, cultural activities, art forms and so on. In many parts of London, to take one city as an example, Africans have opened up their own businesses. These businesses range from restaurants to small retail and distribution businesses. Through their business activities Africans are supporting and encouraging trade between the UK and African countries. This is a positive contribution to the UK economy and increases its overall output.

Secondly, Africans, like all other immigrants in Britain, are often found working in Health and Social Care, as well as in the Medical Professions. These range from top consultants and specialists in the various hospitals to nurses and auxiliary workers in the health and medical field. Immigrants often fill employment gaps that many British citizens do not want to work in. These are very hard jobs, poorly paid, and without immigrants such as the Polish or the people from African countries this work would not be done.

Thirdly, many of Britain's most famous writers, sportsmen, TV celebrities and musicians are immigrants or come from an immigrant background. It is to be expected and to be hoped that the immigrant population continues to supply Britain with such talent as the likes of Andrea Levy, Kelly Holmes, Terry Wogan or Lenny Henry. This makes Britain a country of great variety, which it would not be if everyone was white and only English. Plus, as the saying goes, variety is the spice of life!

It is not just in the area of doing poorly-paid jobs that immigrants can contribute to British society. In the future I believe we will see more and more immigrants and the children of immigrants on TV, lecturing in universities, involved in banking and other well-paid jobs. Likewise, as travel becomes easier and easier, we can expect closer connections between countries, so that immigrants to a land such as Britain may, in fact, end up bringing schools and other institutions in different countries closer together. That would be a great achievement, and immigrants are best suited to help with accomplishing it.

Finally, I would like to conclude by pointing out that we are now starting to have Black, Muslim, Irish, Scottish, German and Caribbean people, to mention just a few, working as politicians in the British House of Commons. At some stage this influence will increase and we will see even greater and more significant contributions from members of these and other immigrant families and communities. I could even imagine a day when the Prime Minister might be Black, Turkish or Asian. Hopefully, the immigrant contribution will continue to grow and make Britain a healthier and stronger place.

(549 words)

Abiturprüfung Hessen 2010 – Englisch Leistungskurs
Vorschlag B – Kombinierte Aufgabe: Family Ties

Teil A: Aufgabe zur Sprachmittlung

„Einen Gefährten auf Augenhöhe finden“

Der Soziologieprofessor Hans-Peter Blossfeld erklärt, warum sich mehr denn je Gleich zu Gleich gesellt.

FOCUS: Warum spielt bei der Partnerwahl das Sozialprestige eine so große Rolle?

BLOSSFELD: Sozialprestige meint ja nicht viel anderes als Einkommen und Berufsposition. Und diese beiden Kriterien waren bei der Partnerwahl immer ausschlaggebend. In der traditionellen Ehe war ein Mann gefragt, der die Rolle des Ernährers[1] ausfüllen konnte. Die Ausbildung und berufliche Stellung der Frau, die für Kinder und Haushalt verantwortlich war, spielte eine untergeordnete Rolle. Der Mann legte zwar Wert auf ein gewisses Bildungsniveau bei seiner Partnerin, andererseits sollte sie nicht allzu erwerbsorientiert sein.

FOCUS: Das hat sich nun allerdings geändert.

BLOSSFELD: Ja, denn in dem Maße, wie die Frauen durch die Bildungsexpansion zunehmend erwerbstätig werden und zum Familieneinkommen beitragen, erwarten auch junge Männer Partnerinnen, die gute berufliche Perspektiven mitbringen. […]

FOCUS: Warum sind es aber ganz besonders die Frauen, die nicht bereit sind, „nach unten“ zu heiraten?

BLOSSFELD: Das ist tatsächlich ein überraschendes Phänomen. Denn obwohl der Mann in vielen Familien und Partnerschaften als Alleinernährer ausgedient hat, erwarten Frauen nach wie vor einen Partner, der diese Funktion voll übernehmen kann. Dass sie trotz wachsender Unabhängigkeit nicht zunehmend bereit sind, jemanden von niedrigerem sozialem Rang zu wählen, weist darauf hin, dass die traditionellen Normen im Verborgenen weiterwirken. […]

FOCUS: Der Traumpartner von heute definiert sich über seine solide Stellung in der Gesellschaft?

BLOSSFELD: Das Hauptanliegen besteht darin, einen Gefährten auf Augenhöhe zu finden, der wenig vom eigenen sozialen Status oder Bildungsniveau abweicht. Es lässt sich eine starke Tendenz zur Homogamie feststellen, also zur Heirat unter Gleichgesinnten und Gleichgestellten. Wer nämlich seine Wahl gemäß der alten Binsenweisheit „Gleich und Gleich gesellt sich gern“ trifft, genießt entscheidende Vorteile.

FOCUS: Welche sind das?

BLOSSFELD: Alles, was Paare im Alltag abzuarbeiten haben, braucht nicht langwierig diskutiert zu werden, das Miteinander funktioniert reibungsärmer, die Interessen sind ähnlicher. Unterschiede dagegen verursachen Konflikte, kosten Anstrengungen.

FOCUS: Die Risikofreudigkeit bei der Partnerwahl schwindet also?

BLOSSFELD: Der große Trend weist eindeutig in eine einzige Richtung: Die individuellen Merkmale der Partner stimmen immer mehr überein. Diese Entwicklung hat drei

Hauptursachen. Erstens: Mehr Übereinstimmung verspricht auch bessere Übereinkunft. Zweitens: Weil das Geschlechterverhältnis auf Gymnasien, Universitäten und Fachhochschulen über die Jahre immer ausgeglichener wurde, finden sozial Gleichgestellte auch immer leichter zusammen. Früher warteten die Mädchen aus gutem Hause vor der Uni und versuchten, einen properen Studenten abzupassen. Heute brauchen sie das nicht mehr. Sie sitzen ja längst mit im Hörsaal. Die Bildungsanstalten fungieren als Heiratsmarkt. Und auch Freizeitaktivitäten wie Vereinszugehörigkeiten und Barbesuche finden ja in ihrem nahen Umfeld statt. Studenten besuchen kaum Arbeiterkneipen, was auch umgekehrt gilt. Also bleibt man unter sich. Drittens: Seit Frauen zunehmend erwerbstätig werden und zum finanziellen Gedeihen der Familie beitragen, wählen sich auch erfolgreiche Männer gern diejenigen unter ihnen aus, die besonders rosige Berufsaussichten haben. Also die am besten Ausgebildeten.

FOCUS: Männer erwarten also eine emanzipierte, unabhängige Partnerin?

BLOSSFELD: Nein, nicht unbedingt. Denn sobald das erste Kind kommt, fällt das ganze fortschrittliche System in sich zusammen und zurück in die traditionelle Arbeitsteilung. [...] Die Elternzeit wird als großer Erfolg gefeiert, aber tatsächlich sind es ja doch nur zehn Prozent der Männer, die die Berufspause in Anspruch nehmen.

Focus 19/2008 (5. Mai 2008), S. 112 f. Interviewer: Sven F. Goergens. *(507 Wörter)*

1 breadwinner

Hans-Peter Blossfeld, Professor für Soziologie, Universität Bamberg

Assignment

You are participating in a project on the development of marriage in the U.S.A. and Germany. To keep your partners informed you summarize the interview from the German magazine 'Focus'.

Teil B: Verkürzte Textaufgabe

An Evening that Turned

In her novel 'The Man of My Dreams' Curtis Sittenfeld has Hannah remember scenes from her youth, especially scenes concerning her relationship with her father – before her mother escapes from that marriage taking her children with her.

Hannah's worst memory – not the episode of her father's greatest anger but the episode that makes Hannah saddest to think of – is a time when she was ten and Allison was thirteen and they were going with their father to pick up a pizza. The pizza place was about three miles from their house, owned by two Iranian brothers whose wives and young children were often behind the counter.

It was a Sunday night, and Hannah's mother had stayed at home to set the table. [...] In the car, they came to an intersection, and Hannah's father braked for a red light. Just after the light changed to green, a guy who looked like a college student approached the crosswalk, and Allison reached out and touched their father's upper arm. "You see him, right?" Allison said, then gestured to the pedestrian to go ahead.

Immediately – their father bit his lips in a particular way – Hannah could tell that he was furious. Also, even though Hannah could see only the back of her sister's head, she could feel that Allison was oblivious to his fury. But not for long. After the pedestrian crossed, their father roared through the intersection and jerked the car to the side of the road. He turned to face Allison. "Don't you *ever* interfere with the driver like that again," he said. "What you did back there was stupid and dangerous."

"I wanted to make sure you saw him," Allison said quietly.

"It's not your business to make sure of anything!" their father thundered. "You don't tell the pedestrian if he can walk or not. I want to hear an apology from you, and I want to hear it now."

"I'm sorry."

For several seconds, he glared at Allison. Lowering his voice, though it still simmered with anger, he said, "We'll just go home tonight. You girls can have pizza some other time when you decide to behave yourselves."

"Dad, she said she was sorry," Hannah said from the backseat, and he whirled around.

"When I need your input, Hannah, I'll ask for it."

After that, none of them talked.

At home they filed silently into the front hall and their mother called from the kitchen, "Do I smell pizza?" then came out to greet them. Their father brushed past her and stormed into the den. The really hard part was explaining to her what had happened, observing her face as she grasped that the evening had turned.

Plenty of other evenings had 'turned' – the why and how were only variations on a theme – but their mother had usually been present for the turning. To have to tell her about it – it was awful. She wouldn't let Allison and Hannah find something in the refrigerator to eat because she wanted them to wait while she tried to coax her father out of the den (which Hannah knew wouldn't happen) and made offers to go and pick up the pizza herself (which Hannah knew he wouldn't let her do). After about forty minutes, their mother told them to make sandwiches and carry them up to their rooms. She and their father were going to have dinner at a restaurant, and he didn't want to see Hannah or Allison downstairs.

Hannah did not cry at all that night, but sometimes now, thinking of the table her mother had set, the blue plates, the striped napkins in their rings, and thinking of the brief segment of time after they weren't going to eat pizza together but before their mother knew they weren't, when she was still getting ready – that particular sadness of preparing for an ordinary, pleasant thing that doesn't happen is almost unbearable. Soon after her parents left the house, the phone rang, and when Hannah answered, a man's voice said, "It is Kamal calling about your pizza. I think it is getting cold and you want to come get it."

"Nobody here ordered a pizza," Hannah told him. *(659 words)*

Assignments

1. Summarize the text. (25 BE)
2. Analyse the father's behaviour and relate it to that of one of the characters in a text read in class. (40 BE)
3. Hannah wants to make her friend understand why this is her "worst memory" (l. 1). Write down her explanation. (35 BE)

In das Gesamtergebnis gehen die Bewertungen der Teilaufgaben A und B im Verhältnis 1:3 ein.

Lösungsvorschläge

Teaching Modules referred to:
The mediation material focuses on the teaching module social structures, social change *(12.2). The text to be dealt with refers to the main teaching module* Extreme situations *(12.2) with particular emphasis on the theme of* love and happiness. *Referring to other subjects and going beyond class,* Them and us *(12.1) is also of interest and in particular the issue of* values (human and civil rights).

Teil A: Aufgabe zur Sprachmittlung

Your summary in this case should be about 175 words or less. Try and concentrate on the information that refers to modern relationships and the role and function of partners nowadays. Mention how little things have changed in some ways. Do not forget to state the source.

In the course of this interview in *Focus* magazine (May 2008), Professor Blossfeld, a sociologist, talks about patterns in dating and modern relationships. He states that even though women nowadays are very well trained, they still try and find a husband who is a breadwinner. Men, also, are on the lookout for women whose job perspectives are good. Women expect to find someone at least on the same level as themselves, as far as social status, education and income go. Such a partner has a similar background, attitude and set of values. This tendency has become easier and more prominent lately. Today women have the same chances to access higher institutions of learning, which act as places to find a husband or wife, and the chances of meeting someone from other strands of the population are considerably lower. Men, however, do not want women to be too focused on their careers. Once children are born parents tend to revert to their traditional roles. Only very few fathers take time off to raise their kids. *(174 words)*

Teil B: Verkürzte Textaufgabe

1. *The summary of this text should not exceed a word count of 220 words which amounts to about one third of the text. As always use your own words wherever possible. Underline any words you find difficult to understand and consult a dictionary before starting your summary.*

   This extract from *The Man of My Dreams* by Curtis Sittenfield concerns a family of husband, wife and two daughters. The father is given to rages and Hannah, one of his daughters, recalls an episode when she was young. Hannah, her father and her sister Allison are on their way to pick up pizza when the father gets so furious about Allison telling him to mind a pedestrian that a major incident develops which ends with the father refusing to collect the pizza and taking the girls home again. As is often the case when he is angry the father disappears past the stunned mother into the den. The mother is left to pick up the pieces just as she often has to do when the father explodes. Eventually, the girls are told to make sandwiches and go up to their rooms. The father cannot even tolerate the sight of the girls on such occasions. As a grown woman thinking back on such events, Hannah finds that the thought of her mother looking forward to a happy event that then never takes place is more than she can put up with. Her last memory of that evening is the pizza company ringing to find out if the pizza will be collected but Hannah tells them no one ordered anything. *(219 words)*

2. *When analysing the father's behaviour be sure and refer to examples from the text. Ask yourself what adjectives might be useful, e. g. aggressive, domineering, bossy, selfish. Does he fit the picture of a bully? Do not forget the second part of the task. Pick a character you know a lot about and if you can, use a few quotations. You may also refer to how the daughters see their father when analysing him.*

The father's behaviour is quite disturbing because children are involved and he seems so unreasonable. It is clear that he is enraged by his daughter's action. He speeds through the crossroads and pulls to a sudden halt. This reaction sets in motion a train of events which cast a shadow on the entire evening. He scolds his daughter and demands an apology. Even though Allison apologises immediately he refuses to collect the pizza and storms off to his den. The family's evening disintegrates. This reaction is typical of the father and clearly over the top, particularly in view of the fact that he is dealing with a child who was only making her father aware of a pedestrian. It is likely that he did not see the pedestrian, and was annoyed by a young child pointing out his mistake.
The father is domineering and bossy, a tyrant of the worst kind who cannot stand his flaws and failings being pointed out in any way. This reminds me of the possessive and violent father in *Eveline*, the short story by James Joyce. Eveline fears that her father will beat her as he used to beat her brothers, and she does everything she can to keep the family together. In this sense her goodness reminds one of Hannah. Another similarity between the father in this story and Eveline's father is that the behaviour towards family members leads them to want to leave. Hannah's mother eventually does this. Eveline's journey is a circular journey, because she decides to go back to where their journey began, and the result of the journey is disappointment and a reluctance to travel. Similarly, Hannah's journey leads her back to the childhood events she found so upsetting, but she has a way out, a way back to the present day.
Hannah's father seems a more devious and unpredictable character than Eveline's. Eveline's father was once a good man – at least we learn that "he was not so bad then" – in the years before her mother's death, a death that drove him to drink. Eveline has to put up with her father's drinking, particularly on a Saturday night and also with his refusal to give her money for household costs. This father drives Eveline in search of a way out, much the way Hannah's father drives his wife and children away. Eveline finds Frank, her boyfriend, "a very kind, manly, open-hearted" chap. In the end her own paralysis means she cannot go with him.

To sum up, both fathers are unkind, both given to violent outbursts and both make those family members around them suffer. Especially Hannah's father's seems very difficult to live with due to his unpredictability and sulks. *(451 words)*

3. *Unlike those questions you have had to deal with so far, this task demands that you answer it in a creative way. Before you begin it is important to understand that you are Hannah and these are your thoughts, this is your explanation why this incident is your worst memory. Put yourself in her place. How does she feel when she thinks of this event? Why does it bring back such bad memories? Keep your language simple and your sentences short.*

Maria,
You asked me lately why the episode I told you about is my worst memory. It is very difficult to explain to people how terrible a childhood we had watching my mother suffer at the hands of my father. When a bully torments you, life becomes hell. We had many days and evenings which turned into nightmares because of his moods, temper, fury. Had you asked us as children about this, we could not have put our feelings into words, although I think we instinctively knew that such a situation was not normal. Now, as an adult, I can look back and understand so much more. I think that explains why the evening when we went to get a pizza has become so important. Imagine as a child you have been promised something as a treat, and then the person changes his mind because of behaviour that you feel is completely understandable and normal. For some reason I felt so bad that evening – I think I understood better than my sister that she had done nothing wrong – that my father was overreacting. I suppose younger sisters and brothers look up to their older siblings and when he scolded Allison I was offended too. I wanted to support her. I wanted to help her. Even then as a small child I knew he was wrong. I knew he was a tyrant and unfair. He was unfair beyond words. For my mother that must have been terrible. Now that I have been in adult relationships with men, some good, some less so, I can feel what she as a wife felt. He was our father after all; he was family. It never occurred to me to complain to anyone about his behaviour, or to tell the pizza guy that evening that it was all my father's fault.
I don't really know what it was about that particular evening – maybe it was that I could watch the whole event happen from the back of the car. I don't know. It could have been the injustice of his reaction, or the suddenness; the way you couldn't know it was coming. He was suddenly going to turn dangerous, to explode or to fly off the handle. We were always afraid. We prayed as children at night in bed to keep Daddy happy. You can only do that for so long before you lose hope that he will ever change. So when I think of losing the hope that he would change I think of that pizza, that evening and his anger. No other evening was as bad or as hopeless. That is the main reason why it has stayed with me as my worst memory from those days. It is also the day that made me ready to go with my mother when she decided to leave him. That day would be the best day and the first day of our new lives without him. I hope this explanation helps you understand everything I said a little better. *(504 words)*

September 11

In his novel 'A Disorder Peculiar to the Country' (2006) Ken Kalfus takes up the traumatic events of September 11, 2001 in New York City.

[Joyce] went directly to her office. [...] About an hour later colleagues were trickling in, passing by her open door, and Joyce thought she heard someone say that a plane had flown into the World Trade Center[1]. The World Trade Center: the words provoked a thought like a small underground animal to dash from its burrow into the light before promptly scuttling back in retreat. She wasn't sure she had heard the news correctly; perhaps she had simply imagined it, or had even dozed off and dreamed it after less than five hours of sleep the night before. [...] At the same time she wondered whether something had just happened that would dominate the news for months to come, until everyone was sick of it. In that case there would be plenty of time to find out about what it was. She presumed the plane had been a small one, causing localized damage, if it was a plane at all, if the World Trade Center had been involved at all. The towers weren't visible from her office window, but she could see several of the company slackers in the adjacent roof garden, smoking cigarettes and looking downtown. She worked for a few minutes and then suddenly she heard screaming and shouts. She thought someone had fallen off the roof.

Even now Joyce moved without hurrying, careful first to save what was on her screen. If someone had fallen she would shortly learn who, and the consequences would play out either with or without her. But as she stepped through the door to the roof she understood from their continuing shrieks what her colleagues had just witnessed: *a second* plane striking the World Trade Center. Every face of every man and woman on the roof was twisted by fear and shock. One belonged to the unyielding, taciturn company director, who had never before been seen to express emotion; now his mouth dangled open and blood rushed to his face as if he were being choked. Among her colleagues tears had begun to flow only a moment earlier. Women buried their faces in the chests of coworkers with whom they were hardly friendly. "No, no, no, no," someone murmured.

Joyce turned and saw the two pillars, one with a fiery red gash in its midsection, the other with its upper stories sheathed in heavy gray smoke. Sirens keened below. She could hear the crackle and chuffing[2] of the burning buildings more than a mile away.

Nearly everyone in the firm had now come onto the roof, crowding shoulder to shoulder. Joyce stood among her colleagues rapt and numb and yet also acutely aware of the late summer morning's clear blue skies that mocked the city below. A portable radio was brought out. Joyce's colleagues haltingly speculated about what had happened, the size of the planes, how two planes could possibly have crashed in the same place at the same time. Their conversations withered in the heated confusion and terror spilling from the radio.

After a while one of the towers, the one farther south, appeared to exhale a terrific sigh of combustion products. They swirled away and half the building, about fifty or sixty stories, bowed forward on a newly manufactured hinge. And then the building fell in on itself in what seemed to be a single graceful motion, as if its solidity had been a mirage, as if the structure had been liquid all these years since it was built. Smoke and debris in all the possible shades of black, gray, and white billowed upward, flooding out around the neighboring buildings. You had to make an effort to keep before you the thought that thousands of people were losing their lives at precisely this moment.

Many of the roofs in the neighborhood were occupied, mostly by office workers. They had their hands to their faces, either at their mouths or at their temples, but none covered their eyes. They were unable to turn away. Joyce heard gasps and groans and appeals to God's absent mercy. A woman beside her sobbed without restraint. But Joyce felt something erupt inside her, something warm, very much like, yes it was, a pang of pleasure, so intense it was nearly like the appeasement of hunger. It was a giddiness, an elation. The deep-bellied roar of the tower's collapse finally reached her and went on for minutes, it seemed, followed by an unnaturally warm gust that pushed back her hair and ruffled her blouse.

The building turned into a rising mushroom-shaped column of smoke, dust, and perished life, and she felt a great sadness.

"Joyce, oh my God!" cried a colleague. "I just remembered. Doesn't your husband work there?"

She nodded slowly. His office was on the eighty-sixth floor of the south tower, which had just been removed whole from the face of the earth. She covered the lower part of her face to hide her fierce, protracted struggle against the emergence of a smile.

Ken Kalfus: A Disorder Peculiar to the Country, Pocket Books London 2006, pp. 1–3 *(827 words)*

1 The terrorist attack on the World Trade Center in New York took place on September 11, 2001.
2 *Brandgeräusche*

Assignments

1. Describe Joyce's and her colleagues' reactions to the terrorist attack on the World Trade Center. (25 BE)

2. "Joyce felt something erupt inside her, something warm, very much like, yes it was, a pang of pleasure, so intense it was nearly like the appeasement of hunger. It was a giddiness, an elation." (ll. 47–50)
   Analyse this reaction to an extreme situation – referring to your reading/viewing experience inside (and outside) the classroom. (40 BE)

3. 'The end justifies the means.'
   Discuss to what extent politically/religiously motivated violence can be considered a justified means to achieve one's aims in society. (35 BE)

Lösungsvorschläge

Teaching Modules referred to:
The material here focuses on a number of issues. Of primary concern is the main teaching module Ideals and reality *with particular reference to the issue of* violence. *(12.2) The text also concentrates on* Extreme situations *(12.2) and the related theme of* the troubled mind.

1. ***Step 1*** *To complete this task properly it is important to focus on the fact that you have to describe the reactions of the protagonist, Joyce, and all the others mentioned in the text. If the reactions are similar then this will allow you to write one answer that covers both Joyce and the others. First of all read the text carefully. Then underline any phrases or sentences which reveal the necessary information to you. Keep an eye out for strong adjectives or extreme language, phrases or terms. Collect this information in the form of short notes and then compare the points you have collected. Are the reactions the same or are they different? As you will see, there are considerable differences between the people and how they react to everything that is going on around them. This means you must contrast their different responses to the situation. Based on this you may begin your answer.*
   Step 2 *Start with a general introductory sentence and describe Joyce's first reaction. Then move on to deal with the reaction of Joyce's colleagues. This allows you to finish up with Joyce's rather unusual reaction when she finally realises what is going on. Of course it is also possible to do your answer the other way round.*

   This extract from *A Disorder Peculiar to the Country* by Ken Kalfus concentrates on the moment the planes crash into the World Trade Center and the reaction of various people to this event. Early on in the extract we are introduced to Joyce who, while in her office, hears that a plane has crashed. Initially, she does not believe the news. She does wonder if this can be true or if she has misunderstood something due to her lack of sleep. She also considers that this might be a news topic for months to come, but works on in peace and quiet. Only when she hears people scream and shout out on the roof does she go outside slowly. First, this sense of calm and disbelief remains with her, and she goes as far as to even save the work that she has been doing on the computer.
   It is up on the roof that she at last fully understands what is happening. The reaction of her colleagues to the events is one of screaming and shouting, their faces twisted in shock. The managing director, a man known not to show his feelings, looks as if someone is strangling him. Other workers are crying openly or burying their heads in their colleagues' arms. Some refuse to believe it, some pray to God for help. Some people have their heads in their hands and are gasping and groaning. One woman is sobbing helplessly. From the very start, Joyce's colleagues are terrified but at the same time interested in what is going on; they are fully tuned in to the events as they unfold – Joyce is not. She feels numb and is strangely aware of the blue sky in spite of the horrible events down in the city.

Finally, the reader sees the depth of these contrasting reactions as we get to the end of the extract. When a worker asks her if her husband works in the World Trade Center she replies, "yes," but the accompanying feeling, which should be one of shock and worry, is absent. In fact Joyce feels warm, giddy and happy. This happiness is so strong that she has to cover her face to hide the broad smile emerging across her face.
We are left in no doubt that unlike everybody around her Joyce is somehow pleased by the attack on the World Trade Center, and the reactions of her and her colleagues differ greatly. *(408 words)*

2. *Before considering your analysis of the reaction you need to decide on what works, either in film or written form, you are going to use in your answer. Draw up a list of films and books you think might be useful. Have you seen good disaster, science-fiction or catastrophe movies lately? What were the reactions of people in those films? The reactions to an extreme situation may be similar to those in this extract, or they may be distinctly different. That is a choice you may make at the start of your answer. Move from one example to the next, comparing or contrasting them to the situation Joyce faces here and the way she reacts. Do not forget that your main task is to analyse her reaction – references to your reading or viewing experiences are of secondary importance. Nevertheless, you have to include some reading and viewing experience, so pick your examples well.*

The first and most important thing to say about Joyce's reaction to the attacks on the twin towers is that it is an unusual reaction to an extreme event. As with car accidents, warfare and death or serious injury, the reader is entitled to expect Joyce to be shocked, to be emotionally traumatised, to cry, scream or shout. These are the reactions of her fellow workers, including her normally very serious and stern boss, a man not given to showing emotion. Joyce's reaction is quite different. At first she is disinterested and disbelieving, but her response then changes to an extreme reaction, one the reader does not expect. She feels something "erupt" inside her, but it is not anger, rage or shock. Joyce is pleased as if she has just eaten something she likes after being hungry for a long time. She realises her husband's office has been obliterated, but nevertheless she has to fight to suppress a smile. This is a woman who has just been widowed, yet she is almost happy, and this makes her reaction an unusual one.
A work we studied which may be compared to this extract is *War of the Worlds* by H. G. Wells. In that book Martians invade the earth and chaotic conditions break out in London. People cannot stay calm and try to flee the city in panic. The narrator finds a hiding place together with a curate who reacts wildly and evangelically and is finally dragged away by the Martians, who discover their hideout. London is deserted and conditions are desperate much the way inner New York was after 9/11. Much of the book is very bleak, more so than the extract we have here, but nevertheless reactions such as shock, horror, and desperation are common to the characters in the novel and Joyce's colleagues in the extract.

Likewise, in a number of extracts from Joseph Heller's *Catch 22* the reaction of a person in an extreme situation can be observed. The major theme is the dilemma of the main character, Yossarian, who has to cope with various horrible events in war. His reaction to the difficulties he experiences is also one of plain, naked fear.
Both the works referred to here place Joyce's reaction in a certain context. Hers really is an unusual reaction, and one that makes the reader curious to know the reason behind it. The fact that the death of her husband seems to make her happy clearly indicates problems in her personal life.
Finally, I would mention one film we watched in class which was *The Day After Tomorrow,* an American science fiction film that shows the catastrophic effects of global warming, which introduce a new ice age. Across the world, violent weather causes mass destruction. The USA has to be partially evacuated and while the overall consequences of the disaster are obviously blockbuster material, what is relevant here is the way in which the film is showcase for the increased unity of people when facing a disaster. As we know, this was also the reaction of New Yorkers and Americans in general after 9/11, and the extract from Ballard's novel indicates the same for Joyce's colleagues, who hold each other and all experience the same feelings of shock and terror. Only Joyce keeps apart from the others both physically and emotionally. She realises the inappropriateness of her pleasure, however, and covers her smile with her hand. She is aware, after all, that her reaction to this catastrophe is quite unusual. *(588 words)*

3. *A good essay should briefly explain the options people have when seeking political, social or religious change. Essentially, this issue offers two choices: violence or non-violence.*
   Step 1 *Think of examples that relate to both positions. The more examples you can find the better. Names that come to mind would be Niccolo Machiavelli, Brutus in* Julius Caesar, *Cortez, Ghandi, Michael Collins, Martin Luther King, Nelson Mandela and Malcolm X. Organisations that have used violence also come into the equation, e. g. the ANC, IRA, Islamic Revolutionary movements, Baader-Meinhof Group, and so on.*
   Step 2 *The central question you have to answer is whether the use of violence can be justified. Gather your thoughts in the form of notes before you start. Think of a good introduction – you may wish to use a quotation or a statistic, if you can remember a fitting one – and finish with a good conclusion that contains your opinion.*

According to Niccolo Machiavelli, the best way of achieving one's goal is to say that the end justifies the means. This means that as long as one can get what one wants in the end, it is reasonable to do anything to achieve an aim. This belief is very important once the idea of using violence is considered. This essay sets out to discuss whether or not such an approach is ever justifiable.
There are many examples in both history and literature of men and organisations using violence to achieve what they considered to be a good outcome, a change that would be good for society in general. In *Julius Caesar*, William Shakespeare

portrays the things man does just to get the desired result. The major character, Brutus, is scared of Caesar's power and how it will affect the people of Rome. Brutus loves Caesar, but he fears that if Caesar has more power he will turn his back on his loyal Roman subjects. After persuasion and justification, Brutus decides to assassinate the man he has been close to for years. In the end he is such an honourable character that he desires death for his own crime. The question to be discussed here troubles Brutus greatly and the fact that he wanted to do good is not enough to justify the crime he has committed. He clearly believes that, in this case, the end did not justify the means.

In real life we have had many examples of organisations deciding to use violence to change society for the good. The IRA leader Michael Collins in the 1920s, and successors such as Martin McGuinness, came to the conclusion that only violence could end British misrule and oppression in Ireland. For years constitutional politicians had tried to get justice for Ireland, and though they did come close to a solution, they never fully succeeded. Eventually, use of the gun helped establish the Republic of Ireland and when British troops began shooting Catholic citizens in Northern Ireland on occasions such as Bloody Sunday, the IRA decided to fight once more. Northern Ireland today is, relatively-speaking, free of violence, and Catholics now have something close to civil rights. There is no doubt that violence helped achieve that goal. The question that needs to be answered, however, is whether the deaths of so many people during the period were justified in order to achieve it.

One of the best examples of the theory of using violence to improve society occurred in Germany after 1970. The founding of the Baader-Meinhof Group, whose express aim was to attack what they saw as a fascist state, raised the whole idea of using violence and terrorism to achieve change in Europe. Were they justified in doing so?

Personally, I feel that the answer to this question is very subjective. It depends on your point of view. Justification for such acts needs proof of political, social or economic wrong-doing. If you have tried everything else, e.g. constitutional approach, legal methods, peaceful protest etc. and the great wrong a person sees being done is still present, then there are many people who will say it may be necessary to resort to violence. This is certainly the view of anti-American Islamic groups, such as the men responsible for the attack on the World Trade Center. Branded terrorists by George Bush, many of those men are heroes for large numbers of people. This makes clear that the point of view you have and the position you are in will dictate whether or not you feel the end justifies the means. When Cortez headed off on his travels to colonise South America he was a Spanish conquistador out to make money and conquer land. He was eventually responsible for the fall of the Aztec empire and use of violence was crucial in this. Was it justified? I am sure the monarchy that sent him thought it so; the people killed are not around to give their opinion.

It is, of course, possible to use non-violent protest and other peaceful methods to achieve change – the problem remains that it usually takes much longer than if you use violence. In my opinion violence can be justified as a means to an end only when the injustice being committed against a people is extreme – otherwise we should avoid violence, as it often creates more suffering than it stops. *(732 words)*

(Bitte blättern Sie um)